Franziska Stengel

Gedächtnis spielend trainieren

Dreiunddreißig Spielarten mit dreihundertdreiunddreißig Spielen

memo verlag
Hedwig Ladner

Die Deutsche Bibliothek –
CIP Einheitsaufnahme

Stengel, Franziska:
Gedächtnis spielend trainieren: dreiunddreißig Spielarten
mit dreihundertdreiunddreißig Spielen / Franziska Stengel.
– 7. Aufl. – Stuttgart: Memo-Verl. Ladner, 1993
ISBN 3-929317-84-2

Dieses Buch wurde vom Ernst Klett Schulbuchverlag, Stuttgart,
übernommen.

Einband: H. Lämmle und H. Nast-Kolb, Stuttgart
Drucken und Binden: Wilhelm Röck, Weinsberg

Einleitung

Wie dieses Buch entstand

Schon vor mehreren Jahren schrieb die Wiener Fachärztin Dr. Franziska Stengel in ihren Büchern:
„Je mehr ein Gehirn an Arbeit zu leisten hat, desto besser ist es durchblutet, desto mehr Stoffwechselschlacken werden ausgeschieden!' – ‚Elastizität im Körperlichen und Seelischen können erhalten bleiben, denn Gehirntraining wie Erlebnistraining sind heute erreichbar.' – ‚Wir können den so gefürchteten Altersabbau vermeiden, wenn wir rechtzeitig unser Gehirn in Tätigkeit setzen und in richtiger Art und Weise arbeiten lassen!"
Diese Erkenntnisse sind inzwischen von der Wissenschaft durch Forschungsergebnisse vielfach bestätigt worden. Frau Stengel gab in ihren Kursen und Seminaren, in Symposien und persönlichen Gesprächen die Fülle ihrer Erfahrungen weiter. Aber es hat vieler Jahre bedurft, daraus die praktische Nutzanwendung zu ziehen, die Methodik, Didaktik und den Spielstoff dieser Kurse zu sammeln und systematisch aufzubereiten. Erst der Wunsch vieler Mitspieler und Seminarteilnehmer hat die Autorin bewogen, die Erfahrungen festzuhalten.
Dieses Buch enthält eine Zusammenstellung der in Gruppen und Gemeinschaften erprobten Übungen und Spiele. Hilfe für die Praxis, Therapie ist ihr oberstes Ziel. Unterteilungen, die notwendig waren, wurden nicht vom wissenschaftlichen Standpunkt aus vorgenommen, sondern sollen die Verknüpfungen und Querverbindungen bei der Gehirnarbeit so deutlich wie möglich machen.
Der methodisch-didaktische Teil wurde so knapp wie möglich gehalten zugunsten des Spielstoffes, von dem ohnedies nur ein Bruchteil des im Laufe von 25 Jahren gesammelten oder erdachten und erpropten Materials aufgenommen werden konnte.
Manchen mag das eine oder andere Beispiel zu wenig ernst sein, manchen wird der gelegentliche Rückgriff auf Wissensstoffe der Schule wenig angenehm berühren, und das eine oder andere Beispiel mag vielleicht etwas überholt sein oder würde heute anders interpre-

tiert. Aber das alles tritt zurück gegenüber der grundlegenden Tatsache, daß hier endlich einmal jemand den Mut fand, durch bewußtes Training mit heiteren, lebendigen, überraschenden und spannenden Spielen das kostbarste Organ des Menschen – das Gehirn – zu aktivem Tun zu „verführen", um den Beweis zu liefern, daß es – allen Vorurteilen zum Trotz – auch im Alter geschmeidig und lebendig erhalten werden kann.

Wir haben das Buch auch nach seiner Übernahme durch den Ernst Klett Verlag im Inhalt unverändert gelassen, weil es sich in dieser Form seit fünf Jahren bei über 30000 Lesern bewährt hat. Und wenn uns dabei gelegentlich Ausdrücke begegnen, die im deutschen Sprachraum weniger geläufig sind als im österreichischen (z. B. Mittler statt Spielleiter, u. ä.), dann hilft uns die charmante Art, mit der die Autorin ihre Gedanken entwickelt, schnell über diese Eigenart hinweg.

Da davon auszugehen ist, daß dieses Buch irgendwann einmal in einer veränderten Neuauflage erscheinen kann, sind Verlag und Autorin an Vorschlägen oder neuen Ideen, die im Spiel mit anderen entstehen und Zustimmung finden, sehr interessiert. Wir würden uns über jede Zuschrift, die neue Anregungen enthält, freuen.

Der Verlag

Gedächtnistraining – wozu?

Alt und jung klagt heute bereits weltweit über „schlechtes Gedächtnis". Dennoch ist jeweils ein anderer Zustand damit gemeint.

Der eine nimmt Namen oder Zahlen nur schwer auf und merkt sich diese nicht lange, oder er findet altgewohnte Namen von Personen, Dingen oder Sachen auf Abruf nicht mehr. Der andere wiederum erinnert sich nicht an früher gut gekannte Vokabeln aus fremden Sprachen, ein dritter kann zwei, drei eben gehörte Wörter oder die Anwendungsvorschrift eines Medikaments, die der Arzt ihm eben gegeben hat, nicht wiederholen. Der nächste hält sich bei einer Rede nicht an die vorgenommene Reihenfolge, weiß sie einfach nicht mehr. Oder wir gehen in ein Zimmer, um von dort etwas zu holen, und wissen nicht mehr, was wir eigentlich holen wollten. Beim Einkaufen „vergessen" wir Dinge, die wir als wichtig erachtet hatten, wir verwechseln Daten und Tatsachen, fälschen unbewußt Gesehenes oder Gehörtes — ein Umstand, der bei Zeugenaussagen oft verhängnisvoll wird.

Diese Vielfalt der Gedächtnisschwächen soll aber nicht darüber hinwegtäuschen, daß sie samt und sonders Störungen der Gehirntätigkeit sind.

Das menschliche Gehirn ist der Sitz des Gedächtnisses, und gerade jenes, aus Nervenzellen, Gefäßen, Nervenbahnen samt Stützgeweben bestehende Organ ist das höchstentwickelte, universell leistungsfähigste aller Organismen der Erde. Die Beherrschung der Lebensbedürfnisse, das Übereinstimmen mit der Umwelt, die Kommunikation mit der Gesellschaft, der Umgang mit der Technik sowie Kreativität und Fortschritt in Forschung und Wissenschaft — das alles hängt ab von der Arbeitsfähigkeit des nur rund fünfzehnhundert Gramm wiegenden Körperteils. Das Gehirn dirigiert, reguliert, steuert alle Lebensvorgänge und benützt dazu jene einzigartige Fähigkeit, etwas auffassen, lernen, sich merken, behalten und bei Bedarf wieder erinnern zu können. Mit einem Wort: eben das, was in seiner Gesamtheit mit „Gedächtnis" bezeichnet wird. Jedes Training eines nicht ganz geübten Gedächtnisses ist demnach immer Gehirntraining. Das Gedächtnis hängt nur in geringem Maß von Talent, Wissensspeicherung, Gescheitheit oder Vorbildung ab; auch kann es, unabhängig von Alter und Beruf, jederzeit trainiert werden.

Weshalb wollen wir nun diese Hirnfähigkeit erhalten oder ausbilden, warum empfinden wir das schlechte Gedächtnis als einen Mangel oder als Behinderung? Gedächtnisschwäche gilt zwar noch als „gesellschaftsfähig" (gar manche kokettieren sogar damit als einer Art liebenswerter Schwäche oder entschuldbarer Charaktereigenart), die meisten aber ängstigen oder ärgern sich darüber, als wäre dies ein Zeichen fortschreitender Abnahme geistiger Kraft oder des Nicht-Schritt-halten-Könnens mit den Anforderungen des Tages, des Berufs, der sozialen Geltung.
Der Wunsch, über ein wohlassortiertes und bereitstehendes Gedächtnis zu verfügen, macht willig, es zu trainieren: Man will nicht abgebaut sein, man will — nach heutiger Sicht — länger jung bleiben, will seiner selbst sicher sein, möchte nicht gern durch Zerstreutheit Zeit verlieren, will vielleicht durch Parathaben von Gedächtnisinhalten imponieren, als gescheit gelten; und kann durch ökonomisch geordnetes Denken schneller und zielsicherer seine Handlungen setzen, sich in Verbindung mit der Umwelt wählend adaptieren, sein Sozialprestige erhöhen. Anerkannt, gelobt, bewundert, geliebt zu werden, ist seit jeher ein menschenwürdiges Ziel. Die Beweggründe sind also zahlreich, man mag sie sich eingestehen oder nicht.

Ein Leben lang

Wie lange brauchen wir nun, um unser Gedächtnis zu stählen? Wenn man spitzfindig und doch ehrlich antworten wollte: ein Leben lang. Obwohl sich die Zahl der Hirnzellen im Lauf eines Lebens nicht mehr vermehrt, sondern ab Geburt bereits langsam schwindet, ändert das nichts an der Ausbaufähigkeit der „Schaltstellen", wie man die Zellen in der Gesamtheit der Hirnbahnen in ihrem gegenseitigen „Verbund", analog unserer Stromversorgung, nennen könnte. Diese Bahnen bilden sich (durch Forschung nachgewiesen) auch noch nach dem sechzigsten Lebensjahr unbeschränkt weiter aus, wenn – ja, wenn wir sie tätig sein lassen! Die übrigen Zellverbände des Körpers (Organe und Gewebe) sind zu diesem Zeitpunkt, der heute zu den lebendigsten Jahren des Daseins gezählt werden darf, bereits verfestigter, steifer, starrer geworden – unentrinnbarer Tribut an das Altern des Protoplasmas. Aber gerade die Leitungsvorgänge in der Nervensubstanz der Hirnbahnen sind keineswegs von diesem versteiften Aggregatzustand abhängig. Sie sind, soweit man es erforschen konnte, elektrischer oder auch humoraler (säftemäßiger) Natur. Daher kennt — welch unerhörtes Wunder! — die nervöse Substanz, also Nerv und Nervenbahn, keine Ermüdung; sie wird bei Weiterleitung von Reizen nicht „verbraucht", ist also in gewissem Sinn altersunabhängig.

Gewiß gibt es Müdigkeit auch nach rein geistiger Arbeit, aber das ist Verschlackung oder ungenügende Ernährung der Organe (auch des Hirns). Ebenso können Haltung und Körperzustand während eben dieser geistigen Arbeit zur Müdigkeit beitragen. Aber gerade diese regt die Hirnarbeitsfähigkeit eher an, weil während des Denkens der Blut- und Sauerstoffzufluß beschleunigt verläuft. Das Hirn braucht zu seiner Leistung Sauerstoff und Glukose (eine Zuckerart). Nun glaube man aber nicht, daß man durch Tiefatmen, kombiniert mit Zuckerwassertrinken, gescheit werden könnte! Nur das Arbeiten, die Tätigkeit selbst, also die Inanspruchnahme der Hirnzell- und Bahnarbeit trainiert, schient die Gedankengänge und Gefühlsabläufe.

Die Fülle dieser Welt entdecken

Jedermann kann sein Gehirn unbeschränkt wachsen lassen, allerdings muß man dazu Wille, Ausdauer und Geduld mitbringen, um systematisch alle Teile der Gedächtniskunst üben zu können, wie es in diesem Buch anhand von Spielen gezeigt und vorgeschlagen wird. Nach wenigen Übungen, oft schon nach Tagen, denkt man anders, man betrachtet die Umwelt mit ihrer Reizzufuhr anders als bisher, man sieht anders — man „schaut" eben, bemerkt bisher Unbeobachtetes und entdeckt bald mit Lust und Staunen die Fülle dieser Welt. So mancher entdeckt dabei sich selber, sein Wachsenkönnen, seine Lernfähigkeit, seine Neugier im positiven Sinn, seine Erfahrungslust.

Hier könnte man einwenden, daß wir ohnedies — um ein Modewort zu gebrauchen — mit Reizen überflutet werden. Das stimmt! Nur geschieht das eben passiv, noch dazu gewöhnlich in einer störenden, nicht erkenntnisträchtigen Form: Lärm, Lichtwechsel in Reklamen, Musikgeriesel, verbale Werbung, Vehikelraserei. Bei den Reizen, die hier während der Spiele angesprochen werden, handelt es sich um Denkanstöße, Zusammenhang-Aufzeigen, Einsicht in logische Ordnungen, Zusammenschau von Systemen, Ausblicke auf die Sprache und ihre soziale Aufgabe. Als Instrument, auf dem wir diese Trainingsmethode spielend üben wollen, gebrauchen wir vor allem die Sprache in Form von Darstellen von Tatsachen, Überlegen und Fragen. Daß dabei auch „Wissen" vorhanden sein oder gefordert werden muß, darf nicht darüber täuschen, daß es nicht Sache dieses Buches ist, Wissen zu vermitteln, geschweige denn ein solches speichern zu lassen!

Wer Klavier lernen will, braucht dazu vor allem ein Klavier; dann muß er die Technik der Fingerübungen bis zur Virtuosität beherrschen lernen. Das ist das „Wie". Die Musikelemente selbst sind der Stoff der späteren Darbietung. Das Können, also die Kunst, muß er selber beisteuern, sie stammt aus seinem Gehirn. Die Analogie zu unserer Methodik liegt auf der Hand: Der Wissensinhalt ist das Instrument für unsere Fragen und Aufgaben; Antworten, Formulieren, Urteilen sind die Taktik unserer Übungen. Die Spielformen selbst sind die Etüden, also Studienbehelfe. Das Gedächtnis, als Leistung des Gehirns, stammt vom Lernenden, dem späteren Könner.

Die höchste Tugend der alten Griechen

Um in der Welt bestehen zu können, muß schon das kindliche Hirn lernen, und die frühen Eindrücke sind bekanntlich besonders stark prägend — für Verhalten und Einfügung geradezu unauslöschlich. Dennoch kann mit Sicherheit behauptet werden, daß auch die Eindrücke späterer Jahre die Erlebnisse nicht minder tief modeln, wenn sie auch nicht immer Verhaltensweisen programmieren. Vielmehr addieren sich neue und frische Erlebnisse zur Summe der Erinnerungen und beide Seelenschätze beeinflussen einander: es entsteht dabei eine Art neue Erfahrungs- und Erlebniskategorie und damit eine Bereicherung des Seelenlebens. Die Reflexion auf diese innere Wandlung, meist unbedacht und unbewußt vor sich gehend, führt dann zur „Besinnlichkeit" — der höchsten Tugend der alten Griechen.

Einsicht in die Zusammenhänge ist nicht angeboren, sondern wird von Kindheit an erlernt. Dieses Lernen darf nie aufhören, dafür sorgt die Wachsamkeit der auffassenden Sinnesorgane, die die einströmenden Reize aus der Umwelt übernehmen. Daß diese richtig registriert werden, ist eines der Ziele des Hirntrainings, damit dieses Organ nicht in den „Ruhe-Stand" gerate. Solch erstarrtes, untätiges Hirn atrophiert auch stofflich: Was nicht gefordert wird, schwindet!

Beim Spielen als Training geht es nicht um Geld oder Ehrgeiz. Wir werden durch das Üben nicht „gescheiter", aber — vielleicht — menschlicher. Wir müssen, besonders wenn wir in Gruppen spielen, toleranter, geduldiger sein, müssen lernen, uns nicht bedrückt zu fühlen, wenn wir, besonders anfangs, fast verzagend, die Fragen oder Aufgaben nicht oder nur in kleinsten Portionen lösen können. Nach kurzer Zeit bereits gewinnen wir — zum eigenen Erstaunen — Geläufigkeit. Das Auswendiglernen von Inhalten sowie Zahlen oder Namen ist heute nur mehr „computerpflichtig", des Stapelns im Hirn nicht würdig. Die Eitelkeit, alles besser zu wissen als andere Mitspieler, muß abgelegt werden, wir dürfen uns keineswegs kränken oder minder tüchtig vorkommen, wenn wir mancherorts versagen. Wichtig ist, daß wir die Situation, das Neue, das Ungewohnte erlebt haben, daß wir bei Schnitzern und Schlappen über uns selbst lachen lernen. Gerade da erwacht der richtige Übungswille, der Wunsch, lebendiger werden zu wollen. Immer wieder sieht man, wie selbst Schüchterne mit einem Male flott formulieren können, Zage mutig werden im Mittun. Diese sozialen Effekte sind fast ebenso wichtig, wie das angepeilte Ziel der Gedächtnisverbesserung. Der Eifer erwacht bei Erfolg, darf aber auch bei Nicht-sofort-Gelingen nicht mutlos abklingen. Wir sollten aus solch einem geistigen Wettkampf munterer fortgehen, als wir gekommen sind!

Fünf Ansätze des Gedächtnistrainings

Gedächtnis beinhaltet grundsätzlich nur Erinnern, wenn auch in mannigfacher Ausformung. Um aber unser Gedächtnis – und damit unser Gehirn – zu trainieren, setzen wir an fünf Hirnleistungen an:

Konzentration
Wortfindung
Merkfähigkeit
Reproduktion
Formulierung.

Wir benützen hiezu noch weitere Kategorien des Denkens, zum Beispiel Assoziationen, also Begriffsverknüpfungen, Lernen, Begreifen, Wiedererkennen. Wenn wir diese üben, so geschieht das vor allem im Zusammenhang mit Merkfähigkeit und Konzentration. Hierher gehören auch die Ordnung und Anordnung der Gedanken, das Schlußfolgern, das Beurteilen, Systemisieren. Eine Klärung der Begriffe finden wir meist im Zusammenhang mit der wörtlichen Darstellung, der Formulierung.
Nun gibt es infolge der Komplexität der Gehirnarbeit praktisch keine Spiele, die nur einer dieser Funktionen gerecht werden. Wir geben daher bei den einzelnen Spielen nur jeweils jene Fähigkeit an, die hauptsächlich damit geübt werden kann. Jahrelange Erfahrung hat gezeigt, welche Hirnbereiche in Tätigkeit gesetzt werden müssen, damit ein Zuwachs an Hirnleistung im Ganzen zustande kommt. Die hier ausgewählten Spiele sollen uns nicht bloß unterhalten, sie dienen vorrangig diesem Zweck.

Konzentration

Unter Konzentration verstehen wir hier sowohl: das Denken auf ein bestimmtes Ziel hin, wie das gezielte Suchen von Assoziationen, unter Berücksichtigung von Dauer und Intensität.

Die Assoziationsbereitschaft kann dabei 1 pendelnd 2 frei 3 auf einen bestimmten Punkt gerichtet sein.

1 Frei ist sie, wenn wir z. B. Personen suchen, deren Namen mit dem Buchstaben „S“ beginnen (Seite 235). Wir konzentrieren uns auf den Buchstaben „S“, kramen in unserem Gedächtnis und Wissen und suchen unbeschränkt, was uns dazu einfällt.

2 Pendelnd ist sie u. a. bei den „Steckbriefen“ (Seite 80). Wir bekommen hier mehrere Hinweise rund um einen gesuchten Begriff und müssen nun zwischen diesen hin und her pendeln, Verbindungen schaffen, verwerfen oder wählen, Wahrscheinlichkeiten abwägen.

3 Wir können unser Bewußtsein aber auch auf einen bestimmten Punkt, oder eingeengt auf eine bestimmte Stelle richten. Hier üben wir an zwei Untergruppen:

a) Die Kurz-Konzentration mit Hochleistung vor allem bei den „Logika“ (Denkaufgaben), dem Lösen einer logischen Kurzerzählung („Der Nachtwächter“, Seite 197).
b) Die Dauer-Konzentration, wo wir für die Dauer eines ganzen Spieles dabeibleiben müssen, etwa bei den „Combis“ (Seite 65), bei denen wir eine Reihe von Fragen lösen müssen, deren Antworten durch einen gleichen Anfangsbuchstaben verbunden sind.

Speziell als Hilfe für den Start sei hier erwähnt: Zur Behebung von Konzentrationsschwäche (Zerstreutheit, Ablenkbarkeit) gibt es eine methodisch ganz einfache Hilfe in drei Schritten. Erstens

Systemisieren

das heißt, Abläufe und Handlungen in ein System bringen, das in Zukunft nicht durchbrochen wird!

Ein praktisches Beispiel: Wieviel kostbare Lebenszeit vergeuden wir alle mit dem Suchen unserer Brillen! Systemisieren bedeutet hier: Wir legen in Zukunft die Brille konsequent, ohne Ausnahme, an eine bestimmte Stelle, etwa in einem Behälter an der Wand oder in ein Taschenfach. Werden wir zum Telefon gerufen, legen wir sie ebenfalls dorthin. Nicht, daß wir sie jetzt einfach weglegen, wo immer wir stehen, weil das Telefon läutet. Dieser erste Schritt heißt:

Konzentrationssystemisierung. Rund drei Wochen lang müssen wir konsequent dabei bleiben, dann ist dieser Vorgang fixiert.
Der zweite Schritt lautet:

Bewußtmachen

Wir stellen hier das Auditive und die Sprechmuskulatur ebenfalls in den Dienst der Konzentration, indem wir uns laut vorsagen: „Ich lege die Brille in den Behälter! Ich lege die Brille in den Behälter!" So ein Monolog muß nicht dauernd durchgeführt werden, sondern nur so lange, bis diese Art wörtlicher Systemisierung unsere Zerstreutheit behoben hat.
Die dritte Stufe ist dann das

Automatisieren

das heißt, wir legen Brille, Schlüssel, Ring etc. jetzt ohne nachzudenken, man möchte beinahe sagen „dressiert", stets an die gleiche Stelle! Beim Klavierspielen oder beim Maschinschreiben denken wir auch nicht mehr nach: Wo ist dieser Buchstabe? Wo ist jener Ton? Hier ist nach einiger Zeit alles automatisiert. Die Konzentration ist nun frei geworden und wir können sie für etwas anderes verwenden.
Kinder zeigen meist wenig Ausdauer, ihre Aufmerksamkeit ist unbeständig, sie wollen häufigen Wechsel. Auch bei Jugendlichen hört man oft Klagen ihrer Lehrer und Erzieher über mangelnde Ausdauer und Konzentration, wobei Ausdauer nur eine Qualität der Konzentration ist. Man kann, z. B. im Gebet, einige Sekunden lang ungeheuer zusammengefaßt (konzentriert) und gleich danach davon gelöst sein. Wir müssen also Konzentrations*tiefe* und Konzentrations*dauer* unterscheiden.
Auf unsere Spiele bezogen gibt es Übungen für alle Arten von Konzentration und das Anspannen der Aufmerksamkeit: freie, pendelnde, Kurz- und Dauerkonzentration.
Die jeweils nötige Dauer der Konzentration wechselt von Spiel zu Spiel. Bei den „Steckbriefen" sind es z. B. mehrere Minuten, bei den logischen Aufgaben nur wenige Sekunden, verbunden mit blitzartiger Evidenz, bei Wissensfragen wenige Sekunden bis Minuten, bei Urteils-, Wahl- oder Überlegungsfragen bis zu einer Minute. Nicht selten wird durch das Üben die Gabe der Klarsicht geweckt:

Zusammenhänge werden – dem lateinischen dichten Wortgehalt gemäß – „intuitiv" ohne langes Nachdenken, durch „innere Überschau" erkannt.

Die Wortfindung

Es ist uns allen schon passiert: Wir wissen genau wie unser Zahnarzt heißt – jetzt fällt uns der Name nicht ein!
Erschwerte Wortfindung! Das Wort liegt uns auf der Zunge, wir kennen es genau und bringen es nicht heraus! Eine Hirnstelle streikt – Kurzschluß!
Viele Dreißigjährige klagen bereits über mangelnde Wortfindung. Aber auch einem Schulkind kann das passieren. Spannung, Aufregung, Prüfungsgedankensperre können es bewirken. Es betrifft besonders Namen, die wir uns nicht merken, oder wir vergessen etwas, was wir gestern ganz bestimmt noch wußten, oder es ist ein Wort, das wir dem Sinn nach völlig richtig erklären können, bloß das Wort selbst fällt uns nicht ein! Am nächsten Tag taucht es dann plötzlich auf. Das ist keine Abbauerscheinung („Ich bin schon so verkalkt"), das hat weder etwas mit dem Alter noch mit Gescheitheit oder Vergeßlichkeit zu tun. Wortfindung ist nämlich nicht, wie man vielleicht meinen könnte, ein rein geistiger Vorgang – sie geht über die Muskulatur unserer Sprechwerkzeuge! Erhalten diese nicht die richtigen Impulse vom Hirnsprechzentrum, so kennen wir die Wörter, wir „wissen" sie wohl, aber wir bringen sie nicht heraus, wir können sie nicht artikulieren.
Gegen diese „Sprechlücken" gibt es ein einfaches Rezept:

Pausen einschalten!

Starres Wortsuchen nützt nichts. Im Gegenteil! Die Schienung ist fehlgelaufen und ist nicht reparabel, wenn wir nicht eine Pause einschalten, bis sich die Hirnstelle wieder erholt hat, oder die falsche Weichenstellung, die ein nichtpassendes Wort uns aufdrängen will, behoben ist. Fällt uns das Gesuchte plötzlich ein, dann denken wir: „Wie konnten wir dieses Wort nur vergessen!" Wir haben es jedoch nicht vergessen, sondern hatten das Wort bloß nicht zur Verfügung. Wissen wir das, so fallen sowohl quälendes Suchen wie falsche Schlußfolgerungen bezüglich Verkalkung, Altern etc. weg.

Mit Hilfe von Übungen, die das Artikulationszentrum betreffen, können wir diese erschwerte Wortfindung verbessern.
Dazu gehören:

1 Das tägliche Rätsellösen, z. B. ein Kreuzworträtsel, wo täglich aus dem Wortschatz bestimmte Wörter herausgeholt und durch die immer wiederkehrende Wiederholung parat werden.

2 Formulierungsübungen, wie wir sie zahlreich im Spielteil finden.

3 Mnemotechnik. Mit Hilfe der Anfangsbuchstaben in Form von Merkversen können wir eine Gruppe von zusammenhängenden Begriffen, z. B. die Planeten, rekonstruieren (Seite 328).

In die gleiche Gruppe gehört nicht nur das Herausholen von Wörtern, sondern auch von Melodien. Merkwürdigerweise ist unser Gedächtnis für Melodien ebenso unerschöpflich wie für Wörter. Wir können uns tausende Melodien merken. Wir können sie erkennen, ohne daß wir sie immer parat haben müßten. Im Kapitel „Sinneskonzert" kommen wir noch einmal ausführlich darauf zurück.

Die Merkfähigkeit

Merkfähigkeit ist bei unseren Übungen verwandt mit Lernfähigkeit. Ohne Merkfähigkeit keine Lernfähigkeit! Es geht hier um geistiges Merken, nicht um das „Muskelgedächtnis", wie etwa beim Schreiben; das sind nur zusätzliche Stützen und Merkhilfen.

Der Mensch kann unbegrenzt bis ins höchste Alter hinein lernen, das heißt, einen Zuwachs von Neuem – Situationen, Gefühlen, Wissen – erfahren. Die Merkfähigkeit des Gehirns hört nie auf, wenn sie geübt wird. Sie wächst mit der Übung, auch mit der Wortfindung. Sie potenziert sich geradezu: je mehr wir üben, desto lernfähiger werden wir.

Die Hilfe heißt: wiederholen! Immer wieder, natürlich in Abständen. Zwanzigmal hintereinander das gleiche Wort „la table" (der Tisch) zu sagen, ist zwecklos. Da die Einpreßbarkeit von Hirneindrücken mit zunehmendem Alter flacher wird, müssen wir hier öfter nachdrücken. Ein älterer Mensch braucht für das Wissensgut, das der Jüngere in zehn- bis zwölfmaliger Wiederholung bewältigt, zirka zwanzig Mal, also ungefähr das Doppelte, wenn er nicht abgebaut

ist (es gibt auch schon fünfzigjährige Greise). Die so gefürchtete Merkfähigkeitsschwäche ist also durchaus überwindbar.
Haben wir bereits nach einer Sekunde vergessen, was wir aus dem Nebenzimmer holen wollten, so ist das keine Merkfähigkeits-, sondern eine Konzentrationsschwäche. Wir waren nicht konzentriert genug. Vergessen wir beim Einkaufen schon bei zwei Dingen, was wir holen wollten, bleibt nur mehr das obligate Notizbuch. Am besten sagen wir es uns auch noch laut vor und haben damit gleich drei getrennte Hirnteile in Bewegung gesetzt, und auditiv, visuell, mit Sprach- und Schreibmuskulatur geübt!
Im Fernsehen winkt manchmal bei einer Show als Preis alles, was man sich an Gegenständen, die auf dem Laufband vorbeiziehen, gemerkt hat. Nach 20 bis 30 Sekunden können wir uns von zehn Sachen sechs bis sieben, manchmal sogar alle zehn merken, wenn wir es geübt haben. Es ist dies unabhängig vom Alter. Die Jüngeren merken sich nicht mehr als die Älteren. Das Wichtige, uns Anrührende, uns selbst Betreffende, wird natürlich leichter gemerkt als Ausgefallenes oder schwer Erkennbares.
Auch das Raten und vor allem das Erstellen von Rätseln ist eine gute Hilfe für die Merkfähigkeit. Es lockert die erstarrten Denkmechanismen, multipliziert die Gedankenverbindungen und bereichert das assoziative Gedächtnis.
Vergessen im Sinn des völligen Abhandenkommens ist nicht nachweisbar. Wir haben das Gewußte nur nicht mehr parat, haben es verdrängt, zurückgedrängt. Wenn wir es wieder hören oder lesen, erkennen wir es zumeist wieder.
Die Jugend speichert ihr Wissen bis zu einem gewissen Prüfungstermin; im Alter steht mehr das Mitgehen mit zusammenhängenden Gedankengängen, der Erlebnischarakter des Erfahrens im Vordergrund.

Die Reproduktion

Reproduzieren heißt, das inhaltlich Wesentliche von etwas Gehörtem oder Gewußtem wiedergeben zu können; daß wir z. B. etwas reproduzieren können, was wir gestern im Kino gesehen haben, keine wörtliche Wiederholung oder genaue Szenenabfolge, sondern den Inhalt. Reproduktion ist wichtig für die Wiedergabe von Erlebnissen, Eindrücken, Zusammenhängen, nicht von Einzelheiten. Vielleicht blieb jemandem nur das Dramatische eines Erlebnisses in Erinnerung, das andere wurde vergessen. Oder wir erkennen etwas wieder: „Das habe ich schon einmal gehört!" – „Das habe ich schon einmal gelesen!" oder „Moment, die Worte weiß ich nicht mehr, aber der Geruch ist mir in Erinnerung!" und anhand dieser Hilfen können wir dann die Situation reproduzieren. Also Reproduktion nicht im wörtlichen, vokabulären Sinn, sondern in allen Sinnesbereichen.

Reproduktion ist nicht zu verwechseln mit Merkfähigkeit. Diese trainieren wir im Sinn der einzelnen Vokabeln. Merkfähig müssen wir sein, wenn wir eine fremde Sprache lernen, da genügt es nicht, wenn wir sagen: „Das Wesentliche habe ich mir gemerkt!"

Wollen wir Reproduzieren üben, so rufen wir Erinnerungen wach und erzählen sie; wir notieren Träume auf und schreiben für uns selbst eine Biographie; wir erzählen den Enkeln Märchen. Bei unseren Übungen geht es vor allem um das Reproduzieren von logischen Kurzerzählungen („Logika", z. B. „Beide haben recht", S. 196). Hier brauchen wir allerdings ein Zusammenwirken von Merkfähigkeit, Formulierung und Reproduktion.

Das Unvermögen, einen Inhalt auf Wunsch jederzeit aus dem Schatz unseres Gedächtnisarchivs herausholen zu können, nennen wir einen Mangel an Reproduktionsfähigkeit.

Die Formulierung

Formulieren gehört zu den Grundfähigkeiten des menschlichen Gehirns. Es bedeutet: mit Hilfe der logischen Möglichkeiten (einer grammatikalischen Rasterbildung), einen Satz, ein Urteil zu bilden, aussagen, mitteilen zu können: „Die Erde ist rund."

Die Sprache ist die höchste menschliche Mitteilungsmöglichkeit, die wir haben. Höchste im Sinn von differenzierteste, komplizierteste, aber auch abstrakteste Möglichkeit.

Für uns selbst müssen wir nicht formulieren, weil Denken ein Zustand ist, mit dem wir uns auch ohne zu formulieren Klarheit verschaffen können. Sehr begabte Menschen erreichen dies oft durch intuitives Erfassen von Zusammenhängen, ohne daß sie dabei eine verbale Stellungnahme beziehen müßten. Die Mitteilung an den anderen aber geht über Sprache oder Gesten.

Nun sind wir meist weder gewohnt zu formulieren, noch üben wir uns darin und vernachlässigen damit einen bestimmten Teil des Sprachwerkzeuges „Hirn" – nämlich das Sprachzentrum. Schon in der Schule lassen wir zu oft Nachlässigkeiten durchgehen. „Was heißt stehlen?" – „Das ist, wenn man etwas wegnimmt." – ein typischer Volksschulfehler. Grammatikalisch falsche, mißglückte, maltraitierte Sätze gehörten schon in der Jugend ausgemerzt. Wir verschütten sonst die Fähigkeit des Menschen, Sätze zu bilden, die ein Urteil sind.

Wir können die Formulierungsgabe aber noch einmal erwerben. Fordern wir also innerhalb unseres Trainings immer wieder: „Sagen wir es in einem ordentlichen Satz!", so ist das keine Schikane, damit wir bloß einen grammatikalisch schönen Satz zu hören bekommen. Können wir formulieren, so gewinnen wir nicht nur unseren Schatz an Grammatik zurück, sondern wir entwickeln damit eine neue Fähigkeit – die Formulierungsgabe; dies ist eine der wesentlichen Ausbaumöglichkeiten eines intakten Gehirns.

Das Formulieren dient aber nicht nur dazu, uns verständlich zu machen, es bewirkt außerdem, daß wir als Formulierende uns selbst über etwas klar werden. Wie schwierig das ist, sehen wir bei so vielen Debatten, die voll sind von Phrasen und Schlagwörtern, wo nichts dahintersteckt als die Reproduktion von etwas Gehörtem oder die Merkfähigkeit von etwas Gelesenem; es fehlt die eigene Aussage. Um dem zu begegnen und eine Klärung bei seinen Schülern zu erreichen, verwendete Sokrates seine klassisch gewordene Methode: er ließ sie formulieren. Er begnügte sich nicht mit einer Ja-Nein-Antwort. Er wollte Genaueres wissen: „Warum, aus welchem Grund war jener Mann schuldig? Was meinst du?" Diese Art von Hebammenkunst, im Griechischen „Majeutik" genannt, ist wichtig als didaktische Technik des Fragens, um eine Formulierung zu provozieren.

Für den Anfang nehmen wir ganz einfache, glatte Sätze: „Regen ist ein Niederschlag." – beginnen also mit einer Unter- und Überordnung, mit dem logischen Raster. Wissen wir einmal nicht weiter, so lernen wir schon im Rednerkurs, wo nötig, eine kleine Floskel, etwa „meine Damen und Herren", einzuflechten, um eine kleine Pause zum Nachdenken zu bekommen. So weit es möglich ist, sollten wir aber bestrebt sein, uns den Fluß der Rede noch einmal zu erwerben, indem wir Formulieren lernen. Das Erlernen der klassischen Sprachen diente früher diesem Zweck, dem Umdenken-Lernen, dem Transponieren des fremden Wortlautes in die eigene Sprache. In der wissenschaftlichen Terminologie heißt dieser Bereich des Formulierens auch *Sprachintelligenz.* Formulieren können ist praktisch die Folge von Sprachintelligenz. Da aber das Wort „Intelligenz" hier nichts mit „Gescheitheit" zu tun hat, verwenden wir besser das Wort *Spracheinsicht.* Einfache Menschen, die oft ein treffsicheres Wortgefühl, den sogenannten „Mutterwitz" haben, besitzen sie in hohem Maß. Oft findet ein Dichter so ein dichtes Wort, das mehr aussagt als eine ganze Wortkaskade. Formulieren ist vorerst eine nicht leicht einsehbare Funktion. „Wozu brauche ich das?" wird immer wieder gefragt. „Man versteht mich auch so." Richtig! Aber es geht, wie wir gehört haben, um mehr. Wir müssen hier Vertrauen in die medizinische Erkenntnis haben. Wenn wir nicht formulieren, üben wir unser Sprachgehirn nicht. Diese Artikulationswerkzeuge im Großhirn (beim Rechtshänder in der rechten, beim Linkshänder in der linken vorderen Hirnwindung) sind wie jeder Hirnrindenanteil trainierbar. Wenn wir Reden, Sprechen, Definieren, Formulieren üben, wird es mit jedem Mal leichter. Das ist kein Wortschatzphänomen; den Inhalt müssen wir ja vorher wissen. Es geht um die logische Ordnung im Gehirn, die die Schienung, die Assoziation ermöglicht! Schienungen, die es uns ermöglichen, Urteile zu bilden, etwas zu sagen und dabeizubleiben, eine Stellungnahme, einen Standpunkt zu beziehen und diesen zu verteidigen. Lehrer, die formulieren können, werden leichter verstanden. Ein treffendes Wort oder Urteil ergibt sofort einen besseren Kontakt. Auch längere Inhalte müssen wir nicht auswendig lernen, wenn wir dafür formulieren können. Das gilt besonders für den Vertreterberuf. Kann er nicht formulieren, wird er nicht viel Erfolg in seinem Beruf haben.

Wir üben dieses Formulieren immer wieder während unseres Trainings, wenn wir Fragen stellen, die einen ganzen Satz als Antwort erfordern. Daneben gibt es eine Reihe von Spielen, die speziell die Formulierung üben (Logika, Dreieck, Proportionen, das Kurzreferat, Schön formuliert ist halb gewonnen).

Wenn dieses Training auch in spielerischer Form geschieht, hat es dennoch eine tiefgreifende Wirkung: Spiel ist eine der ernstesten Beschäftigungen des Menschen überhaupt.

Üben: wie, wann und wo?

Ehe wir mit dem ernsthaften Training beginnen, machen wir eine kleine Vorprobe.

Wir schlagen den Spielteil des Buches irgendwo auf und beginnen mit einigen einfachen Fragen. Zuerst überlegen wir. Fällt uns die Lösung nicht gleich ein, schlagen wir ruhig nach und überdenken Frage und Antwort. Wir beginnen zu schmökern, spielen einmal das eine Spiel durch, einmal das andere, bis wir sehen, was uns am meisten anspricht und uns Freude macht. Bei dem einen, dessen Stärke im Zusammenhangdenken oder der Zusammenschau liegt, wird es vielleicht ein „Steckbrief", eine „Proportion", ein „Parallelogramm" sein, bei anderen mit visueller Wortbildvorstellung ein „Anagramm" oder ein „Homophthong". Einer, der gerne abwägt und sich entscheidet, greift vielleicht zu den „Außenseitern", zu einer „Zweierauswahl" oder einem „Toto".

Sind wir bereits ein wenig sattelfest und haben die ersten Zusammenhänge begriffen, so probieren wir es am besten aus: innerhalb unserer Familie, mit einem guten Freund, in einem Kreis, den wir regelmäßig besuchen. Die meisten Spiele sind darauf angelegt, daß wir sie in kleineren oder größeren Gruppen gemeinsam durchnehmen.

Vielleicht widmen wir als Pensionist einen Nachmittag in der Woche diesem heiteren Training und werden Spielleiter, „Mittler" einer solchen sich bildenden Gruppe, oder wir werben einige Freunde dafür. Gelegenheiten bieten sich zahlreich an: in Pfarrgemeinden, Krankenhäusern, Behinderten- und Altenheimen, Jugendgruppen, Feriengemeinschaften; in der Arbeitspause in Betrieben und Werkstätten, im Bauernhof, in Warteräumen und „Häusern der Begegnung", in Pensionistenklubs, auf der Reise, beim Spaziergang, allein oder in Gesellschaft, zum Abschluß eines Abends, zur Überbrückung geistloser Konversation. Meistens kommen die Gäste nur allzugern wieder!

Sind wir geschickt genug, gelingt uns vielleicht der wichtige Schritt, auch andere Altersstufen oder Gesellschaftsschichten zu solchen Trainingsnachmittagen oder -abenden zu animieren — aus der Erkenntnis heraus, daß der Verfall kostbarer Hirnsubstanz besser prophylaktisch aufgehalten werden kann als kurativ, wenn er nämlich schon eingetreten ist.
Haben wir keine Möglichkeit, zu bestimmten Zeiten einander zu treffen, einen Kurs zu besuchen, oder müssen wir vielleicht zusätzliche Ausgaben überdenken, dann können wir in der Familie Zirkel bilden, wo die Großmutter Vergnügen daran findet, mit den Enkeln solche Spiele zu spielen. Auch der Landwirt hat durchaus die Möglichkeit, im Rahmen seiner Umwelt, also in der Familie oder am Stammtisch, anhand dieses Buches zu wirken. Vielleicht kann er damit jenen echten Respekt erwerben, der demjenigen zukommt, der den Mut hat, noch wachsen und wirken zu wollen.
Grundsätzlich kann jeder ein „Mittler", ein Vermittler geistiger Werte werden. Das dritte Drittel des Lebens, in dem man von Berufsverpflichtungen gewöhnlich schon befreit ist, eignet sich dafür besonders. Die Qualität eines Mittlers hängt — unabhängig vom Alter — mehr von seiner eigenen Wachstums- und Entwicklungsfähigkeit ab, als von seinem mitgebrachten Können und Wissen; vielleicht sogar mehr als von seiner bisherigen Tätigkeit. Diese Heranbildung von Mittlern wird eines Tages von der Erwachsenenweiterbildung in größerem Maß aufgegriffen werden müssen. „Mittlerkurse" werden einmal zu ihrem ständigen Programm gehören, wenn es erst zur Selbstverständlichkeit geworden ist, daß Mittlersein erlernbar ist, sozusagen als zweiter echter Beruf, bisweilen auch nur als Hobby.

Spiel 228, Bild 1:
Wofür ist dieses Tier ein Symbol?
Antwort Seite 264

Gedächtnistrainings-Kurse

Wie bringen wir als Mittler eine erste Runde in der Gruppe hinter uns? Eine strikte Regel dafür kann es nicht geben, gestaltet sich doch jedes Treffen anders als das vorangegangene.
Beim ersten Mal versuchen wir, einander kennenzulernen, durch Namensnennung, durch Anführen des Berufs, durch eine kurze Angabe des Ortes, an dem wir sonst tätig sind. Diese Vorstellung darf nicht zu langatmig sein, sie beschränkt sich im allgemeinen auf eine halbe bis eine Minute je Person.
Dann geben wir einen kurzen Programmhinweis, in dem wir gewissermaßen versprechen, daß die Teilnahme an diesen Treffen mit Sicherheit das Gedächtnis stärken wird, daß es sich immer um Spielen, und zwar um unterhaltendes Spielen handeln wird, und daß, wenn auch nicht alle dauernd interessiert werden können, dennoch für jeden irgend etwas Anregendes gebracht werden wird. „Seien Sie nicht kleinmütig", sagen wir unserer Gruppe, „falls Sie bei den ersten Spielen nicht alle Lösungen finden, scheuen Sie sich nicht, zu fragen, ich wiederhole gerne, wenn etwas nicht oder nur schwer verstanden wurde." Dieses Neugierigmachen auf den eigentlichen Stoff erzeugt bereits ein Vorgefühl der Erwartung.
Beginnen wir mit einem neuen Spiel, so muß dieses vorher in kurzen Worten erklärt werden. Das Technische des Spieles darf die Mitspieler weder überraschen noch überfordern. Am besten ist es, wenn zuerst gleich ein leichtes, praktisches Beispiel samt Lösung vorangestellt wird (wie es auch im Buch geschehen ist).

Achten wir bei den ersten Zusammenkünften milde aber unnachsichtig darauf, daß eine gewisse Spieldisziplin erlernt wird. Störendes Hineinreden, Vorpreschen mit einer vermuteten Lösung, temperamentvolles Herausplatzen, ehe die anderen nachdenken konnten, muß vermieden werden.

Immer wieder sehen wir, daß zu Beginn eines Treffens „die Hirnwindungen erst aufgewärmt“ werden müssen, so wie ein Sportler, auch wenn er in guter Kondition ist, vor dem Einsatz die Muskeln einspielen läßt. Wir beginnen also mit ganz leichten Fragen oder mit einem flotten Gruppenspiel mündlicher Art. Im Verlauf des Spieles zeigt sich nach einiger Zeit — unter dem Einfluß von Wetter, Tageszeit oder der Zusammensetzung der Gruppe — eine plötzlich einsetzende „Hirnleere“, also eine Art Sperre des Denkens und Mitgehenwollens. Da helfen: eine Anekdote, eine Kaffeepause, ein Spielwechsel, bisweilen bloß ein Fensteröffnen. Pausen sind leistungsfördernd, und zwar in einem meist nicht erkannten Ausmaß. Prüft man beispielsweise eine Merkreihe (sechs oder zehn auf dem Tisch liegende Gegenstände) und läßt diese etwa eine Minute lang beobachten, verdeckt sie dann und läßt das Gemerkte schriftlich aufzählen, so bleibt im Durchschnitt ungefähr die Hälfte in Erinnerung, wenn sofort notiert wurde. Legt man aber eine Pause zwischen Wahrnehmung und Merkprobe ein, so sieht man, daß nach zehn Minuten oder auch nach einer Stunde die Zahl der gemerkten Gegenstände größer ist als bei der ersten Notierung. Es gibt also ein sogenanntes „Nachgedächtnis“ sowohl bei visuellen wie bei verbalen Reihen, das getreuer ist. Auch dieses Nachgedächtnis ist schulbar. Die besten Ergebnisse solcher Nachlese zeigen sich oft erst beim nächsten Zusammensein, wenn dazwischen nur wenige Tage liegen. Es sieht beinahe so aus, als ob die Eindrücke erst „verdaut“ werden müßten. Daher gibt es auch keine starren Regeln, wie etwa ein Mittler die Fragestellung oder die Aufgabe gestalten soll; das Ganze erst vorlesen oder jeden Hinweis bzw. Erklärung und jede Frage einzeln beantworten lassen — das ergibt sich erst aus der Praxis und hat keinen wesentlichen Bezug zum Trainingseffekt. Dies gilt ebenso für den Einzelspieler.

Die Erklärungen, die bei den einzelnen Spielen den Lösungen der Fragen beigegeben sind, sollten nicht um des Wissens willen mitgeteilt werden; sie bringen fast ausnahmslos Zusammenhänge weiterer Art als die der Aufgabe selbst, sie geben Anlaß zu Diskussionen, ja sogar zu Debatten. Oft genug sieht man, daß gerade solche Zusammenhänge besser gemerkt werden als die Inhalte, also das Wissensgut selbst und daß sie das Assoziieren erleichtern. Das aber ist der gewünschte und keineswegs rügenswerte Effekt. Der Wissensballast darf ruhig abgeworfen bleiben. Bei mehrfacher Wiederholung, auch in Varianten, wird er allmählich doch wieder aufgenommen und bleibt im Erinnerungsschatz als zusätzlicher Gewinn.

Aufgaben richtig vorlesen

Noch ein Wort zur Technik des Aufgabenvorlesens: Für den Zuhörer und Spielteilnehmer gibt es kaum etwas Unangenehmeres als ein wenig moduliertes oder zu schnelles Herunterleiern. Wir alle kennen die, vor allem in Amerika geübte Methode des schnellen Lesens, wobei die Zeilen — in Satzportionen geteilt — gelesen werden; also nicht Wort an Wort oder gar letternweise, auch nicht absatzweise. Das Auge springt in Rucken und die Perzeption folgt überraschenderweise diesem sparsamen Rhythmus. Das Analoge gilt für das Hören. Wir praktizieren schon seit Jahren, besonders in den Klubs für nicht mehr ganz Junge, eine solche Art des Sprechens, daß man Wortbrocken, nicht einzelne Wörter, zusammenfaßt und dann nach jedem „Bissen" eine winzige, zehntelsekundenlange Pause macht. Das zerhackt keineswegs den Sinn des Gelesenen, sondern erlaubt vielmehr vielen, die sich schwerhörig dünken, ein besseres, ganzheitliches Erfassen, als ein skandiertes, laufendes Wort-für-Wort-Aufsagen. Natürlich muß der Lesende deutlich artikulieren und vor allem die Endkonsonanten hörbar aussprechen und nicht verwischen. Das Wort selbst, mangelhaft gehört, wird von seinem Ende her leichter aufgebaut oder sogar rekonstruiert als vom Anfang her. Man dürfte sogar daran denken, in so mancher Lektüre solche Satzbrocken augenrhythmengerecht, also in Brocken zu drucken, die das Lesen beschleunigen, mag auch das Satzbild dadurch in ungewohnter Weise verändert werden.
Die schriftliche Notierung prägt Gehörtes und Gedachtes dem Gedächtnis besser ein als bloß Gesprochenes. Also veranstalte man immer wieder schriftliche Spiele. Hier arbeiten das Auge, die Muskelkoordination beim Schreiben und das Gehör bei der Übernahme der Aufgabe von drei Hirnempfindungen zugleich; das vertieft die Engramme. Daten und Angaben, die Interesse erwecken, emotionsbetont und lebensnah sind, bleiben länger haften als dürre Mitteilungen. Die Spiele müssen untereinander abwechseln, da fast jedes auf eine andere Facette des Gedächtnisses abzielt; sonst ermüden die Teilnehmer, und die Schienung der Bahnen wird zur Routine, was dann mehr einer Dressur denn einem Training gleicht.

Das Wiederholen nach einiger Zeit, sogar nach Wochen, dient der Stärkung der Merkfähigkeit, das Variieren trägt zur Lockerung der Assoziationen bei. Sehen wir zu, daß wir sechs bis sieben Spiele während eines Beisammenseins unterbringen. Das ist eine zweckmäßige Zahl, wenn wir flott spielen lassen, so daß keine Zeitverluste eintreten, wenn wir milde korrigieren und die Pausen einschalten, die wir bereits erwähnt haben.

Wir beginnen mit Fragen, weil sich die Disziplin damit am leichtesten erreichen läßt. Dann kommt z. B. ein Buchstabenspiel, weil es das Wortbild mit dem Auge übt. Als drittes folgt bei fortgeschritteneren Gruppen eine „Dreier-" oder eine „Zweierauswahl" (das sind eigentlich verkappte Fragen, die schon etwas Übung voraussetzen) oder man kombiniert ein Spiel mit Urteilsaufgaben. Als viertes hat sich ein „Unter- und Überordnungsspiel" bewährt oder es wird ein „Unterschied-Gegenteil-Spiel" eingeschaltet, weil es eine logisch-grammatikalische, also gänzlich andere Sparte berührt. Als fünftes geben wir einen „Steckbrief" oder, wenn Zeit dazwischen bleiben sollte, ein „Mach's richtig".

Haben wir zwanzig Teilnehmer — das sollte wohl die größte Zahl einer Gruppe überhaupt sein —, so müssen wir ein wenig anders vorgehen als bei einer Kleingruppe, damit sich nicht „Cliquen" bilden und ein störendes Quergespräch zustande kommt. Wir müssen versuchen, unsere Gruppe unter Kontrolle zu halten. Die Spieler sind nicht immer geordnet, sondern reagieren spontan, was zum Gruppenspiel dazugehört. Es ist also günstiger, wenn man die Gruppenspiele nicht gleich an den Anfang eines Treffens setzt, sondern zuerst mit „geordneten" Spielen, also etwa Frage- oder Entscheidungsspielen, beginnt. Auch wir als Mittler wandeln uns und merken uns sowohl inhaltlich wie didaktisch von Mal zu Mal mehr. Wenn wir nicht schon geübte Sozialarbeiter sind, dauert es trotzdem durchschnittlich ein Jahr, bis wir in der Fragestellung und in der Auswahl der Spiele so sicher sind, daß wir genau wissen, was bei dieser oder jener Gruppe geübt werden sollte.

Das Eingliedern von Neuankömmlingen ist nicht leicht. Am vorteilhaftesten scheint es, wenn jemand aus der Gruppe als eine Art „Mentor" einspringt und dem Neuhinzugekommenen weiterhilft, indem er mit ihm zu zweit, also in Kompanie, an den Lösungen arbeitet. Ein bewährtes Gruppenmitglied übernimmt dann eine Art Patenstelle an diesem Neuankömmling.

Das Heimtraining wird einigen eifrigen Mitspielern bald zur Freude — vielleicht zur täglichen — werden. Eine Portion Kreuzworträtsel pro Tag hat sich ja schon vielfach als Ansporn zu weiterer geistiger Tätigkeit bewährt.

Äußere Vorbereitungen: Das „Exterieur"

Der Raum, in dem ein Treffen stattfindet, muß der Teilnehmerzahl angepaßt sein. In einem Zimmer normalen Ausmaßes, etwa 24 Quadratmeter groß, bringt man acht bis neun Teilnehmer gut unter, da man bedenken muß, daß auch für die Kaffeepause genügend Platz bleibt. Ein großer Tisch ist bindender, gruppenholender als mehrere kleine; dennoch hat es sich am vorteilhaftesten erwiesen, kleine Tische gleicher Größe anzuschaffen, die man aneinander anschließend aufstellen kann, so daß bei manchen Spielen auch Dreier- oder Vierergruppen getrennt sitzen können. In größeren Räumen mit fixierten Sitzreihen muß vorgesorgt werden, daß es dort kleine Pulte gibt, die man an die Seitenlehne der Stühle anschrauben kann. Sonst ist die „round table" wohl am ansprechendsten.
Die Beleuchtung muß so ausreichend sein, daß sie durchschnittlich einer 60-W-Birne in eineinhalb Meter Entfernung entspricht. Die Art der Beheizung ist so variabel und muß auf so viele Faktoren Rücksicht nehmen, daß eine generelle Vorschrift nicht gegeben werden kann. Trotzdem sei besonders darauf verwiesen, daß Müdigkeit und Atembeschwerden, ja bisweilen Kopfschmerzen und Augenbrennen eintreten, wenn die Luft nicht genügend Feuchtigkeit enthält. Ein Hygrometer sollte in keinem Klubraum fehlen. Eine Behaglichkeitszone zwischen 45 und 65 Prozent Luftfeuchtigkeit wäre das ideale. Eine Notiertafel in genügend großem Ausmaß, mindestens 60 mal 60 cm, ist ein weiteres unentbehrliches Requisit. Deutlicher wird die Schrift durch Schwarz auf weißem Grund, obwohl die meisten Tafeln einen dunklen Hintergrund haben. Wenn man sparsam sein und Kreide statt Filzstiften verwenden muß, kann nichts dagegen eingewendet werden; notfalls reicht auch ein Bogen helles Papier samt Kohlestift oder Tuschefeder. Die Mitspieler müssen ihr Schreibmaterial, Papier und Stift, selbst mitbringen. Besser dotierte Gruppen können sich vielleicht eine Projektionsleinwand und ein Epidiaskop oder einen Diapositivprojektor leisten. Ein Zeigestab für Projiziertes ist ebenfalls nötig.

Zehn goldene Regeln für den Mittler

Beachten wir vor allem: Dieser Kurs ist nicht Unterhaltung. wie sie oft angeboten wird, wo man bloß „berieselt" nach Hause geht. Auch Dia-Vorträge, die durch das Bild belebt werden, bieten in dieser Hinsicht zu wenig; das Erlebnis wächst nachher nicht. Wenn auch das, was wir hier bringen, heiter, stimmungserhöhend, keine Schulstunde im üblichen Sinn sein soll, so handelt es sich dabei doch um einen Lehrgang für Erwachsene! Wir üben hier etwas, was nicht eigentlich Spiel ist, sondern wo wir Spiel nur als Handwerkszeug verwenden. Die Spielzusammenstellung – so einfach manche Beispiele scheinen mögen – muß so gemischt sein, daß alle Teile des Gehirns in Anspruch genommen werden, damit das Erlebnis nicht spurlos wieder verschwinde.
Um unsere Mittlertätigkeit zu erleichtern, haben wir die methodisch-didaktischen Hinweise so kurz wie möglich in zehn Regeln zusammengefaßt. Sie lauten:

Mut machen
Erleben vermitteln
Spannung in Frage und Antwort bringen
Gruppengemäß spielen
Fordern – denn Geforderte wachsen
Gedankensperren sofort beheben
Pausen einschalten
Nicht nur Vielwisserei prämiieren
Anekdoten sammeln
Wir alle sind Lehrer und Lernende zugleich

Mut machen

„Ich kann nicht zeichnen, nicht singen, nicht spielen, das ist nur für Kinder" – ist meist die erste Reaktion. Wir müssen unserer Gruppe daher zuerst einmal Mut machen, überhaupt zu spielen! Am Anfang sind alle verzweifelt, egal auf welcher Bildungsstufe sie stehen, weil sie von zehn Fragen vielleicht keine einzige beantworten konnten. Beim zweiten Male weiß man es zaghaft: „Ich habe es ohnedies gewußt, aber ich habe mich nicht getraut, es niederzuschreiben!" Das ist Angst, gepaart mit Eitelkeit, am Ende etwas Falsches hinzuschreiben und sich zu blamieren. Diese Haltung ist nicht richtig. Ehe wir gar nichts hinschreiben, sollten wir irgendeine vermutende Antwort geben.

Wenn unsere Mitspieler verzagt sind, lassen sie sich manchmal zu schnell fallen und geben nach dem zweiten, dritten Male auf. Ihre vermeintliche Unwissenheit verträgt sich nicht mit ihrer Eitelkeit und ihrem Selbstbewußtsein. Wir müssen unseren Teilnehmern dann sagen: „Es kommt nicht darauf an, daß du gescheiter bist oder daß du mehr weißt. Vertraue darauf, daß du wachsen kannst."

Wir sehen dies am Beispiel von zwei Pensionistinnen. Sie waren anfangs verzagt, schüchtern, unwillig und der festen Überzeugung: „Das ist zu schwer für uns, das können wir nicht!" Es wurde ihnen geantwortet: „Sagt mir das in drei Monaten wieder, bis dahin haltet durch!" Heute sind sie die eifrigsten einer Runde und sind traurig, wenn ein Kurs einmal ausfällt oder sie nicht kommen können. Sie setzen sich aber auch zusammen und wiederholen nach jedem Treffen. Eine ist heute bereits Mittlerin bei einer Jugendgruppe.

> *Deshalb: Nicht abschrecken, sondern Mut machen! Vermeiden, daß unsere Mitspieler sich blamieren, eher einen Spaß einflechten, als daß jemand sich vernachlässigt oder ausgebessert fühlt. Wenn er sich verschließt und nicht kommt, weil er beleidigt ist, kann er sein Gedächtnis nicht trainieren und wird nicht wachsen!*

Wir sollten auch nicht unter Zeitdruck arbeiten! Also nicht spielen „Wer hat in einer Minute die meisten Hauptstädte ‚gefunden'?" oder „Wer weiß am schnellsten Künstlernamen, die mit A beginnen?" Lieber frei fragen und z. B. nach zwei Minuten sagen: „Können wir jetzt hören, was jeder gefunden hat?" Zeitdruck bewirkt zu großen Streß und damit ein Nachlassen der Konzentration; die Freude wird gemindert, und ein Verzagen und Verzweifeln an den eigenen Fähigkeiten kann die Folge sein. Am Ende eines Treffens sollte stets etwas Leichtes als Ermutigung für die Teilnehmer gebracht werden.

Erleben vermitteln

Ziel unserer Übungen ist das Stärken des Erlebnisgedächtnisses, das einen Zusammenhang registriert. Keine Wissensfrage sollte gestellt werden, bei der nicht überlegt werden muß, sonst sind wir ein Lexikonwissensvermittler. Bloßes Quizwissen ergibt oft nur eine Vokabelvermehrung, es wird selten ein neuer Zusammenhang damit eröffnet. Nicht nur den Menschen im Fernen Osten, auch uns ist immer, zumindest vom Emotionellen her, klar gewesen, daß der Mensch nicht nur zwecks Wissensaufnahme existiert. Gerade wir als Mittler müssen imstande sein, Zusammenhänge zu schaffen und damit schöpferisch zu werden. Merkt sich jemand dann wirklich so ein reines Wissensangebot, so betrifft das lediglich ein früher oft, heute kaum mehr geübtes, mechanisches Gedächtnis (Auswendiglernen).
Aber nicht nur die Fragen sollen keine Lexikonfragen sein, auch die Antworten sollen nicht auf „lexikalisch nachschaubar" abgestimmt sein. Das ist zuwenig, zu verbildet oder zu ausgefallen. Wichtig ist die Lebensnähe. Daher möglichst viele Fragen aus dem Alltag nehmen! Gerade sie können immer wieder gebraucht werden, im Gespräch innerhalb der Familie oder mit Freunden.

Ein Beispiel: Welcher Teil des Geschmackssinnes geht zuerst verloren, schwindet zuerst – salzig, sauer, bitter oder süß? Das kann man im Lexikon nicht nachsehen, man kann es aber täglich beim Kochen (besonders in Verbindung mit älteren Menschen), bei der Erziehung der Kinder brauchen.
Die Antwort lautet: Der Bittergeschmack verliert sich bereits ab dem ersten Lebensjahr. Für das Kleinstkind ist die erste Karotte, die eine Mischung aus bitter und süß ist, ein ausgesprochen bitteres Erlebnis, nach einem halben Jahr ißt es sie mit Wonne. Uns Erwachsenen, die wir den Bittergeschmack zum Großteil verloren haben, kommt die Karotte sogar süß vor, besonders Männern manchmal zu süß. Frauen behalten den Bittergeschmack im Durchschnitt länger; sie spüren noch etwas von dem Bitteren in der Rübe. Ein sechsjähriges Kind mag wohl einmal am Bier nippen, schmecken wird es ihm nicht! Der Jugendliche zieht das dunkle Bier vor, weil es süßer ist. Der Erwachsene empfindet auch das helle Bier nicht mehr als bitter. Natürlich gibt es daneben ausgesprochen bittere Substanzen,

wie etwa Chinin. Wenn aber der alte Mensch meint, Bitterkeit mache ihm nichts aus, z. B. bei Medizinen, so schmeckt er das Bittere nicht mehr so stark! Viele trinken Tee ohne Zucker, und jeder Vierzehnjährige greift bereits zur Bitterschokolade, weil er die Milchschokolade schon als zu süß empfindet. Raucher haben eine gebeizte und daher sehr schlecht empfindende Zunge, hier ist der Geschmackssinn noch weiter herabgesetzt.

Das war eine einfache, aus dem alltäglichen Leben geholte Frage. Eines von den fülligen Dingen, die die meisten entweder nie gehört oder nie erlebt haben, wo dann die Hausfrau sagt: „Das habe ich wirklich nicht gewußt, also deshalb ißt mein Kind keinen Lakritzensaft (der bittersüß ist)!"

Oder: Welches ist die vitaminreichste Obstsorte? Auch das kann man nicht im Lexikon nachschlagen. Ebenso: Woher bezieht der Mond sein Licht? (S. S. 58)

Eine Frage darf ruhig schwierig, aber sie muß interessant in der Aussage sein. Es darf auch einmal ein Fachwort sein, aber dann muß eine Erklärung dazukommen, die einen besonderen Zusammenhang erläutert, wie beim Wort „bombastisch" (S. 149, Spiel 78).

So hören wir z. B., daß Cicero enthauptet wurde. Das haben wir wahrscheinlich bis jetzt nicht gewußt. Wir machten uns von Cicero ein eigenes Bild, in dem Enthauptung nicht enthalten war. Wenn wir uns nun vorstellen, Cicero, der Edle, der Hehre, habe so ein Ende genommen! Das merken wir uns, ohne daß es besonders schwierig ist.

Wir können später daraus zwei Variationsfragen machen. Erstens eine „Wissensfrage": Auf welche Weise starb Cicero? Wir können es aber auch in einen „Außenseiter" einkleiden und fragen: Welche von den vier Personen wurde *nicht* enthauptet? Und nun ist einer darunter, von dem jeder weiß, daß er nicht enthauptet wurde. Dann erfahren wir Ciceros Ende auf diese Weise.

Im Anfang keine Fragen stellen, bei denen nach zwei Richtungen zugleich gedacht werden muß! Es ist besser anschließend als Auflockerung eine *Zusatzfrage* zu stellen. Schweifen wir einmal vom Thema ab, so ist das kein Fehler, wenn das Gehörte beim Zuhörer als Erlebnis hängenbleibt. Dies trägt dann mehr zum Training bei als eine Überfütterung mit Information.

Spannung in Frage und Antwort bringen

Ziel unserer Spiele ist, Erstaunen im aristotelischen Sinn in Frage *und* Antwort hervorzurufen. Staunen ist auch eine Art Spannung. Oder ein Erkennen, das ja auch immer Spannung löst (Das habe ich doch gewußt! Daß mir das nicht eingefallen ist!). Das Wiedererkennen eines Themas versetzt den Mitspieler in eine gewisse Stimmung und fördert die Lust am Zuhören.

Spannung schätzen wir so hoch ein, weil sie eine vegetative körperliche Folge hat, nämlich Sympathicuserregung, und daher eine bessere Durchblutung bewirkt. Es geschieht dies bei allem Anekdotischen, bei den Logika, bei Witzen (der Witz lebt ja geradezu von der Spannung, d. h. von der Lösung der Spannung durch die Pointe).

Als Mittler stehen wir dem Conférencier nahe, wir können dabei eine Art Conférence halten, um die Freude am Zuhören zu wecken. Damit etwa jemand, der seinen Sonntag vor allem mit dem Waschen seines Autos verbringt, Freude an etwas Geistigem bekommt, muß schon ein entsprechender Anreiz geboten werden. Wir können im Anfang ja nicht voraussetzen, daß unsere Mitspieler überhaupt lernfähig sind – wir alle sind nicht mehr im Schulrhythmus drinnen!

Daher: Kein spezielles Fachwissen bringen, es ist nicht genügend ansprechend, auch keine sterilen Scheinbetätigungen, wie dies so oft in Quizsendungen geschieht, die kein Erlebnis vermitteln; auch nicht zu viele Fremdwörter anführen, wo sie vermeidbar sind.

Gruppengemäß spielen

Die hier aufgezeigte Trainingsanleitung gilt für alle Generationen und für jedes intellektuelle Niveau. Auch der Hochgebildete wird sich mühen, sich ärgern und schließlich schmunzeln. Es gilt bloß, die für die jeweilige Gruppe richtigen Spiele zusammenzustellen.

Ist unsere Gruppe gemischt, so müssen wir leichtere und schwerere Beispiele wählen, damit die einen nicht verzagen und die anderen sich nicht langweilen. Lieblingsspiele der Gruppen müssen berücksichtigt werden. Hört ein Teil unserer Mitspieler schlecht, wird ein Witz schwer ankommen, wenn er nicht deutlich und langsam vorgebracht wird; auch machen wir die Beispiele dann besser schriftlich. Für eine Gruppe älterer Menschen können wir öfters in die Vergangenheit gehen, bei gemischten Gruppen, in denen auch Jüngere dabei sind, werden wir nicht zu viel aus dem Altgedächtnis nehmen, weil sich die Jüngeren sonst ausgeschlossen fühlen.

Es gibt Gruppen von Menschen mit nicht sehr großer Vorbildung, die aber intelligent sind und gut denken können. Da nehmen wir im allgemeinen nicht zu viele Wissensfragen, sondern besser Überlegungsfragen. Anderseits gibt es Gruppen, die noch nicht reif sind für das „Toto", weil sie mit dem „Kolonnentippen" nichts anfangen können. Dort lassen wir dieses besser aus und beschränken uns auf die einfachere „Zweierauswahl".

Sind die Beispiele für die jeweilige Gruppe nicht angemessen, versuchen wir sie zu vereinfachen, lassen etwas aus oder geben zusätzliche Fragen, die erleichtern und Mut machen. Fragen, die keiner beantworten kann, müssen schon sehr „belebend" sein, wenn das Prestige des Mittlers nicht sinken soll. Hier kann man „interessierende" Erklärungen daran knüpfen, um die Gruppe zu versöhnen.

Fordern – denn Geforderte wachsen

Dieser Satz könnte gleichsam als Leitthema über unserem Buch stehen! Dennoch wird er nicht leicht verstanden. „Ich bin ohnedies schon so überfordert!" ist eine häufige Klage.

Ein Beispiel: Eine Hausfrau wird krank. Sie legt sich mit einer Angina ins Bett, streckt alle Viere von sich und ist glücklich, daß sie sich einmal mit gutem Gewissen ausruhen kann. Ihr Mann kommt heim, hat Fieber und legt sich ebenfalls nieder. Da findet sie es selbstverständlich, daß sie aufsteht, ihn pflegt, für ihn kocht. Die selbst auferlegte Verpflichtung, daß ihr Mann Essen und Pflege braucht, hilft ihr, ihre eigene Schwäche zu überwinden. Wenn wir gefordert werden, wachsen wir über uns selbst hinaus!

Vermutlich beruht darauf – wir wissen es nicht genau – auch die Couvade, das Männerkindbett. Bei vielen Südseevölkern steht die Frau gleich nach der Niederkunft auf und der Mann legt sich ins Bett, bleibt acht Tage liegen und läßt sich als Vater beglückwünschen. Unmenschlich, pervers, könnte man sagen? Die Frau weiß, daß sie aufstehen muß: Erstens muß sie den Mann bedienen, dann benötigt sie im Durchschnitt bei den Naturvölkern kein längeres Kindbett. In irgendeiner Form scheint dies auch eine Abgeltung zu sein, daß der Mann hinter dem Neugeborenen nicht sofort zurück-

stehen muß – die Frau kennt ja jetzt fast nur mehr das vegetative Gefühl der Mutterliebe – daß er nicht gänzlich zur Seite geschoben wird. Wenn er im Bett liegt und gepflegt werden muß, ist er das zweite Kind!
Einfachen Menschen kann es das erste Beispiel anschaulich machen, einer gehobeneren Gruppe vielleicht das zweite.
Ist die Frage zu simpel, wird das Spiel uninteressant, es ist kein Erlebnis, es bleibt nichts, es bietet keine neue Anregung. Die Freude, etwas gewußt zu haben, allein genügt nicht. Wenn jemand dauernd siegt und nichts dazu erlebt, bleibt er das nächste Mal aus, oder er will Gruppenführer sein. Sehen wir aber beim dritten, vierten Male, daß wir wachsen können und bekommen wir die Bestätigung dafür, so ist das ein Gefühl wie bei einer Genesung – eines der höchsten, das wir erleben können!

Gedankensperren sofort beheben

Merken wir als Mittler, daß in der Gruppe eine Sperre eintritt, sei es, daß die Frage zu schwierig gestellt war, daß Föhn ist, daß es spät geworden ist und alle müde sind – sofort aufhören! Wir können Hinweishilfen geben, im allgemeinen ist es aber besser und zeitsparender, wir geben gleich die Lösung. Dann ist die Sperre aufgelassen. Solche „Sperren" sind leider ansteckend, sie können eine ganze Gruppe vergrämen und mißlaunig machen. Die Sperre bleibt dann auch fürs nächste Mal. Am besten ist es, wir geben – vielleicht sogar lachend – die Lösung mit der Bemerkung: Na also, das habt ihr doch ohnedies gewußt! Als Antwort kommt dann oft: Natürlich haben wir es gewußt! Und es stellt sich vielleicht heraus, daß wir selbst einen Fehler gemacht haben – eine zu lange Einleitung etwa, oder die Geschichte war zu schwierig, so daß man sich die Story nicht merken konnte, oder bei einer logischen Aufgabe war eine zu hohe Anforderung an das Denkvermögen gestellt. Wir erkennen es sofort an den entsetzten, ratlosen Gesichtern, am ostentativen Weglegen des Notizbuches. Am besten ist es dann: ganz weg vom Thema und auf ein anderes Spiel übergehen!
Sperren bedeuten auch Zeitverlust, der im Laufe eines Zusammenkommens nicht eingeholt werden kann. Es wäre schade, das wirklich Füllige, das etwas bringt, das methodisch Wichtige, zugunsten eines sich ausdehnenden Zeitloches hintanzusetzen.

Pausen einschalten

Es gibt ermüdende Pausen – wenn ein Spiel nicht weiterläuft, was eigentlich eine Unterbrechung und keine Pause ist, in dem Sinn, daß man es als angenehm empfände – und es gibt fördernde Pausen.
Wenn nach einer schweren Übung dieses gewisse Zurücklehnen kommt (nicht die vorher geschilderte Müdigkeit), sollten wir eine kleine Pause einschalten, am besten durch einen kurzen Witz. Wir sollten einen solchen für diesen Fall immer parat haben und mit leichter Hand einstreuen, kurz, zwanzig Sekunden, mehr Zeit bleibt nicht. Müssen wir erst herumkramen „Moment, ich habe einen Witz", so desillusioniert das meistens. Scheinen wir als Mittler ratlos oder wollen uns selbst ausruhen, so sinkt die geistige Temperatur in der Gruppe, es sinkt die Bereitwilligkeit mitzutun und es kommt die Gähnpause. Eine kleine Kaffeepause einzuschalten hilft hier. Nachher geht es doppelt so flott weiter.
Statt Witz, Anekdote, Kaffee kann es auch einmal eine Melodie sein, die wir vom Tonband vorspielen und erraten lassen. Oder ein Teilnehmer ist so geschickt und kann mit Hand und Mund ein Instrument, etwa eine Trompete, nachahmen. Er tut dies versteckt, auf ein Zeichen von uns. Wir fragen: Was ist das für ein Instrument? Im nächsten Augenblick kommt er heraus und hat überhaupt kein Instrument vorzuweisen, er hat den Ton bloß mit Hand und Mund hervorgebracht und zeigt das jetzt vor.
Oder wir lassen einen Gegenstand herumgehen, etwas Neues, das wenige kennen, z. B. die Frucht vom Weihnachtsstern und fragen: Von welcher Pflanze stammt diese Frucht? Wer es weiß, schreibt es auf und bekommt dafür einen Ehrenpunkt. Oder wir schieben „Tierlaut-Erraten" ein. Zwei-, dreimal sollte während eines Beisammenseins so ein Glanzlicht, eine Aufhellung dabeisein, damit auch die Minderbegabten wieder Mut finden und vor allem wiederkommen wegen der sogenannten „Hetz" oder „Gaudi". Sie ist eine der Attraktionen der Kurse und wir können unsere Mitspieler durch solche Auflockerungen bei der Stange halten.
Aber auch als Mittler selbst müssen wir zusehen, daß im Rhythmus eines Beisammenseins da und dort eine kleine Verschnaufpause für uns bleibt, wo wir selber etwas ausruhen können. Es ist dies z. B. bei „Vier Köpfe, bei „Homophthongen", „Anagrammen" möglich.

Nicht nur Vielwisserei prämiieren

Haben wir eine geübtere Gruppe vor uns, so können wir „auf Wettkampf“ spielen und Prämienpunkte austeilen. Es ist alles erlaubt, was stimmungsfördernd ist. Von einer Wertung allein haben wir wenig, wenn sie nicht mit einer Prämie oder einer Freude verbunden ist. Es sollte deshalb innerhalb der Gruppe eine gewisse Wettstimmung eintreten. Ein Gruppenspiel ohne Wettsituation bietet wenig Anreiz.

Beim Prämiieren müssen wir vorsichtig sein. Es gibt überall Vorprescher, die besonders „gescheit“ sind, und zum Schluß bekommt immer der gleiche den Preis. Wir wollen ja die Bindung der Gruppe, nicht ihren Zerfall! Daher nicht nur „Gescheitheit“ prämiieren, sondern einmal die Schlagfertigkeit, einmal eine besonders hübsch formulierte Antwort oder ein besonders beifällig aufgenommenes Spiel, das jemand mitgebracht hat.

Anekdoten sammeln

Lesefrüchte, Hörfrüchte, Sehfrüchte sammeln und sofort notieren, wo immer wir sie entdecken! Anekdoten sammeln! — nicht von einem Schauspieler oder anderen berühmten Menschen, sondern im weiteren, griechischen Sinn als „anekdota“, d. h. das noch nicht Herausgegebene, das noch privat Gebliebene, Aparte, Kuriose.

Wenn wir etwa hören, daß Erbsen einer bestimmten Sorte an einem einzigen Tag geerntet werden müssen, weil sie am nächsten bereits verdorben wären, daß also die verarbeitende Fabrik an diesem Tag mit ihrem ganzen Wagenpark zur Stelle sein muß, sonst wäre es zu spät — wenn wir das zum erstenmal hören, ist es interessant! Bisher hatten wir kein rechtes Wissen um diese Dinge. „Aha, nach einem Tag welken die Erbsen, der Abstieg ist fermentativ eingetreten!“ Wir notieren also: Erbsen dieser Sorte müssen zwecks Konservierung an einem Tag geerntet werden!

Die Selbstaktivierung aus Lesefrüchten, Erfahrenem, Gelesenem, Gehörtem, Gesehenem hält uns wach, wir schauen die Welt nachher anders an! In jedem Zeitungsblatt finden wir mindestens zwei oder drei solcher spielbarer Neuerungen, die nicht allein von Tagesinteresse und morgen schon wieder vergessen sind. Üben wir uns im Suchen, aber auch im Vergewissern, daß das Gefundene stichhältig ist. Werden wir schöpferisch in der Zusammenschau — wir hören dann anders, wir lesen dann anders. Unsere Sinnesorgane übermitteln uns Eindrücke, an denen wir vorher vorbeigelebt haben, die wir nicht aufnahmen, weil sie uns kein existentielles Interesse boten. Es ist nicht so, daß wir alles behalten müßten, wir übersehen vieles; nicht einmal ein Prozent dessen, was die Sinnesorgane uns vermitteln, erfassen wir überhaupt — es geht um die Zusammenhänge, die uns bewußt werden sollen.

Wir alle sind Lehrer und Lernende zugleich

Zum Schluß noch einige Ratschläge für das Verhalten während eines Kurses. Das erste Gebot würde heißen: Nicht schulmeistern, nicht Dozierender werden wollen innerhalb der Gruppe! Oft wird es vorkommen, daß wir etwas aus dem Buch bringen, das wir vor kurzem selbst noch nicht wußten, und öfter kann es geschehen, daß für ein von uns angeschnittenes Gebiet ein Fachmann an unserer Runde teilnimmt, der unser aller Kenntnisse in diesem Punkt vertiefen und bereichern kann. Bleiben wir offen dafür! Wir alle sind Lehrer und Lernende zugleich!

Daß wir nicht grob und dickköpfig sein sollen und keine Lieblinge haben dürfen, versteht sich von selbst, ebenso daß wir konziliant sein sollen — meist haben unkomplizierte Menschen die besseren mitmenschlichen Beziehungen. Wo es nötig ist, müssen wir ausbessern, aber es kommt auf den Ton an. Sachlich korrigieren! Nicht sagen, eine Frage sei dumm. Verbessern, ohne Zensor zu spielen!

Mit humorvoller Milde vorgehen — Humor ist es, wenn wir darüber hinwegkommen, worüber sich andere „ärgern", und Milde könnte heißen, daß wir in dem anderen den Mitspieler sehen, der etwas bieten will.

Wissen wir etwas selber nicht, so geben wir es ruhig zu. „Moment, das weiß ich selbst nicht, schauen wir im Atlas nach!" Entweder die Gruppe hat schon einige solcher Behelfe, wie Atlas oder Lexikon, dann eignet sich dieses Suchen zum Kontaktnehmen innerhalb der Gruppe, oder wir nützen diese Gelegenheit, die Frage als Heimaufgabe mitzugeben.

Bleiben wir flexibel auch in der Durchführung! Es kann sein, daß wir einmal unterwegs üben, im Freien, im Bus oder in einem Raum, der nicht gut beleuchtet ist. Dann sehen wir von schriftlichen Übungen ab und konzentrieren uns auf solche, die wir mündlich durchführen können.

Und als letztes: Seien wir großzügig! Ketten wir die Gruppe nicht dauernd an uns. Sagen wir unseren Mitspielern nach einiger Zeit: Ihr müßt nicht immer herkommen! Kommt einmal im Monat zu einem Großkurs und setzt euch lieber zu dritt oder zu viert zusammen und wiederholt gemeinsam! Sind wir ein guter Mittler, so gelingt uns dieses immer größere Ausweiten der Spiel- und Übungskreise. Unser Ehrgeiz müßte es sein, möglichst viele neue Mittler, neue Zellen aus unserer Runde zu entsenden. Wir werfen wie Kinder einen Stein ins Wasser und haben unsere Freude an den vielen Kreisen, die sich bilden!

Spiel 228, Bild 2: 1844 wurde das Dargestellte konstruiert. Was sollte es bezwecken? *Antwort Seite 264*

SPIELE · I

Spiel 228, Bild 3: Im 17. Jahrhundert hatten die einzelnen Berufe recht unterschiedliche, aber festgelegte Trachten. Wer trug die hier gezeigte (grüne) Tracht? *Antwort auf Seite 264*

Wissensfragen

Wissen sammeln und wiedererkennen

Bei diesem Spiel werden Fragen gestellt, die aus möglichst vielen Fächern oder Sparten stammen und keinen anderen Zusammenhang aufweisen, der etwa für die Lösung eine Erleichterung böte. Sie sollen entweder schriftlich, oder bei Gruppenspielen auch mündlich, beantwortet werden. Erfahrungsgemäß besteht ein solches Spiel aus zehn Fragen. Es kann aber im Bedarfsfall – wenn etwa die Zeit knapp ist – auch reduziert werden.

Eine Grundregel für die Fragestellung lautet: Sowohl die Frage wie die Antwort sollen Interesse wecken. Das heißt, sie sollen nicht banal sein oder bloß Wissen anbieten, sondern vielmehr Zusammenhänge oder Verbindungen zwischen mehreren Wissensgebieten herstellen. Es geht dabei nicht so sehr darum, daß die Antwort gewußt wird. Wesentlich ist, daß wir gespannt waren und etwas Staunenswertes erlebt oder Neues erfahren haben. Hierzu eignen sich besonders solche Fragenkomplexe, die auch das Gemüt berühren. Emotionelles haftet, selbst wenn es sich um Wissensvermehrung handeln sollte, besser als rein Intellektuelles. Eine Diskussion oder eine Erweiterung der Fragestellung im Gespräch ist durchaus nicht als Störung zu empfinden. Sie verlangt nur vom Mittler zusätzliches Wissen und von allen die Bereitwilligkeit, dazuzulernen.

Dieses Spiel, bei dem in besonderem Maß Wissen, Überlegen und bei Wiederholung der Fragen, Wiedererkennungsfreude angesprochen werden, ist geeignet, mit einer Gruppe in Kontakt zu kommen, oder innerhalb der Gruppe selbst Kontakte zu schaffen. Führen wir das Spiel mündlich durch, was zu Beginn des Kurses durchaus erlaubt wäre, kann jeder frei herausreden; man lernt dabei Schüchterne wie Sprachbegabte, aber auch Störenfriede bald erkennen und kann ihnen langsam den gemeinsamen Arbeitsrhythmus nahebringen. Fürs erste muß die Spieldisziplin nicht erzwungen werden; sie kommt bei erwachendem Gruppengeist von selbst.

Das Spiel kann auch „auf Wettkampf" gespielt werden. Dann heißt es, möglichst viele Fragen zu beantworten oder in möglichst kurzer Zeit. Die Preise müssen durchaus nicht materiell sein, sondern werden beispielsweise in Punkten verliehen. Die Wettkampfsituation steigert Interesse, Wachsamkeit und Stimmung, soll aber nicht auf ein ganzes Treffen abgestellt werden; sonst bilden sich entweder Cliquen, die die anderen ausstechen wollen, oder aber Animositäten innerhalb von Gruppen, die das zielsichere Arbeiten auf Gedächtnistraining mit der Zeit erschweren.
Schwierige Fragen können durch zusätzliche Hinweise erleichtert werden. Der Mittler findet solche bisweilen in den „Antworten"; er wird sie aber aus seinem eigenen Wissen und Können ergänzen müssen. Die Fragen selbst kann er sich auch aus Zeitschriften, Büchern oder Zeitungen holen. Je öfter er solche Exzerpte macht, desto sicherer schöpft er aus eigenen Hör- und Lesefrüchten.
Dieses erste Spiel, mit dem durchaus nicht bei jedem Treffen begonnen werden muß, bildet das Rückgrat vieler anderer Spiele, d. h. die Fragen können durch Wiederholung oder durch Umstellung so weit variiert werden, daß sie immer wieder neue Facetten des Gehirntrainings anbieten. Sie sind gewissermaßen die Fingerübungen zur Routine. Durchschnittlich kann man mit fünf bis sechs Spielen während eines Treffens rechnen. Man kann selbstverständlich auch sechs Zehnergruppen von Wissensfragen zu einem Spielabend gestalten. Trotzdem möchten wir vor allzuviel Spielen der gleichen Art warnen. Es ist besser, unterschiedliche Spiele zu wählen, da sie verschiedene Hirnabschnitte in Tätigkeit setzen. Um die Merkfähigkeit zu üben, ist es günstig, nach einiger Zeit die ganze Fragengruppe wiederholen zu lassen. Die Buntheit der Fragen kann erhöht werden, indem man Austauschfragen einflicht oder mit Rücksicht auf das Niveau der Gruppe den Schwierigkeitsgrad der Fragen variiert.
Die Antwort auf die folgenden Spiele finden wir jeweils anschließend. Hierzu kommen noch zusätzliche Erläuterungen oder Erklärungen, die dem Mittler auf allfällige Fragen interessierter Mitspieler weitere Informationen ermöglichen. Auch dem aufgeschlossenen Leser oder Einzelspieler geben sie die Möglichkeit, die angeschnittenen Fragengebiete auszuweiten und zu bereichern. Außerdem zeigen wir an *Variationen,* wie man die gleiche Frage durch eine leichtere Formulierung oder durch Anknüpfen an neue Assoziationen ersetzen kann.

SPIELE

1

1 Warum heißt der ägyptische Skarabäuskäfer Pillendreher oder Mistkäfer?
2 Woraus besteht die Kartoffelschale?
3 Warum soll die Hausfrau beim Abstauben von glatten Flächen, seien sie Holz, Glas, Porzellan, Stein, sogenannte antistatische Staubtücher verwenden?
4 Sprichwörtlich „eng wie in der Sardinendose", d. h. das Öl ist nur spärlich vorhanden. Obwohl man bei dem Einkauf keine Kontrollmöglichkeit hätte, kommt es dem Erzeuger der Konserven nicht in den Sinn, die Fische schütterer zu packen. Warum nicht?
5 Warum geht ein Mensch im Wasser nicht unter, es sei denn, er beschwert sich mit etwas Gewichtigem oder schlägt wie wild um sich?
6 Frauenüberschuß: Es kommen immer und überall mehr Knaben zur Welt als Mädchen. Ab welchem Alter ungefähr ist dieser Männerüberschuß ausgeglichen?
7 Wie hieß Italiens Hauptstadt von 1861 bis 1870?
8 Warum schneidet der Diamant Glas?
9 Eine Eisenbahnschiene wird abgenützt und verrostet. Wie viele Kilogramm verlieren zehn Meter Schienen etwa pro Jahr?
10 Wo kann man höher springen: in der Höhe des Meeresspiegels oder in Mexico City?

Antworten:

1 Der Mistkäfer legt seine Eier in Mist- oder Abfallklümpchen und verklebt diese zu größeren Klumpen, die er auf der Erde durch Wälzen zu einer Kugel (Pille) dreht. – Die Larven des Käfers finden daselbst Schutz vor Feinden und Lichteinwirkung und ernähren sich gleichzeitig von diesem Abfall.
2 Aus Kork. Sie ist nicht verdaulich.
3 Durch das Reiben des Tuches auf genannten Flächen entsteht Reibungselektrizität. Sofort werden die Staubteilchen vom Tuch weg wieder auf die Fläche zurückgeholt (Anziehungskraft). Mit chemischen Stoffen imprägnierte Tücher werden nicht elektrisch auf-

geladen, der Staub bleibt in ihnen und wird nicht wieder zurückgezogen.
4 Öl ist teurer als die Fische.
5 Weil sein spezifisches Gewicht (Dichte) kleiner ist als die Dichte des Wassers. – Ein ruhig auf dem Rücken liegender Schwimmer hat die Nase noch außer dem Wasser. Je dichter, etwa durch Salzgehalt, das Wasser ist (im Toten Meer z. B. 24 Prozent), um so mehr ragt der Schwimmer aus dem Wasser (Auftrieb).
6 Im dritten Lebensjahrzehnt. Die männliche Sterblichkeit ist größer als die weibliche.
7 Florenz. Die Einigung ganz Italiens zum Königreich (mit Hilfe Garibaldis) fand erst 1870 statt. Seit damals ist Rom Hauptstadt.
8 Weil er härter ist.
9 20 bis 21 Kilogramm.
10 In Mexiko City (2000 m hoch). Der Springende ist dort weiter vom Erdmittelpunkt (Anziehungskraft der Erde) entfernt und ist daher leichter. Seine Muskelkraft bleibt aber gleich, so daß er mit gleichem Krafteinsatz höher springen kann. Am Mond kann er sogar zwölf Meter hoch springen! Er ist dort nur einem Sechstel unserer Anziehungskraft ausgesetzt.

2

1 Wie treibt man bei „wurmigen" Kirschen die Räupchen aus der gepflückten Frucht?
2 Was geschieht beim Bähen des Brotes?
3 Wieviel Kilogramm Speise müßte ein 70 kg wiegender Mensch zu sich nehmen, wenn er so viel äße wie eine Spitzmaus im Verhältnis zu ihrem Gewicht?
4 Warum machte man früher Hemdbrüste oder Halskrägen steif?
5 Man hat verschiedenen Gefühlen volkstümlich Farben zugeordnet. Liebe rot, Treue blau. Welche Farbe gibt man dem Neid?
6 Die vor wenigen Jahrzehnten noch üblichen Petroleumlampen mit Zylinder hatten häufig hinter der Flamme einen Spiegel. Wozu diente dieser?
7 Welches ist der erste Mitlaut, den ein Baby hervorbringt?
8 In früheren Jahrhunderten gab es keine alltäglich brauchbaren Taschenuhren, geschweige denn Sekundenzähler. Womit maß man damals als Arzt den Pulsschlag?

9 Noch bis vor wenigen Jahren war Gaseinatmen ein übliches Selbstmordmittel. Warum ist es das heute nicht mehr?

10 Wie bereiteten die alten Römer Speiseeis?

Antworten:

1 Man legt sie ins Wasser. Nach einiger Zeit kriechen die Tierchen auf Grund des Sauerstoffmangels unter Wasser an die Oberfläche.

2 Wasser wird entzogen, das Brot wird knusprig. B-Vitamin geht allerdings verloren.

3 Siebzig Kilogramm pro Tag. Die Spitzmaus frißt mindestens ihr eigenes Gewicht, meistens noch viel mehr.

4 Weil sie den Schmutz weniger annahmen, länger ungeknittert blieben, während heute knitterfeste Stoffe leicht zu reinigende Fasern und bügelfeste Textilien im Handel sind.

5 Gelb.

6 Zur Lichtvermehrung. Licht wird reflektiert und nach hinten abgeschirmt; auch als Wärmeschutz für die Wand dahinter diente der Spiegel.

7 M (Mama). Das Schließen des Mundes bei gleichzeitiger Stimmgebung ergibt m-m-Mama.

8 Man benutzte ein Pendel mit variierbarer Pendellänge (man schob einen Knopf an der Pendelstange auf und ab). Je kürzer ein Pendel ist, desto schneller bewegt es sich. Wenn man jetzt den Pendelschlag mit dem Pulsschlag synchronisierte, hatte man an der Pendelstangenlänge ein Maß für den bei Fieber vermehrten Pulsschlag. Man konnte also allenfalls sagen, „der hat zehn Zentimeter Fieber", normalerweise wäre vielleicht fünfzehn Zentimeter beim Gesunden die richtige Pendellänge gewesen.

9 Weil das moderne Leucht- und Kochgas chemisch entgiftet wurde. – Kohlenmonoxyd wird ausgeschaltet, das gleiche Gas, das man bei Autoabgasen und bei Zigaretten auszuschalten versucht.

Variation: Wir haben bei drei wichtigen Gasvergiftungsmöglichkeiten das Kohlenmonoxyd auszuschalten versucht. Welche drei sind das? – Auto, Zigarette, Kochgas.

10 Sie ließen sich von Gletschern oder beschneiten Bergen durch Eilfrachten Schnee und Eis kommen und vergruben es in tiefen Kellern. Dort hält es sich wochen- und monatelang. Sie vermisch-

ten es dann mit Obst (mit Früchten). – Hippokrates schreibt als erster Früchte in Eis (Speiseeis, das in Gruben gehalten wurde) als Diätspeise vor.

3

1 Wie heißt der Fuchs in der Fabel?
2 Was verlangt man beim Händler, wenn man den inneren Lendenhüftenmuskel vom Rind erwerben will?
3 Was für Augenfarbe hat das Frettchen?
4 Welcher Eierstock der Frau, der rechte oder der linke, liefert die Eizellen?
5 Wenn man den Quecksilberfaden eines Fieberthermometers nach Gebrauch wieder in seine alte Lage bringen will, schüttelt man das Thermometer. Welche Kraft treibt den Quecksilber- oder Alkoholfaden wieder zurück?
6 Welche Grundmethoden gibt es für Kaffeemühlen zur Bohnenzerkleinerung?
7 Wie hieß das Schreibmaterial bei Griechen und Römern?
8 Nennen Sie die Hauptstadt von Grönland, wie heißt sie?
9 Von welchem Tier stammt der so beliebte Persianerpelz?
10 Die alten Griechen kannten die exotischen Gewürze des Fernen Ostens oder aus Übersee nicht. Womit würzten sie denn Getränke und Speisen?

Antworten:

1 Reinecke, Koseform von Reinhart = der wegen seiner Schlauheit Unüberwindliche.

2 Einen Lungenbraten. Der Ursprung des Muskels liegt in der Lungenhöhle nahe dem Brustkorb, ist aber sonst dem Hauptteil nach in der Lendengegend.

3 Rot. Als Helfer zum Jagen verwendet, hat das Frettchen ein weißes Fell und rote Augen. Es ist eine Albinoabart des Wiesels. – Albino nennt man die Menschen oder Tiere, in deren Körpern gewisse dunkle Farbstoffe nicht gebildet werden können. Pigmentfehler. Sie sind weißhäutig oder weißfellig, haben fahlfärbige Haare und rote Augen, weil statt des Pigments in der Regenbogenhaut die Blutgefäße durchschimmern.

4 Abwechselnd der rechte und der linke in Monatsabständen. Doch gibt es Tiere, bei denen einer der beiden Eierstöcke rückgebildet wird. Beim Huhn z. B. ist nur der linke Eierstock tätig.

5 Die Fliehkraft. Beim Schütteln beschreibt der Arm eine kreisende Bewegung, wobei der Thermometerfaden vom Kreismittelpunkt (Schulter) an die Kreisperipherie, das Thermometerende, getrieben wird. Notwendig ist diese Handhabung deshalb, weil das Fieberthermometer den höchsten Stand der Temperatur anzeigt und auch nach dem Entfernen vom Körper stehenbleibt (Maximalthermometer). Andere Thermometer stellen sich nach der Umgebungstemperatur ein.

6 Die Bohnen werden entweder durch ein Mahlwerk zerrieben oder, wie bei modernen Mühlen, zerschlagen.

7 Pergament. Es handelte sich um gegerbte, bisweilen dünn geschliffene oder zerlegte Tierhäute, meist von Schaf und Kalb (nach Pergamon genannt).

8 Godthop (Gute Hoffnung).

9 Vom Karakul- oder Fettschwanzschaf (Karakul ist ein See im Hochland von Pamir). Ungeborene Lämmer, deren Fell noch ungelockt ist, liefern die Breitschwanz-Persianer-Felle.

10 Mit Minze. Sie würzten auch die Weine.

4

1 Im tiefen und dichten Wald findet man meistens nur weiße oder gelbe Blumen. Warum wohl?

2 Ab welchem Lebenstag hört ein Kücken?

3 Warum nennt man, volkstümlich, grünes Gemüse „gesund“?

4 Warum hält ein Hohlziegel die Wärme länger als ein Vollziegel?

5 Was wurde in Ritterburgen als Fensterscheibe verwendet?

6 Der Ausdruck „Türkischer Halbmond“ ist eigentlich falsch. Wieso?

7 Wann gehörte der Kirchenstaat weder zu Italien noch war er selbständig?

8 Welche Tiere dienten Josef in Ägypten bei Pharaos Traumdeutung als Symbole für Jahre?

9 Wie viele Glühwürmchen müßte man fangen und in einen Behälter geben, damit sie so hell leuchten wie eine einfache Kerze?

10 Auf welchem Arm trägt die Madonna auf Bildern das Jesuskind?

Antworten:

1 Bienen und Wespen, die Hauptbestäuber dieser Blüten, sehen im Dämmerdunkel des Waldes nur diese hellen Farben. – Windbestäubung fällt am Waldesgrund weg.
2 Bereits in der letzten Eiwoche. – Das Gelege kann nur überleben, wenn die Kücken ungefähr zur gleichen Zeit schlüpfen. Mit Eilauten verständigen sich die Eiinsassen diesbezüglich, selbst dann, wenn die Henne die Eier an verschiedenen, aufeinanderfolgenden Tagen abgelegt hatte. Für die Kücken ist das gleichzeitige Schlüpfen eine Lebensnotwendigkeit, damit nicht etwa Eier noch bebrütet werden müssen, während andere Geschwister schon selbst auf Futtersuche gehen oder von den wegfliegenden Eltern versorgt werden sollten.
3 Weil sie Eisen und Magnesium enthalten.
4 Die Luftfüllung ist ein schlechter Wärmeleiter, der Hohlziegel bleibt daher länger warm oder kalt.
5 Alabaster, dünn geschliffen, oder ganz dünnschliffiges Holz. – Durchsichtiges Fensterglas ist zwar ein alter Werkstoff, denn schon die Ägypter kannten Glasschmelz und Glasperlen. Als Fensterscheibe kam es jedoch aus technischen Gründen (das Gießen war schwierig) erst sehr spät zur Anwendung.
6 In der Darstellung ist es immer nur die Mondsichel, also ein Viertelmond.
7 1805 bis 1814 gehörte er zu Frankreich, nachdem Napoleon ihn erobert hatte.
8 Kühe für die sieben mageren und die sieben fetten Jahre.
9 Tausend Stück. In früheren Zeiten, als man weder Elektrizität noch billiges anderes Licht kannte, arbeitete man bisweilen tatsächlich bei solchem Licht.
10 Auf keinem bestimmten. Die griechisch-byzantinische Madonna trägt das Kind oft auf dem linken Arm, weil sie als „Wegweiserin", griechisch Hodegetrike, mit zwei Fingern der rechten Hand den Weg zum Himmel weist. – Rechtshänderinnen tragen gewöhnlich das Kind auf dem linken Arm und umgekehrt, weil die Arbeitshand dadurch frei bleibt.

5

1 Wozu dient die Wachsschicht auf den Äpfeln?

2 Wie nennt man den Vorgang, bei dem einem Hund die lockeren oder leicht verfilzten, gekrausten Haare ausgekämmt werden?

3 Wie nennt man jene Menschen, deren Blut die Gerinnungsfaktoren fehlen?

4 Wie lange braucht ein Schmetterling, um seine volle Größe zu erreichen?

5 In Vergnügungsparks findet man oft Schaukeln, die einen ganzen Kreis in der Luft beschreiben. Der Insasse steht dann am Scheitelpunkt kopfabwärts. Wieso stürzt er nicht ab?

6 Wie nennt man einen Behälter für Pfeile?

7 Seit wann bezeichnen wir ein Datum mit „post Christum natum"?

8 Wie heißt das junge Wildschwein?

9 Bis vor wenigen Jahren hatten wir nicht nur bei Abendkleidern, sondern auch in der Alltagsmode „Maximode" (bodenlange Kleider). In der römischen Kaiserzeit trug man solche Kleider und sie gingen dann als Sinnbild der Würde in eine Berufskleidung über. Wie heißt diese?

10 Wie heißt der Vogelkäfig richtiger?

Antworten:

1 Sie schützt vor allzustarker und vorzeitiger Schrumpfung durch Abdunstung.

2 Trimmen.

3 Bluter. Heute ist dieser Zustand, ein vererbbares Leiden, wenn auch nicht heilbar, so doch behandelbar.

4 Er kriecht schon in voller Größe aus der Puppe, nur die Flügel spreizen sich noch einige Minuten lang durch Luftansaugen.

5 Die Fliehkraft drückt ihn nicht bloß auf seinen Sitz, also vom Schaukelmittelpunkt weg, sondern sie drückt auch seine Beine gegen den Schaukelboden.

6 Köcher.

7 Erst seit dem sechsten Jahrhundert (unter dem römischen Abt Dionysius Eligius 525).

Variation: Ab wann datieren die Araber ihre Zeitrechnung? – Ab Mohammeds Wanderung (Hedschra) 622 von Mekka nach Medina.

8 Frischlinge.

9 Talar, deutsch: das bis zum Fersenbein reichende Kleidungsstück, vom lateinischen talus (Fersenbein).

Variation:

Man kann auch lustig anfangen: Wie heißen bestimmte Maxikleider der Antike? – Talar.

10 Vogelbauer, Bauer ist ein deutscher Ausdruck. In der Literatur des 19. Jahrhunderts heißt es „Vogelbauer“. Der Ausdruck Käfig stammt erst aus späterer Zeit. Ein Käfig ist ein fester Verschlag. Das Gefangenhalten ist wesentlich. Das Wort Käfig gemahnt an den Zwang, während Bauer einfach Unterkunft betont. – Der Goldhamster hat einen Käfig, das Schwein einen Koben, der Hase einen Stall. Es sind das die Namen der künstlichen Behausungen. Die natürlichen heißen anders.

Variation:

Wie heißt die Naturbehausung und die künstliche Behausung eines Vogels? – Nest, Horst und Bauer (Käfig, Volière).

6

1 Warum kann man brennendes Fett nicht mit Wasser löschen?

2 Wo sitzen beim Regenwurm die Augen?

3 Welche Rolle spielt die Zellulose für die menschliche Ernährung?

4 Wohin mündete noch von 11.000 Jahren die Themse?

5 Welches chemische Element bildet gewichtsmäßig den Hauptbestandteil des menschlichen Körpers?

6 Warum muß man bei einer Himalaya-Expedition einen Drucktopf mitnehmen, wenn man gekochte Speisen essen will?

7 Wem gegenüber hat ein Adoptivkind Erbrechte? Gegenüber den Adoptiveltern oder gegenüber den leiblichen?

8 Welcher Stil galt bis zu Goethes Zeiten als „barbarisch“ und bekam erst spät seinen jetzigen Namen?

9 Seit wann kennen wir den Radiergummi?

10 Jesus wurde von Johannes im Jordan getauft. Wen hat Jesus getauft?

Antworten:

1 Weil Fett oben schwimmt und bei plötzlichem Luftabschluß explodiert. Spontan brennende Ölquellen können daher nur mit qualmerstickenden Mitteln, etwa Sandgebläse oder Schaum, gelöscht werden.

2 Nirgends. Er ist blind.

3 Sie ist Ballaststoff, vermehrt das Stuhlvolumen, macht ihn griffig für den Weitertransport im Darm. Im Volksmund heißen die Ballaststoffe oft Schlacken, was eigentlich falsch ist. Zellulose ist keine Schlacke.
Variation: Was versteht man unter schlackenreicher Kost? – Schlakkenreich ist ein falscher Ausdruck, im allgemeinen sollte es ballastreiche Kost heißen, weil durch Zugabe unverdaulicher Stoffe die Darmtätigkeit angeregt wird. Solche Ballaststoffe sind vorwiegend pflanzlicher Art, also Zellulose, für die der menschliche Darm kein Zerlegungsferment besitzt. Pflanzenfressende Tiere haben Zellulase, das Ferment zur Zelluloseverdauung, so daß sie sich von dem Pflanzenzellstoff auch den Körper aufbauen können.

4 In den Rhein. Es bestand damals noch die Landbrücke zwischen Holland, Deutschland und den großen Britischen Inseln.

5 Sauerstoff, fast 65 Prozent, hauptsächlich gebunden in Wasser (das kein chemisches Element ist, sondern eine Verbindung!).

6 Beim niedrigen Luftdruck in großer Höhe ist die Siedetemperatur des Wassers so niedrig, daß Eiweißstoffe, z. B. Eier oder Fleischsorten nicht auf übliche Kochtemperaturen (100 Grad) gebracht würden. Im Druckkochtopf läßt sich jedoch die nötige Temperatur erreichen.

7 Gegenüber beiden.

8 Die Gotik. – Das erste Bauwerk dieses Stils in Europa war die Abtei St. Denis bei Paris, die Begräbnisstätte französischer Herrscher.
Variation: Wie heißt das große vielfächerige Rundfenster, das die gotischen Kathedralen an der Stirnseite schmückt? – Rose.

9 Seit Magellan, um 1520. – Der portugiesische Seefahrer fand auf seiner Südamerikareise bei den Eingeborenen ein Spiel mit elastischen Kügelchen aus Kautschuk, die, zweckentfremdet, den Bleistiftstrich löschen konnten.

10 Niemanden.

7

1 Raben, Stare, Sittiche, Papageien, Dohlen haben eine gemeinsame Fähigkeit. Welche ist das?
2 Warum platzen Eier und Würstchen so leicht beim Sieden?
3 Welches sind die beiden schädlichsten Stoffe in der Zigarette?
4 Seit wann gibt es unseren Sonntag als Feiertag?
5 Was ist der Wesensunterschied zwischen Maske und Larve?
6 Man spricht von Großbritannien. Wo aber liegt Kleinbritannien?
7 Was geschieht beim Kühlschrank mit der Wärme, die beim Gefrieren der Ware frei wird?
8 Weder die Antike noch der heutige Ferne Osten kennen die schwarze Farbe als Trauerfarbe. Wann ungefähr wurde sie eingeführt?
9 Segelflieger, die Aufwind zum Höhersteigen suchen, können einen solchen auch am Vogelflug erkennen. Wieso?
10 Planeten und Götter wurden schon in alten Zeiten einander zugeordnet. Welches Metall war Venus bzw. dem weiblichen Prinzip zugeordnet?

Antworten:

1 Sie können infolge einer fleischigen Zunge menschenähnliche Laute hervorbringen.

2 Beim Ei dehnt sich die Luft darin durch die Wärme aus und sprengt die Schale. Bei Würstchen oder ähnlichen Speisen vergrößert sich durch die Wärme das Volumen des Inhalts und zerreißt die Hülle.

3 Nikotin und Teer. Teer ist jener Stoff, der beim Rauchen Lungengewebe krebsfördernd beeinflußt. Beide Schadstoffe lassen sich durch Filter teilweise abfangen.

4 Seit Kaiser Konstantin, 321. Die Antike feierte den Samstag als Feiertag, die Moslems den Freitag.

5 Larve verbirgt die Person, Maske stellt sie in eine andere Rolle. Gewiß verwischt der Sprachgebrauch ungepflegterweise oft den Unterschied. Entlarvung zeigt die wahre Gestalt.

6 Darunter versteht man die Bretagne, weil von dort aus die Britischen Inseln erobert wurden.

7 Sie wird von dem Mechanismus automatisch ausgetrieben. Gewöhnlich ist es an der Hinterwand des Kühlschranks warm; dieser Wärmestrom heizt, wenn auch in geringem Maß, den Raum, in dem der Kühlschrank steht.

8 Ende des 15. Jahrhunderts in Frankreich durch Anna von Bretagne als Witwe nach Karl VIII., dem letzten Valois.

9 Weil Vögel unter Ausnutzung des Aufwindes ohne Flügelschlag ruhig kreisen können. Vorwiegend ist dies bei Greifvögeln (Bussard, Adler) zu beobachten.

10 Kupfer. In der Alchemie und der Astrologie haben solche einander zugeordnete Wesenheiten auch gleiche Symbole, hier z. B. den Kreis mit dem Kreuz.

8

1 Wie lange pro Tag erzeugen die Pflanzen Sauerstoff?

2 Wo hat das Tote Meer seinen Abfluß?

3 Welches Sinnesorgan bleibt beim Einschlafen am längsten wach?

4 Welche Lebewesen hören bzw. empfinden nicht hörbaren Schall (Ultraschall)?

5 Der 2. Februar heißt bei den Katholiken Maria Lichtmeß. Was bedeutet dieses Fest?

6 Welcher Staat benützt in seiner Hymne die Melodie der ehemaligen österreichischen Kaiserhymne?

7 Nach welcher Ausbildung wurde man Ritter?

8 Wie heißt der 23. Kanton in der Schweiz, der erst kürzlich als solcher anerkannt wurde?

9 Die Antike kannte weder Druckknöpfe noch Reißverschlüsse noch Knöpfe. Was verwendete sie?

10 Unsere Kirchen, vor allem die gotischen, sind meist aus Sandstein. Die Tempel in Griechenland sind aus Marmor; spätere Kirchen aus Ziegelmauerwerk oder Beton. Aus welchem Material sind die nordischen Stabkirchen?

Antworten:

1 Solange Tageslicht herrscht. Nachts verbrauchen die Pflanzen wie jedes lebende Gewebe Sauerstoff und geben Kohlensäure ab.

2 Das Tote Meer hat keinen Abfluß, bei ihm verdunsten täglich sechs Milliarden Liter Wasser. Tot heißt dieses Meer deshalb, weil in ihm wegen seines hohen Salzgehaltes (24 Prozent) fast kein Lebewesen existieren kann.

3 Das Ohr. Die Sinnesorgane schlafen nicht gleichzeitig ein, sondern entsprechend der lebenswichtigen Funktion, die sie innehaben. Das Auge, der Lichtwächter, wird zuerst ausgeschaltet. Das Ohr, das seit je Wächterdienst im Dunkeln leisten muß, bleibt noch aufnahmefähig, wenn auch nur Minuten länger. Es wacht aber auch als erstes auf.

4 Hunde und Fledermäuse. Ultraschall mit mehr als 20.000 Schwingungen pro Sekunde wird vom Hunde- oder Fledermausohr noch als Schall empfunden. Darauf beruht der Trick der Zirkusartisten mit rechnenden Hunden, wobei ein ultraschallgebendes Pfeifchen (Galtonpfeife) im Mund betätigt wird, dessen Töne wohl der Hund noch auffaßt und beispielsweise nach dreimaligem Pfeifen die Drei durch Stillstehen des Fußes fixiert. Rechnen kann nur das Herrchen.

Variation: Wieso stoßen Fledermäuse auch im Finstern nirgendwo an und wo befindet sich der Sitz dieser Fähigkeit? Fledermäuse tragen in ihrem Innenohr ein Empfindungsorgan (Sinnesorgan), das auf hochfrequente Töne ebenso reagiert wie auf Rücklauf(Echo)-schall. Auch kleine Gegenstände, selbst Drähte, geben, wenn sie von Luftschwingungen erreicht werden, Echotöne zurück. Dieses System heißt „Sonarsystem“. Da die Schallwellen das Innenohr erreichen müssen, kann man durch Verkleben der Fledermausohren im Experiment dieses Sonar-Orientierungs-Sinnesorgan ausschalten. Die Tiere sind bei Nahrungssuche und Flügen dann völlig hilflos.

5 Ein Reinigungsfest. Im alten Palästina war es religiöse Vorschrift, daß die Wöchnerin vierzig Tage nach der Geburt ein Reinigungsfest im Tempel feierte, wobei sie eine Opferkerze widmete. Dieser Brauch wurde dann von den Christen im 5. Jahrhundert als Fest in die Kirche aufgenommen.

6 Die Bundesrepublik Deutschland.

7 Mit sieben Jahren wurde man Page, mit vierzehn Jahren Knappe, mit einundzwanzig durch Ritterschlag Ritter.

Variation mit neuer Assoziation: Was war eine Kemenate? – Es war gewöhnlich das Frauengemach in Ritterburgen. Das Wort stammt vom lateinischen „camera caminata", weil dieser Raum mittels eines Kamins meist als einziger heizbar war.

8 Jura.

9 Fibeln (Spange) und Schnur.

10 Ganz aus Holz. Der Wortteil Stab, nordisch staven, bedeutet eine Gebälkstütze.

9

1 Ein Lebewesen durchläuft vier sehr verschiedene Stadien; nur in einem davon wächst es. Wie heißt dieses Tier?

2 Wie kommt es zu der Redensart „kerngesund"?

3 Wodurch wird im Körper das Hungergefühl erzeugt?

4 Wieso bleiben im schwerelosen Zustand beim Raumflug die Speisen nicht im Magen liegen?

5 Horn ist eine sehr widerstandsfähige Substanz. Kennen Sie ein Tier, das es verdauen bzw. aufschließen kann?

6 Was hat der Rosenmontag mit Rosen zu tun?

7 Nennen Sie einen der drei großen Religionsstifter oder Sittenlehrer, die im 6. Jahrhundert vor Christus lebten.

8 Wem gehören die Sparkassen?

9 Aus welchen Holzarten verfertigt man Geigen?

10 Wer war der Mitbegründer einer europäischen Weltfirma, die bereits 1900 den Achtstundentag, Krankenkasse, bezahlten Urlaub, Überstundenbezahlung, Vollpension und Mitbeteiligung der Arbeitnehmer am Gewinn einführte?

Antworten:

1 Schmetterling. Ei, Puppe und Imago (fertiges Insekt) wachsen nie, nur die Raupe unter mehrmaliger Häutung.

Variation: Wie heißt das Jugendstadium der Frösche? – Kaulquappe. Die Kaulquappe entwickelt sich schrittweise zum fertigen Frosch (nicht in Phasen wie der Schmetterling).

2 Vom Kernholz des Baumes, dem Innenteil des Stammes. Hier werden verschiedene Stoffe abgelagert. Im Splintholzteil des Stammes werden Wasser und Salze kronenwärts befördert. Wenn dieser Baumteil etwa fault, ist der Baum nicht mehr kerngesund.

3 Durch den Zuckergehalt im Blut. Eine niedrige Blutzuckerkonzentration bewirkt beim gesunden Menschen Appetit. Diabetiker

können auch bei hohem Blutzuckerspiegel Hunger empfinden. Nicht das Blutzuckerniveau allein entscheidet, sondern die Schnelligkeit des Absinkens des Zuckers. Erfolgt dieses zu rasch, kann außer dem Hunger auch ein Stoffwechselschock entstehen (hypoglykämischer Schock).

4 Sie werden durch die Peristaltik, die Muskelbewegung der Eingeweide, weitergetrieben.

5 Die Kleidermotte. Sie greift mit ihren Freßwerkzeugen als Räupchen Haare (Schafwolltextilien) an.

Variation: Während Kleidermotten sich von Hornsubstanz, also Vlieshaaren (Schafwolle), ernähren, fressen Termiten rein Pflanzliches. Welchen Stoff können sie einzig und allein mit Bakterienhilfe im Darm verdauen? – Zellulose, das Zellgerüst der Pflanzen, das mittels fermentliefernder Bakterien im Darm der Termiten zerlegt werden kann. Die Gefährlichkeit dieser Termiten – nicht alle Arten sind gleich gebaut – liegt darin, daß sie z. B. Holzwände, Pfähle, Möbel von innen her so stark aushöhlen, daß nur eine dünne Wandschicht übrigbleibt und auf diese Weise ein Haus, Schiffsbalken oder Möbelstücke beim geringsten Anstoß zu Staub zusammenfallen. Dieses Aushöhlen geschieht nicht aus Tarnungsabsicht, sondern weil diese tauben und blinden Albinos kein Licht vertragen und daher im Dunkeln arbeiten müssen.

6 Nichts. Das Wort kommt von rasender, toller Montag im Fasching. Der Rosenmontag heißt in manchen Gegenden Faschingsmontag.

7 Buddha in Indien, Laotse und Konfuzius in China.

Variation: Warum wird Buddha meistens freundlich, lächelnd, wohlgenährt dargestellt? – Buddha, der als Prinz im Wohlleben aufgewachsen war und später nach langem Fasten göttliche Eingebung erlangte, fand (und betonte es auch ausdrücklich in Worten), daß das Fasten bzw. Hungern den hohen Ideen und der Entwicklung des Geistigen eher abträglich wäre. Er zog daraus Folgerungen, indem er sich von da an reichlich ernährte.

8 Niemandem. Sie müssen im Gegensatz zu den Banken den Gewinn ausgeben.

9 Aus Ahorn, Fichte und Rottannen (diese besonders bei hochwertigen Geigen).

Variation: Woraus macht man die Geigensaiten? – Aus Schafdarm und Metall.
10 Ernst Abbe (1840 bis 1905), unter dessen Leitung die optische Werkstätte von Carl Zeiss in Jena zu einem Unternehmen von Weltgeltung wurde.

10

1 Warum soll Flaschenweißwein immer liegend aufbewahrt werden?
2 Baumwolle ist eine Malvenart. Wozu wird der Same verwendet?
3 Der Treibstoff im Grahambrot ist Wasserdampf. Wie heißt er im Käse?
4 Welche Aufgabe haben die weißen Blutkörperchen?
5 Wie viele Sonnen müßte man aneinanderreihen, damit der Abstand zwischen ihr und der Erde ausgefüllt wäre?
6 Was versteht man unter Schluckimpfung?
7 Einige europäische Staaten werden im deutschen Sprachraum weiblich benannt. Nennen Sie wenigstens einen.
8 Was bedeutet das Wort „Schokolade“ ursprünglich in seinem Mutterland?
9 Im Chinesischen ist das Lebensprinzip aufgeteilt in Ying und Yang. Was bedeutet das?
10 Wie hoch war der Judaslohn?

Antworten:

1 Damit der Kork angefeuchtet bleibt, sonst wird er porös. – Rotwein bildet fast immer einen dunklen Satz aus den Rückständen der Traubenschalen und Stengel, die mitvergoren werden, und der bei liegender Lagerung beim Ausschenken in die Gläser geraten würde.
2 Die Samenkapsel liefert Öl, die Kapselfasern die Baumwolle.
3 Kohlensäure. Reifender Käse wird durch Pilze fermentiert und entwickelt dabei Gase. Dieses porösmachende oder porenbildende Gas ist beim Käse hauptsächlich Kohlendioxyd, also Kohlensäure. Sie bildet Blasen im Käselaib, z. B. die Löcher beim Emmentaler.
Variation: Warum nennt man zahlreiche Käsearten Schmelzkäse, obwohl doch fast alle Käsesorten einmal geschmelzt wurden? – Weil Schmelzkäse nach der Reifung nochmals geschmelzt wird.

4 Sie sind eine Art Gesundheitspolizei, indem sie Krankheitserreger aufsuchen und vernichten. Sie sind auch Helfer bei der Krankheitsabwehr und bilden den Wundeiter.

5 Hundert Sonnen. (Der Abstand zwischen Erde und Sonne beträgt zirka 150 Millionen Kilometer, der Sonnendurchmesser zirka 1,5 Millionen Kilometer.)

6 Impfstoffe, also Vorsorge gegen Erkrankungen oder Schutz bei eingetretener Erkrankung, mußte man bis vor kurzem injizieren. Jetzt werden bei Vorsorgeimpfungen, z. B. gegen Kinderlähmung, die Vaccinen auch auf die Schleimhaut aufgetragen. Man schluckt einige Tropfen des Impfstoffes.

7 Die Tschechoslowakei. – Die Schweiz. – Die Türkei.

Variation: Welcher europäische Staat wird männlich benannt. – Der Vatikan.

8 Das südamerikanische Wort Choko-atl, von dem unser Wort Schokolade stammt, hieß wörtlich „Bitteres Wasser"; so nannten die Eingeborenen ihr Getränk aus Kakaobohnen und Wasser, das die Europäer bei der Eroberung Mexikos kennenlernten.

9 Männliche und weibliche Kraft oder auch lichtvoller Geist und dunkle Stofflichkeit. – Die männlich-weibliche Polarität gibt sich in allen Religionen und Mythen kund.

10 30 Silberlinge.

11

1 Welches Kinderbuch enthält den Vers: „Und die Mutter blicket stumm in dem ganzen Kreis herum"?

2 Hormone sind Stoffe, die trotz ihrer geringen Menge, ähnlich wie Spurenelemente und Vitamine, für den Körper lebenswichtig sind. In welchen Organen werden sie erzeugt?

3 Warum blühen die Orchideen gerade im Winter?

4 Lange vor Kopernikus wurde bereits die Sonne als Mittelpunkt der Planetenbewegung erkannt. Wann war das?

5 Wie heißt die tiefstgelegene Stadt der Erde?

6 Penicillin-Ähnliches kannte man schon im alten Babylon. Was blies man bei Angina in den Mund des Patienten?

7 Wo hat Stalin seine erste umfassende Ausbildung nach der Pflichtschule erhalten?

8 Sportgeräte unserer Zeit sind meistens sehr alt. Welches Sportgerät stammt aber nachweislich nicht aus Europa, Asien oder Afrika, sondern vom amerikanischen Kontinent?

9 Wie viele Landwirtschaftler arbeiten noch heute weltweit mit Hacke und Holzpflug?

10 Wodurch bekamen die Damen des Rokoko einen so weißen Teint, wie wir ihn heute noch auf den Gemälden bewundern?

Antworten:

1 „Struwwelpeter" von Dr. Heinrich Hoffmann, einem Frankfurter Arzt, der das Buch 1847 für sein Kind schrieb und selbst illustrierte. Es wurde in die meisten europäischen Sprachen übersetzt.

2 In Drüsen innerer Sekretion.

Variation: Welches ist die größte Drüse des menschlichen Körpers? – Die Leber, die allerdings neben ihrer Gallensekretion auch noch andere Aufgaben zu bewältigen hat, z. B. Entgiftung des Organismus. Sie spielt eine Rolle im Zucker- und Verdauungsstoffwechsel.

3 Weil sie den Klimarhythmus ihrer Heimat auf der südlichen Erdhalbkugel (Mexiko, Südsee) beibehalten.

4 Bereits im Altertum, 280 v. Chr., durch den Griechen Aristarch.

5 Jericho – sie liegt 250 m unter dem Meeresspiegel, ist eine der ersten umfriedeten Städte, 9000 Jahre alt.

6 Brotschimmel. Das moderne Penicillin und ähnliche Antibiotika stammen aus ganz bestimmten Schimmelpilzarten. Die Schimmelarten auf Nahrungsmitteln haben zwar ähnliche Eigenschaften, sind aber oft genug auch giftig.

7 Er war im Priesterseminar zu Tiflis (Georgien).

8 Der Gummiball. Columbus sah auf der von ihm entdeckten Insel Haiti (Große Antillen) belustigt den elastischen springenden Ball aus Gummisaft (Latex), mit dem die Indianer spielten.

9 Siebzig Prozent der Bauern in der Welt kennen nicht einmal noch den Eisenpflug.

Variation: Seit wann gibt es, Ihrer Schätzung nach, Bauern auf der Erde? – Seit ungefähr acht- bis neuntausend Jahren, ebenso alt ist der Pflug (vorher gab es hauptsächlich Jäger und Sammler).

10 Sie bestrichen ihre Haut mit einem Gemisch aus Eiklar und Zucker.

12

1 Woher bezieht der Mond sein Licht?
2 Was ist das Wesentliche am Verfahren bei der Haferflockenherstellung, damit diese leichter verdaulich werden?
3 Was ersetzt heutzutage Zwicker, Monokel, Lorgnon und Brillen?
4 Zeus war der höchste Gott der Griechen, Jupiter der der Römer. Wie hieß der höchste Gott der Germanen?
5 Welcher Stoff ist das beste Lösungsmittel?
6 Wer war der erste Neger, der den Friedensnobelpreis bekam?
7 Wer verwendete zuerst Treibhäuser zur Gurkenzucht im Winter?
8 Wodurch wirkt in einer entwässernden Diätkost, wie man sie etwa Herzkranken verordnet – an den sogenannten „Schalttagen" –, die Kartoffel entwässernd?
9 In welchem Land wurde das Christentum zuerst staatlich anerkannt?
10 Woher nahm Goethe das Zitat: „Gottes ist der Orient, Gottes ist der Occident?"

Antworten:

1 Von der Sonne. Er wird von ihr angestrahlt und das „Mondlicht" ist eigentlich nur reflektiertes Sonnenlicht. Der Mond selbst ist dunkel.

Variation: Welche andere Himmelskörper sehen wir auch nur dank ihres reflektierten Sonnenlichts? – Die Planeten. Fixsterne oder andere Sonnen sehen wir infolge ihrer Eigenstrahlung.

Weitere Variation: Das Altertum kannte und benannte sieben Planeten: Jupiter, Mars, Merkur, Mond, Saturn, Sonne und Venus. Was stimmt daran nicht? – Sonne und Mond sind nach heutigen Begriffen keine Planeten. Die Sonne ist ein Fixstern, der Mond ein Trabant. Die weiteren vier Planeten wurden erst später entdeckt.

2 Man läßt die Haferkörner durch erhitzte Walzen laufen, wobei sie in ihrem Stärkeanteil aufgeschlossen werden; sie werden dadurch leicht süßlich (Dextrinierung). Außerdem werden sie durch das Quetschen zerkleinert.

3 Haftschalen, zuerst aus Glas, heute häufig schon aus Kunststoff. Der Kunststoff hat gesiegt, weil er erstens unzerbrechlich, zweitens schmiegsamer und drittens besser haftend ist als Glas.

4 Wotan oder Odin.

5 Destilliertes Wasser und Regenwasser. Beide sind rein und ohne Beimengung, welche die Lösungskraft mindern würde. Regenwasser greift sogar Stein (Bauten, Denkmäler) an.

6 Dr. Ralph Bunche, er erhielt den Nobelpreis 1950. Der zweite war Martin Luther King, Nobelpreis 1964.

7 Der römische Kaiser Tiberius im 1. Jahrhundert nach Christus. Gurken sind ein Spätsommergemüse, leicht verderblich, und konnten damals nicht konserviert werden.

Variation: Welches Obst machte Lukullus in Rom bekannt? – Er brachte aus Asien die Sauerkirsche mit.

8 Infolge des hohen Kaliumgehaltes. Pflanzliche Kost wirkt durch den Kaliumgehalt alkalisierend, ebenso Milch. Eiweißstoffe wirken säuernd.

9 In Armenien um 220, hundert Jahre früher als in Byzanz (325).

Variation: Wie heißt der höchste Vulkan Armeniens, der schon in der Bibel im Alten Testament genannt wird? – Ararat, 5156 m, der als Landungspunkt von Noahs Arche gilt.

10 Es stammt wörtlich aus dem Koran und steht im „Westöstlichen Diwan".

Variation: Im „Westöstlichen Diwan" schrieb ein Liebespaar einander Gedichte. Goethe nennt sich selbst als Liebender Hatem. Wie heißt seine Partnerin? – Suleika. Es ist dies der poetisierte Name für Goethes Liebe Marianne v. Willemer.

13

1 Nennen Sie einen Baumnamen, der im Deutschen männlichen Geschlechts ist (natürlich ohne das Grundwort Baum)?
2 Können Sie das energiereichste Nahrungsmittel nennen?
3 Wie oft kann eine Biene stechen?
4 Warum sollen die Bio-Waschmittel nur bis zu 60 Grad Celsius erwärmt werden?

5 Welches ist die höchstgelegene Bergkette, die noch von einer Eisenbahn erreicht wird?

6 Wie „erfährt" das Hirn, daß man durstig ist?

7 Wieso nahm die Geschwindigkeit des Satelliten Mariner II nach einiger Zeit zu, obwohl von der Erde aus keine Energie mehr gesendet wurde?

8 Flüssigwerden fester Körper durch erhöhten Druck heißt Regelation. Bei welchem allgemein gebrauchten Gegenstand oder Gerät wird das als Prinzip verwendet?

9 Wie lange kennen die Ungarn den Paprika als Nationalgewürz?

10 In Holland wütete zwischen 1634 und 1637 eine Massenerkrankung, als jedermann die vielen neuen Tulpensorten mit den prächtigen neuen Farbenstreifungen und -fleckungen züchten, erwerben und verkaufen wollte. Wie hieß diese Krankheit?

Antworten:

1 Der Ahorn. Sonst sind die Baumnamen fast ausschließlich weiblich.

2 Wasserloses Fett. Dieses hat pro Kilogramm 9000 Kalorien $\times$ 4,2 = Joule.

3 Unzählige Male, doch nur Chitinpanzer und andere harte, glatte Dinge. In der Warmblüterhaut, zum Beispiel des Menschen, bleibt der Stachel in der Wunde und reißt die Eingeweide der Biene mit heraus. Sie stirbt dann bald.

4 Weil sonst die Enzyme als Eiweißverbindung durch die Hitze zerstört würden. Enzyme sind hitzeempfindliche organische Stoffe tierischer oder pflanzlicher Herkunft, die unter gewissen Bedingungen chemische Vorgänge stark zu beschleunigen vermögen.

5 Die Anden in Peru (in 5375 m Höhe).

6 Durch die Fingerspitzen. In ihnen sind Feuchtigkeitsanzeiger, sowohl was die Umwelt wie auch den Organismus selbst anbelangt. Es handelt sich bei diesen Signalgebern um Nervenendigungen.

Variante mit neuer Assoziation: Was ist der Grund, weshalb bei Zorn, Erregung oder Hitze die Wangen rot werden? – Blut schießt in die kleinen Hautgefäße (Kapillaren) ein, so daß die Haut sich rötet. Es handelt sich dabei um eine nervöse Steuerung über das vegetative Nervensystem.

7 „Mariner II“ trat nach einiger Zeit in das Schwerefeld der Sonne ein und fiel wie jeder angezogene Körper mit steigender Fallgeschwindigkeit (Beschleunigung) der Sonne zu.

8 Beim Kugelschreiber. Es handelt sich hier um eine Masse in Pulverform, die sich erst durch den Druck beim Schreiben verflüssigt und wieder erstarrt, wenn der Druck schwindet.

9 Nur knappe hundert Jahre. Ein Gefährte des Columbus brachte die Schote aus Amerika nach Spanien; langsam schob sich ihr Gebrauch über Europas Südwesten und Südosten nach Mitteleuropa vor und blieb in Ungarn „hängen“.

10 Tulpenwut (Tulpenwoede). Die Farbenpracht bzw. Musterung entsteht durch Virusbefall, jedoch nicht im Sinn von Krankheit, sondern als eine Art biologischer Lebensgemeinschaft.

14

1 Wie lange braucht Käse zur Reifung?

2 Wenn wir auf der Erde eine Live-Übertragung senden, sehen wir sie im Empfänger fast gleichzeitig. Die Sendung über die Mondlandung war auch live. Um wieviel später erlebten wir auf der Erde das Betreten des Mondes als Armstrong selber?

3 Wie unterscheidet man durch eine einfache Probe echte Seide von Kunstseide oder synthetischen Fasern?

4 Nehmen wir an, man würde in seiner Veranda einen ausgewachsenen Laubbaum, z. B. eine Birke, ziehen. Wieviel Wasser müßte man täglich gießen?

5 Wann durfte sich ein Olympionike im alten Griechenland ein Denkmal errichten?

6 In der altägyptischen Religion gab es auch eine Dreieinigkeit. Zwei ihrer Personen waren Isis und Osiris. Wie hieß die dritte?

7 Wo verbringen die meisten weiblichen Amseln unserer Parks und Gärten den Winter?

8 Was war das „Ei des Columbus“ bei der Nähmaschine, das der Erfinder Madersperger jahrelang suchte?

9 Warum wird es beim Schneien wärmer?

10 Die alten Römer waren als Feinschmecker in ihrer dekadenten Zeit berüchtigt; sie bevorzugten z. B. Nachtigallenzungen. Warum aßen sie niemals Krokodilzungen?

Antworten:

1 Hartkäse ein Jahr, Weichkäse einige Wochen, Gervais zwei Tage. Unter Reifung verstehen wir beim Käse nicht bloß ein Älterwerden, sondern eine chemische Veränderung durch Zusatz von Fermenten, gewöhnlich mit Hilfe von Bakterien, manchmal aber auch von Tieren, z. B. Milben.

2 Fast um eine ganze Sekunde, denn so lange braucht das Licht vom Mond bis zu unserem irdischen Empfänger (Der Mond ist rund 280.000 bis 360.000 km von der Erdoberfläche entfernt, das ist der Weg des Lichtes in einer Sekunde.)

3 Wenn man einen Faden der echten Seide anzündet, so bildet sich ein Knötchen; der Faden der Kunstseide verbrennt ohne Asche. Die synthetische Faser ist wohl „inflammabel“, d. h. sie erhitzt sich und schmilzt wie Glasfluß; kann jedoch auf Haut und Gewebe schwere Verbrennungen verursachen.

4 Vierhundert Liter. Dieser ungeheure Wasserumsatz macht Bäume zu wichtigen Temperatur-, Feuchtigkeits- und Klimafaktoren. Der Ausdruck „gute Luft“ bedeutet oft nur genügend feuchte Luft.

5 Wenn er dreimal gesiegt hatte, bekam er eine Stele.

6 Horus, dem der Falke heilig war.

7 Die Männchen bleiben im Land als Standvogel, die Weibchen ziehen großteils nach dem Süden.

Variation mit neuer Assoziation: Warum steigt der Laubfrosch bei herannahendem Schönwetter auf die Leiter hinauf? – Der Laubfrosch ist Insektenfänger; die Kerbtiere fliegen bei Schlechtwetter nahe dem Boden, bei gutem Wetter fliegen sie höher. Der Frosch steigt der Beute nach.

8 Das Öhr an der Spitze der Nadel. Bei der normalen Nadel sitzt nämlich das Öhr am Breitenende. – Die Nähnadel kann durch den Stoff durchgezogen werden, da sie zwei freie Enden hat, während die Maschinnadel an einem Ende fixiert ist.

9 Weil durch das Gefrieren der Tropfen Wärme frei wird. Wenn Schnee schmilzt wird hingegen Wärme verbraucht, also der Umgebung genommen; bei der Schneeschmelze wird demnach der Boden kälter. – Das Warmhalten der Saat durch die Schneedecke hat mit der Gefrierwärme nichts zu tun, sondern mit der schlechten Wärmeleitung des Schnees (Schnee ist ein guter Wärmeisolator).

Variation: Was versteht man unter Wintersaat? – Das Saatgut wird im Herbst ausgesät und kann sogar ankeimen; geerntet wird im nächsten Jahr. Sommersaat wird im Frühjahr angebaut, hier kann Anbau und Ernte im gleichen Jahr erfolgen.

10 Weil Krokodile keine Zungen haben. Übrigens bewegt sich bei ihnen der Ober- und nicht der Unterkiefer.

Variation: Wozu benützen Krokodile die Madenhacker? – Zum Zähneputzen. Sie tun diesen Helfern deshalb nichts, weil sie ihnen aus den Zwischenräumen der Zähne die hängengebliebenen faulenden Speisereste herauspicken.

15

1 Was bedeutet in der Sprache der Kochkünstler „blanchieren"?

2 Der Jordan ist religionsgeschichtlich und auch wirtschaftlich gesehen der wichtigste Fluß des Heiligen Landes. Dennoch stand an seinen Ufern nie eine Stadt. Warum?

3 Woher stammt das Wort Pechvogel?

4 Nennen Sie die drei wichtigsten aus Amerika nach Europa gebrachten Nachtschattengewächse.

5 Igel, Murmel, Fledermäuse und Schlafmäuse halten bei uns einen totalen Winterschlaf. Wie viele Herzschläge, schätzen Sie, erzeugen diese während einer Minute?

6 Wie viele staatlich anerkannte Sprachen werden in der Schweiz gesprochen?

7 Man hört so oft von der günstigen Stoffwechselwirkung der Weizenkeime. Was unterscheidet die Keime vom reifen Korn?

8 Wie lange braucht ein Fingernagel zum Wachsen vom Falz bis zum Rand?

9 Welche antike Schule hatte die ersten Analoga zu „Gammlern" (lange Haare, wenig sauber, alle sozialen Einrichtungen nicht annehmend, anspruchslos, aufrührerisch)?

10 Warum gibt es rote, gelbe, blaue Sterne und keine grünen?

Antworten:

1 Gemüse rasch mit heißem Wasser abbrühen. – In der Kosmetik versteht man unter „blanchieren" das Unterlegen des Fingernagel-

randes mit weißen Stoffen, z. B. Schlemmkreide, damit dieser nicht verschmutzt.

Variation: Was bedeutet „eine Speise im Wasserbad kochen"? – Wenn die Speise nicht direkt mit einer hohen Flammentemperatur in Berührung kommen soll, stellt man das Gefäß mit dieser Speise – z. B. rohes Ei, Pulverpudding oder Weinkoch – in ein zweites mit Wasser gefülltes Gefäß. Die Speise wird dann durch das sie umgebende siedende Wasser erhitzt und gargekocht.

2 Der Jordan fließt am Boden einer geographisch bedeutsamen Senke, die zum großen Teil unter dem Meeresspiegel liegt, und hat infolgedessen steile oder wüstenähnliche Ufer.

3 Vom Vogelfang mit der Pechrute.

4 Kartoffel – Tabak – Tomaten.

Variation: Von welcher Pflanze stammt das Popkorn? – Von einer Maisart. Es ist in Hitze aufgequollenes Maiskorn.

5 Einen Herzschlag pro Minute.

6 Vier: deutsch, französisch, italienisch und rätoromanisch.

7 Vor allem der Eiweißmehrgehalt, Kleber genannt; die Kohlehydrate (Stärke) werden erst im reifenden Korn durch die Einwirkung des Sonnenlichtes (Photosynthese) aufgebaut. Photosynthese ist der chemische Aufbau der Pflanzenbestandteile aus Kohlensäure und Wasser mit Hilfe des Sonnenlichtes. Weizenkeimlinge enthalten relativ mehr E-Vitamin als das fertige Korn.

8 Zirka ein halbes Jahr. – Es hängt teilweise vom Alter und vom Körperzustand ab (bei einem Ausgehungerten dauert es länger), zum Teil aber auch von der Arbeit, die man verrichtet.

9 Die Zyniker (Kyniker), eine griechische Philosophenschule, gestiftet von Antisthenes, einem Schüler des Sokrates in Athen. Die Zyniker wollten möglichst bedürfnislos und naturgemäß leben, trieben dieses Hochziel aber oft bis zur Verachtung des öffentlichen Anstandes. Daher wird unter Zynismus (Kynismus) häufig die bewußte Anstandsverletzung verstanden.

10 Die Farben der Sterne sind Temperaturfarben und grünglühende Körper gibt es nicht. – Temperaturfarben nennen wir Farben, die durch Erhitzen von Stoffen entstehen, also nicht dem Stoff selbst eigentümlich sind. So ist beispielsweise Eisen bei Zimmertemperatur grau, bei mäßiger Erwärmung rotglühend, ab 1200 Grad weiß-gelb glühend.

Combi

Wörter mit gleichem Anfangsbuchstaben

Dieses Spiel ist eine Variation der Wissensfragen. Die Antworten sind hier durchwegs Ein-Wort-Antworten, die alle mit dem gleichen Buchstaben beginnen. Haben wir also innerhalb eines Spieles, das je nach Wunsch wiederum aus acht bis zehn Fragen besteht, eine Frage richtig beantwortet, so kennen wir für alle weiteren Antworten den Anfang. Will man das Spiel erleichtern, kann man den Anfangsbuchstaben der Antwort bereits vorher nennen.

Beispiel:

Wie wird der Hunnenkönig Attila im Nibelungenlied genannt?	Etzel
Wie heißt der Schweizer Berg, dessen Nordwand viele Opfer gefordert hat?	Eiger
Wie heißt das Jugendstadium des Maikäfers?	Engerling

Die erste Frage soll relativ schwierig sein, dann wird es immer leichter, damit einem etwa bei der vierten, fünften Frage die Antwort einfällt und man sich anhand des nun gesicherten Buchstabens „zurückhangeln" kann. Der eigentliche Inhalt des Spieles ist: Wortfindung.

Gewöhnlich ist es so, daß man drei bis vier Dinge nicht wußte, einige wohl wußte, sich aber nicht erinnerte. Meistens war auch etwas dabei, das man vorher nie gehört hatte, das aber doch behaltenswert war. Beim nächsten Treffen sagt dann der Mittler: „Ich habe letztesmal nach einem zweiten Namen für Attila gefragt?" Oder: „Ich habe das letztemal eine Käferfrage gestellt. Hat sich das jemand gemerkt?" Auf diese Weise trainieren wir unsere Erinnerungs- und Reproduktionsfähigkeit.

Combi wird fast immer schriftlich gespielt. Bei geübteren Gruppen genügt es, wenn sich die Spielenden bei jeder Frage ein Stichwort notieren. Es tut der Wirksamkeit des Spieles keinen Abbruch, wenn während des Spielablaufes gefragt wird: „Wie war denn die zweite

Frage? – Wie war die vierte Frage?", falls man jetzt bei gefundenem Anfangsbuchstaben die nicht gewußten früheren Fragen nochmals überlegen will.
Immer wieder kommt es vor, daß bei einzelnen Buchstaben, z. B. „C", die Schreibart variiert und man innerhalb der Gruppe in Schwierigkeiten gerät. Hier muß man bei den Fragen zusätzlich erklären, daß es sich um die lateinische Schreibweise oder um die griechische handelt; Kolumbus wird z. B. im Deutschen mit „K", in der Ursprungssprache mit „C" geschrieben, Zentrum lateinisch mit „C", eingedeutscht mit „Z". „Sch" als „S" betrachtet, müßte extra erwähnt werden.

Als *schwierigere Variation* können die Antworten statt mit einem gleichen Buchstaben auch mit einem gleichen Wort oder einer gleichen Silbe beginnen. Das heißt dann „Überraschungscombi". Dieses muß aber besonders angesagt werden, da man sonst nur auf einen Buchstaben hindenkt.

Beispiel:

Wie hieß der Argonautenführer?	Ja-son
Wie hieß der Zwillingsbruder Esaus?	Ja-kob

Was die Erstellung der Combis anbelangt, so ist diese verhältnismäßig einfach, die Mitspieler können diese Arbeit bald selbst übernehmen. Der einfachste Weg, die Stichworte aus dem Lexikon zu nehmen, ist nicht sehr schöpferisch, kann aber für den Anfang als Einübung durchaus seine Meriten haben. Man beachte jedoch: kein Quizwissen sammeln, sondern Dinge aus dem Leben, die uns berühren und Erlebnisse vermitteln; mehrere Fächer nehmen, oder innerhalb eines Faches im Inhalt variieren. Wollen wir z. B. innerhalb der Zoologie bleiben, dann einmal eine Ernährungs-, eine Haut-, eine Verhaltensfrage mischen. Bedenken wir: die Mitglieder unserer Runde haben wahrscheinlich ganz divergierende Interessen. Es sind Hausfrauen, Lehrer, Beamte, Handwerker dabei. Buntheit der Fragen ist deshalb wichtig.
Die Antworten auf die folgenden Combi-Spiele sowie Austauschfragen und Variationen, finden wir analog zu den Wissensfragen anschließend an die Spiele. Dort befinden sich auch einige technische oder didaktische Hinweise, weil sie da aktuell verarbeitet werden können.

SPIELE

16

1 Wie heißt die Schnecke, deren Gehäuse in zahlreichen afrikanischen Ländern als Zahlungsmittel, in asiatischen und afrikanischen Ländern aber auch als Schmuck verwendet wird?

2 Wie heißt das Gas, das sich in den Gärkellern des jungen Weines bildet, am Boden sammelt, weil es schwerer ist als Luft, und das beim Einatmen tödlich wirkt?

3 Wie nennen wir den Samen des Roggens in Kurzform, obwohl solche Samen auch von anderen Getreidesorten gebildet werden?

4 Wie heißt die Vorrichtung, mit der man in Gebäuden, in Betrieben und in Fahrzeugen die Temperatur- und Luftfeuchtigkeit reguliert?

5 Wie heißt das japanische Nationalgewand mit angeschnittenem Ärmel und breitem Gürtel?

6 Wie heißt der mittlere Kegel beim Kegelspiel (neun Kegel)?

7 Wie nennt man jene Steine, die vom Millionen Jahre langen Hin- und Herrollen im fließenden Gewässer abgerundet und glattgeschliffen sind?

8 Wie heißt der bekannte, oft nur ein Gramm schwere, kleinste überseeische Vogel?

9 Wie heißt das Kinderspielzeug, das aus farbigen Glasstückchen in einer Röhre durch mehrfache Spiegelung im Innern beim Durchblicken sternartige Ornamente sehen läßt?

10 Wie nennt man die Laute, die der Storch hervorbringt?

Austauschfragen:

11 Wie heißt der Längsfaden beim Weben, in den die Querfäden eingeschossen werden?

12 Wie nennt man ein Mißgeschick oder Ungemach, an dem man unschuldig ist und das aus dem lateinischen Wort für „Hagelschaden“ stammt?

13 Wie nennt man die Eingeweide der Schlachttiere?

14 Wie heißt ein Personenkraftwagen, dessen Deck aufklappbar oder gar nicht vorhanden ist?

15 Wie heißt der Wappenvogel Neuseelands?

Antworten:

1 Kauri. Es ist dies eine Schneckenart und keineswegs, wie oft fälschlich bezeichnet, eine Muschel. Schneckengehäuse sind erkennbar an ihrer gedrehten Form, während Muscheln zwei Gehäuseteile aufweisen, die durch Muskelzug zusammengehalten werden. Bei toten Muscheln fallen die Gehäuseteile auseinander.

2 Kohlensäure CO_2. Winzer, die den Keller kontrollieren, halten eine brennende Kerze in der Hand, damit sie das Niveau des Kohlensäuregases bestimmen können. Die Kerze erlischt, sobald sie in das Kohlensäureniveau gerät, weil Kohlensäure nicht brennbar ist. Daher nimmt der Winzer keine Hunde in den Keller mit, denn diese ragen über das tödliche Gas nicht hinaus. – Da Kohlensäuregas, allen bekannt als prickelnder Zusatz zu Sodawasser oder Ähnlichem, als Säure die Hautgefäße anregt und damit den Kreislauf reguliert, wird in modernen Kurorten Kohlensäure als Bad in Gasform oder in Bäderform verabreicht.

3 Korn. Da es in früheren Zeiten aus Klimagründen in Nordeuropa neben Hafer hauptsächlich Roggen gab, verstehen wir unter Korn vor allem Roggen. Der Form nach hat das Wort Korn im Deutschen vielerlei Bedeutungen, zum Beispiel: Korn als Schießmunition, dann: Kurzausdruck für Kornbranntwein, weiter in Redensarten: Auf's Korn nehmen (Jägersprache) u. a.

4 Klimaanlage. Sie funktioniert nur in geschlossenen Räumen, dient bisweilen auch der Luftreinigung und ist meist einstellbar nach gewünschten Werten.

5 Kimono. Die Frauen tragen eine große Schleife am Rücken.

6 König.

7 Kiesel – eine Formbezeichnung, keine Gesteinsart – gibt es in vielen Größen von einem halben Zentimeter bis zu einem halben Meter und mehr.

8 Kolibri, der bunt schillernde Vogel, oft nur hornissengroß, erzeugt bis zu 50 Flügelschläge pro Sekunde, so daß er in der Luft schwirrend zu schweben scheint. Der lange dünne Schnabel und die lange Zunge saugen Blütennektar und kleine Insekten auf.

9 Kaleidoskop aus dem Griechischen (Schön-bild-seher).

10 Klappern. Keineswegs mit den Stimmbändern erzeugt (wie etwa Nachtigallen schlagen, Lärchen trillern, Spatzen schilpen, Schwalben

zwitschern, Hähne krähen), sondern durch das Aufeinanderschlagen beider Schnabelhälften. Der Storch hat jedoch eine eigene Stimme, die er allerdings nur im Zustand von Angst, Gefahr oder Erregung benützt.

11 Kette.

12 Kalamität, von calamus = Getreidehalm, der bei Unwetter vernichtet wurde.

13 Kutteln oder Kaldaunen.

14 Kabriolett.

15 Kiwi, flugunfähig, nächtlich lebend, tagsüber in Erdhöhlen verborgen. Die Nasenlöcher, sonst bei Vögeln am Schnabelansatz, sitzen beim Kiwi an der Schnabelspitze.

17

1 Wie bezeichnet man bei Pflanzen die Pollen wegen ihrer meist geringen Größe und Flugfähigkeit?

2 Zu welcher Gattung von Instrumenten gehört die Orgel?

3 Welches Harz, wenn auch nicht mehr klebrig, wird zu Schmuck verarbeitet?

4 Welches Reich beherrschten die Nibelungen Gunter, Gernot und Giselher?

5 Welche Bezeichnung wird in Indianergeschichten als hervorstechendes Merkmal für die Angehörigen der weißen Rasse gebraucht?

6 Welche Farbe zeigen Augen, wenn in der Regenbogenhaut nur wenig Farbstoff (Pigment) enthalten ist?

7 Die Rätselart „Rebus" läßt sich leicht verdeutschen. Wie heißt sie?

8 Wie heißt der einheimische Baum, der die Maien liefert, also junge grüne Frühlingszweige, und der eine rissige und weiße Rinde hat?

9 Wie heißt die Mitvergangenheit von backen?

10 Wie nennt man bei Wettspielen, also zum Beispiel beim Toto, die sicheren Tips, das heißt solche, von denen man annimmt, daß sie kaum Nieten wären?

Austauschfragen:

11 Welches ist das Hauptmerkmal der meisten australischen Tiere?

12 Wie heißt die linke Schiffsseite, die nächtlicherweise ein rotes Licht trägt?
13 Wie heißt das Baumaterial, das aus unverputzten, gebrannten Ziegeln besteht?
14 Wie heißt die sichelförmige Wurfkeule der Aborigines Australiens, die, wenn sie geschleudert wird, infolge ihrer Konstruktion wieder zum Werfer zurückkehrt?
15 Wie heißt das leichteste Nutzholz?
16 Wie heißt die knorpelige Zwischenschicht zwischen je zwei Wirbelsäulenkörpern?

Antworten:

1 Blütenstaub. Er entspricht dem männlichen Samen bei den Tieren, befruchtet also den weiblichen Teil der Blüten (Narbe, Stempel, Fruchtknoten).
2 Blasinstrument. Überall wo Luft den Ton erzeugt, wird geblasen: Trompete durch den Mund, Orgel durch den Blasebalg.
3 Bernstein. Er ist ein fossiles Harz, das von Nadelhölzern stammt und bisweilen noch Insekten eingeschlossen hält, Millionen Jahre alt. Bernstein ist alkoholunlöslich, kann daher mit Alkohol gewaschen werden. Er wird sowohl aus dem Wasser gefischt wie auch im Tagbau gewonnen. Samland an der Ostsee ist ein Hauptfundgebiet. Im Altertum wurde Bernstein Elektron genannt; seine statisch-elektrische Eigenschaft gab der Elektrizität ihren Namen.
4 Burgund, heute zu Frankreich gehörend, berühmt durch seinen Weinbau. Um 420 saßen germanische Burgunder am Rhein um Worms und Speyer.
5 Bleichgesichter. Geläufig wurde dieses Wort durch Karl May.
6 Blau. Blonde Menschen haben im allgemeinen weniger Pigmentaufbau im Körper und haben daher oft blaue bis grüne Augen.
7 Bilderrätsel, aus dem Lateinischen.
8 Birke. Alle mit Birkenteer gegerbten Häute haben einen eigenartigen Geruch (Juchten).
9 Buk. Leider vernachlässigt unser Sprachgefühl diese klangvollen Formen der starken Zeitwörter und läßt uns oft „backte" sagen. Das Mittelwort der Vergangenheit müßte dann gebackt heißen. Hier blieb aber die alte Form „gebacken" noch erhalten.
10 Banken.

11 Beutel, auch Brustbeutel genannt. Der Kontinent Australien, früh von den anderen Festländern getrennt, entwickelte zum Schutz und zur Pflege von Jungtieren die Hautfalte des Bauches bei vielen Familien (Beutelwolf, Beutelratte etc.).

12 Backbord, links vom Heck aus betrachtet.
Variation: Die linke Schiffsseite heißt Backbord, die rechte Steuerbord. Von wo aus betrachtet ist hier links und rechts gemeint? – Vom Heck betrachtet.

13 Backstein. Diese Bauweise ist bereits 6000 Jahre alt. Schon Babylonier konnten Ziegel brennen.

14 Bumerang. Heute auch in Afrika, Südindien und andernorts benützt. Der Bumerang ist heute auch ein Sportgerät.

15 Balsa. Heyerdahls Floß Kon-Tiki wurde aus diesem Holz verfertigt, weil die Indianer Südamerikas solches benützten. Heyerdahl wollte zeigen, daß man von Südamerika (Peru) aus die Südsee mit Flößen erreichen und besiedeln könnte.

16 Bandscheiben. Bei Verletzungen oder Dünnerwerden durch Abnützung werden die aus dem Rückenmark kommenden Nervenwurzeln gedrückt (Ischias, Neuralgie).

18

1 Welcher Zustand tritt ein, wenn ein Körper zwischen zwei anziehenden Massen jenen Punkt erreicht, an dem die beiden Anziehungskräfte einander aufheben?

2 Wie heißt jene Mangelkrankheit, bei der infolge des Fehlens von Vitamin C in der Nahrung Schleimhautblutung, Zahnausfall und andere Symptome auftreten?

3 Eichhörnchen, Hase und andere Nager haben Zähne, die zeitlebens nachwachsen. Wie heißen diese Zähne beim Menschen, dem sie allerdings leider nach dem Abkauen nicht mehr nachwachsen?

4 Wie nennt man jenes von Behörden ausgestellte Dokument, das manchmal an Wänden oder Türen von Amtsgebäuden angeschlagen ist, womit man auf gesuchte Verbrecher oder Deserteure hinweist, um ihrer habhaft zu werden?

5 Wie heißt jener Korbblütler, der wild, aber oft auch in Gärten

und Plantagen gezüchtet wird und dessen sogenannte Kerne ein beliebtes, gesundheitsförderndes Öl liefern?

6 Welche motorlosen Flugzeuge kommen in ihrer Art zu fliegen dem Vogelflug am nächsten, indem sie Aufwinde und Gleitflüge benützen?

7 Wie nennt man jene Teile einer Leiter, die die Querverbindungen zwischen den Holmen darstellen?

8 Wie nennt man die kleine Heringart, zu denen auch die Sardinen gehören, wenn sie nicht in Öl oder Soße eingelegt, sondern geräuchert werden?

9 Die Königin von Saba besuchte einen König, dem sie einen Sohn mit Namen Menelik gebar. Wie heißt dieser König?

10 Wie heißt der österreichische Lehrer, der jung starb und der das Kunstlied vervollkommnete, wie zum Beispiel: „Ich schnitt es gern in alle Rinden ein" oder „Das Wandern ist des Müllers Lust"?

Antworten:

1 Schwerelosigkeit. Gerät ein Körper in das Schwerefeld einer anziehenden Masse, dann fällt er auf diese zu. In der Raumfahrt, bei der ein Flugkörper, z. B. eine Rakete oder ein Satellit, aus dem Anziehungsfeld der Erde hinausgeschossen wird, kann die Schwerelosigkeit in den Raumkapseln anhalten, wenn nicht etwa ein Planet oder ein anderer massenstarker Körper die Kapsel ins eigene Schwerefeld hineinlotst. Damit bei einer bemannten Kapsel – siehe Mondlandung – der freie Fall gebremst wird, müssen Raketen von der Kapsel aus abgeschossen werden, damit sie durch Rückstoß den Fall auf die Mondoberfläche verzögern und ein Hinabschweben ermöglichen.

2 Skorbut oder deutsch Scharbock. Durch Mitnehmen frischer Nahrungsmittel, Früchte oder Fleisch auf lange Reisen konnte der gefürchtete Ausfall von Schiffspersonal auf einer Fahrt von einfallsreichen Kapitänen vermieden werden.

3 Schneidezähne, vier im Ober-, vier im Unterkiefer. Im Gegensatz zu den Mahlzähnen zerschneiden sie den Bissen, die Mahlzähne zerreiben ihn. Bei den Nagern heißen sie Nagezähne.

4 Steckbriefe. Analoge Ausschreibungen, um vermißte Personen oder bisweilen sogar Sachen zu finden, nennt man Suchbriefe; das

Rote Kreuz und andere Institutionen versenden solche zu Tausenden.
5 Sonnenblume. Sie war ein Lieblingsthema des jung verstorbenen flämischen Malers Van Gogh.
6 Segelflieger.
7 Sprossen. Bei breiteren Sprossen kann man auch von Stufen sprechen.
8 Sprotten. Besonders in Norddeutschland und hier wieder in Schleswig-Holstein sehr verbreitet. Sie kommen oft als Kieler Sprotten in den Handel.
9 Salomon, der im Heiligen Land als dritter König der Juden um 1000 vor Christus regierte. Die Äthiopier betrachten ihn daher als ihren Stammvater.
10 Franz Schubert, geboren und verstorben in Wien, mit 31 Jahren. Seine Kunstlieder sind so melodiös, daß sie bereits zu Volksliedern geworden sind; z. B. „Das Heideröslein", „Der Lindenbaum".

Umwandlung in Wissensfragen (assoziationsmäßig):

Zu 3: Was ist ein Weisheitszahn? – Der achte Zahn in jedem Kieferviertel (Ober- oder Unterkiefer), der bisweilen erst lange nach der Kindheit durchbricht, in einer Zeit, in der man schon „weiser" sein sollte. Zu 4: Gegen wen wird ein Steckbrief erlassen? – Gegen Verbrecher und Deserteure. – Zu 8: Der junge Kabeljau (Seefisch) hat eine andere Benennung. Welche? – Dorsch.

19

1 Wie heißt jenes zur Kamelfamilie gehörige Tier, das vornehmlich in den südamerikanischen Anden lebt, daher auch Andenkamel genannt wird und das bei Angriffen den Gegner anspuckt?
2 Wie heißt jener Nadelbaum, der als einziger im Herbst von Grün auf Goldbraun wechselt und der jährlich seine Nadeln abwirft?
3 Wie heißt der königliche Titelheld eines Shakespearedramas, das von einem alten wahnsinnigen Vater mit undankbaren Töchtern handelt?
4 Wie nennt man jenes Vergrößerungsgerät, das aus einer einzigen Glaslinse besteht und bei Benützung in der Hand gehalten wird?

5 Welches Organ erzeugt den Gallensaft?

6 Die Stadt Venedig selbst hat keinen Sandstrand. Sie hat jedoch eine Flachinsel in nächster Nähe zu ihrem Strand gemacht. Wie heißt diese Insel?

7 Der amerikanisierte Österreicher Hollerith hat 1880 weit vorausblickend eine Registriermethode für die Speicherung von Daten entwickelt, die heute im Zeitalter des Computers unentbehrlich geworden ist. Wie heißt diese Erfindung?

8 Die Flachsstaude trägt noch einen anderen Namen, wenn wir an die gelieferte Faser denken. Wie heißt dieser zweite Flachsname?

9 Wie heißt das Zwergenreich in Gullivers Reisen?

10 Bei der tiefsten Stelle (27 Meter) des Rheinbettes steht am rechten Ufer ein Felsen, unter dem ein Tunnel durchführt. Von dem sagenhaften Wesen auf diesem Felsen kündet ein allbekanntes Gedicht von Heinrich Heine. Wie heißt diese sich frisierende Dame?

Austauschfragen:

11 Wie heißt der gefallene Engel, dessen Name Lichtträger bedeutet?

12 Wie nennt man einen Nichtfachmann oder Nichtsachverständigen aller Sparten?

13 Wie heißen die sogenannten Irrgartenanlagen, die durchaus nicht immer Gärten sein müssen, sondern auch Fußbodenmuster sein können?

Antworten:

1 Lama, höckerlos, bisweilen als Haustier gehalten. Fleisch und Haare sind Handelsware. Das Tier, aus dem das Lama herausgezüchtet wurde, heißt Guanako.

Umwandlung: Vikunja ist die teuerste Tierwollart, da eine Schur nur wenige Gramm liefert. Zu welcher Familie gehört das Wildtier Vikunja? – Es ist ebenfalls ein Anden-Kamel, das gezähmt Alpacca heißt.

2 Lärche. Ihr Holz gilt als wertvoll.

3 Lear, ein britannischer, also keltischer Sagenheld.

4 Lupe. Es handelt sich dabei um eine Sammellinse, denn sie sammelt die Lichtstrahlen auf das Objekt. Sie ist im Zentrum dicker

als am Rand, vergrößert Einzelheiten und ist für Weitsichtige eine Lesehilfe, für Sammler kleinformatiger Dinge wie Marken, Pollen, und Kristalle ein handlicher Behelf.

Umwandlung: Wie nennt man Vergrößerungsgeräte, die aus einem Satz von Linsen bestehen? – Mikroskope.

5 Leber, die größte Drüse des menschlichen Körpers. Sie liefert als Sekret den bierbraunen Gallensaft, der erst beim Altern, sei es in der Gallenblase oder im Darm, grün wird. Die in der Galle enthaltenen Gallensäuren können ohne Cholesterin nicht aufgebaut werden. Die Furcht vor cholesterinreichen Nahrungsmitteln ist daher unbegründet, falls sie nicht im Übermaß genossen werden.

Umwandlung: Welches Hormon erzeugt die Bauchspeicheldrüse (Pankreas)? – Insulin, den Zuckerverwerter. Die Bauchspeicheldrüse produziert außerdem noch ein Sekret, den Bauchspeichel.

6 Lido, vom lat. Wort litus, der Strand.

7 Lochkarte. Durch Ausstanzen von Löchern in Kartonblättern werden – heute mittels elektrischer Vorrichtungen – Daten übertragen. Die Daten wurden vorher in einem Computer gespeichert.

8 Lein, die Faser, die sich dann später zu Leinen verarbeiten läßt. Sie ist seit altersher bekannt. Die Gartenstaude Phlox ist eine Abart des Feldflachses. Der Name kommt aus dem Griechischen; Phlox – brennrot ist die Wortmutter von Flachs.

9 Liliput. Das Riesenreich heißt Brobdignac, der Autor dieser politischen Schlüsselromane ist Jonathan Swift.

10 Loreley. „Ich weiß nicht, was soll es bedeuten" ist nahezu ein Volkslied geworden.

Antwort auf Austauschfragen:

11 Luzifer, lateinisch lux (Licht), ferre (tragen).

12 Laie. Aus dem Griechischen stammend, eigentlich nur Volksangehöriger, nicht ausgebildet.

13 Labyrinth. Nach der kretischen Anlage des Minos, in der sich der Held Theseus verirren sollte und der von Ariadne, der Tochter des Minos gerettet wurde, indem sie ihm einen Leitfaden mitgab. Auch das Organ für Gleichgewicht im Innern des menschlichen Ohres heißt Labyrinth. – Im Barockzeitalter legte man in Parks verschlungene Pfade an, aus denen man nur schwer herausfinden konnte, weil manche Wege blind endeten, was zu beliebten Gesellschaftsspielen führte.

20

1 Wie nennt man jene ziemlich ungenaue Mengenangabe für Salze, Gewürze, Trockenteesorten oder Tabak, die man zwischen drei Fingern (Daumen, Zeigefinger und Mittelfinger) erfaßt?

2 Wie heißt das Tier, das sowohl den Stolz wie die Eitelkeit, aber in früheren Zeiten auch die Unsterblichkeit der Seele versinnbildlichte?

3 Wie heißen jene poetischen religiösen Lieder, zu denen bisweilen Harfe als Begleitinstrument verwendet wurde?

4 Wie nennt man mit einem gängigen Fremdwort eine Speise, bei der diese gewöhnlich nach dem Kochen gestampft oder durch ein Sieb gedrückt wird?

5 Wie heißt der Apostel, der dem Knecht Malchus das Ohr abhieb?

6 Wie nennt man Waren, Gegenstände, Wertpapiere oder anderes, wenn sie als Sicherstellung gegen Bargeld oder Kredit hinterlegt werden?

7 Mit welchem englischen Wort – englisch ist ja die Sportsprache – wird der Strafstoß im Fußball bezeichnet, den wir häufig wegen der vorgeschriebenen Distanz „Elfer" nennen?

8 Welcher tiefrot-violette Farbstoff ist tierischen Ursprungs?

9 Zu welchem Staat gehört die Insel Madeira?

10 Unter welchem Namen kennen wir den Garten Eden noch?

Austauschfragen:

11 Wie heißt die bekannteste Stadt, die beim Ausbruch des Vesuvs 79 nach Christus verschüttet wurde und allmählich seit etwa hundert Jahren wieder ausgegraben wird?

12 Wie heißt eine kastrierte, gemästete junge Henne?

13 Wie heißt die ungarische Tiefebene?

Antworten:

1 Prise, aus dem lat. prehendere = nehmen. Das gleiche Wort wurde in der Seemannssprache auch für Schiffsbeute verwendet.

2 Pfau, der wegen seines prächtigen Schwanzes in den Gärten des

Adels gerne gehalten wurde. Bei den Griechen war er der Götterkönigin Hera zugesellt.

Umwandlung in Wissensfragen, die sich aus neuer Assoziation ergeben, nicht aus der Vorfrage: Warum gelten Straußenfedern als Symbol der Gerechtigkeit? – Bei allen sonstigen Federn sind die beiden Fahnen asymmetrisch zum Kiel. Beim Strauß sind sie gleich groß, also ausgeglichen, ausgewogen. Der Palankin (Sänfte des Papstes) wird deshalb damit geschmückt.

3 Psalmen, im Alten Testament oft genannt, besonders im Zusammenhang mit König David.
4 Püree.
5 Petrus, mit dem aramäischen Namen Kephas. Petrus bedeutet im lateinischen „Fels", daher sprach Jesus gewissermaßen als Gleichnis zu Petrus: „Auf diesen Felsen will ich meine Kirche bauen."
6 Pfänder. Banken, die gegen solche Pfandübergabe Geld verleihen, nennt man Lombardbanken, nach den Lombarden, Geldwechslern und Pfandleihern des späten Mittelalters in Oberitalien. Als Pfänder bezeichnet man auch jene Dinge, die sich ein Gläubiger auf gerichtliche Entscheidung hin beim Schuldner sicherstellen läßt.

Variation: Wie nennt man Institutionen oder Ämter, zu denen man Waren und andere Gegenstände bringen kann, um sie gegen Bargeld belehnen zu lassen und nach Rückgabe des Geldes wieder einzulösen? – Versatzamt.

7 Penalty. Wie heißt die deutsche Bezeichnung für goal: – Tor.
8 Purpur. Er stammt aus dem Saft einer Schnecke und wurde besonders im Altertum als kostbare Ware verkauft. Die Inselstadt Tyrus (östliches Mittelmeer) lebte nahezu von diesem Export. Heute wird die Purpurfarbe industriell erzeugt (Anilin).
9 Portugal. Die Insel liegt im Atlantik. Gutes Heilklima, Wein.
10 Paradies. Das germanische „Paradies" heißt Walhalla, das griechische Elysium.

Variation: Wie heißt das Paradies noch? – Eden.

Antwort auf Austauschfragen:

11 Pompeji.
12 Poularde.
13 Puszta.

21

1 Wie heißt der schutz- und oft auch pflegebefohlene junge Mensch, der Ganz- oder Halbwaise ist und von einem bestellten Vertreter seiner Rechte und Pflichten betreut wird?

2 Wie nennt man den weißen Saft, der zum Beispiel aus den Stengeln der abgebrochenen Löwenzahnblüten herausquillt?

3 Wie nennt man die Regierungsform, bei der ein einziger Herrscher erblich oder nach Wahl regiert?

4 Wie nennt man jene Tonleiter, die unserem Ohr weicher klingt im Gegensatz zum harten Tongeschlecht?

5 Wie heißt der unvergorene, frisch gekelterte Obstsaft? Es ist dies ein meist für Traubensaft gebrauchtes Wort.

6 Wie nennt man jenen süßen Stoff, der durch Erhitzen von Gerstenkörnern aus dem Gerstenstärkeanteil entsteht und den man sowohl als Extrakt wie auch als Bierwürze verwendet?

7 Wie heißt das Fürstentum am Mittelmeer, in dem die Bürger keine Steuern zahlen?

8 Wie nennt man das leichte, aus Magnesium und Kieselsäure bestehende Mineral, aus dem man besonders leichte und schön geformte Pfeifen herstellt, wobei der ursprünglich weiße Stoff allmählich gebräunt und geschwärzt wird und damit noch an Ansehen gewinnt? Er kann gedreht und geschnitzt werden.

9 Wie heißt der vierte Erzengel, wenn wir drei davon nennen: Gabriel, Uriel, Raphael?

10 Wie nennt man in sonderbarem Gegensatz zum Vaterland die Sprache, die man in der Heimat als erste sprechen lernt?

Austauschfragen:

11 Wie heißt nach dem ersten Buch Moses der Großvater von Noah (der ein sagenhaftes Alter erreicht haben soll)?

12 Wie heißt der Tenno, also der japanische Kaiser, wenn man von ihm als der „Erhabenen Pforte" spricht?

13 Der Planet Venus heißt auch Abendstern. Wie heißt er noch?

Antworten:

1 Mündel. Nicht jedes Mündel muß jung oder elternlos sein. Es gibt gestörte oder handlungsunfähige Menschen jeden Alters. Mün-

del ist ein altes deutsches Wort und kommt von „munt" = Schutz. Bekannt ist in diesem Sinn das Wort Vormund; dieses hat also mit Mund als Körperteil nichts zu tun.

2 Milch, hauptsächlich der Farbe wegen so genannt.

3 Monarchie, ein griechisches Wort, monos heißt allein und arche Herrschaft. Auch ein absolut herrschender Tyrann oder Diktator kann einer Monarchie vorstehen.

4 Moll, die Kurzform des lat. Wortes mollis für weich. Dur ist die Kurzform von durus (hart).

5 Most.

6 Malz.

7 Monako, Hauptstadt ist Monte Carlo, mit Spielkasino. Die Landessprache ist französisch.

8 Meerschaum, eine nicht ganz wohlfeile Ware.

9 Michael.

10 Muttersprache. Vermutlich hat dieser Gegensatz eine kulturelle Wurzel. Im allgemeinen lernt man die ersten Worte aus dem Mund der Mutter, während die Heimat nach staatsrechtlichen Grundsätzen eher das Herkunftsland des Vaters ist. Unter Mutterland verstehen wir in unserem nicht mehr matriachalischem Kulturkreis gewöhnlich nur jenen Staat, der Kolonien oder Dominions beherrscht.

Antwort auf Austauschfragen:

11 Methusalem, 967 Jahre. Es ist nicht klar, welchen Zeitraum das Alte Testament unter einem Jahr versteht. Es könnte auch unseren Monaten entsprechen, wobei Methusalem dann eben nur rund achtzig Jahre alt geworden wäre.

12 Mikado.

13 Morgenstern. Aber nur, wenn er westlich von der Sonne steht.

Variationen: Aus einem Combi lassen sich sehr leicht andere Spielformen bilden. Besonders beim Wiederholen, also beim Prüfen von Merkfähigkeit und Wortfindung, sollte man nicht einfach wieder das Combi in gleicher Reihenfolge auftischen. Man kann etwa folgendermaßen variieren: Zu Frage 3 – Wie heißt die ranghöchste Person in einer Republik? – Präsident. Zu 6 – Wie heißt die bittere Bierwürze im Gegensatz zu Malz? – Hopfen. Zu 10 – Wie heißt der bedeutendste Gegner des Erzengels Michael? – Der Drache. Oder 5 ganz einfach als umgedrehte Frage: Was versteht man unter Most? – Den unvergorenen, frisch gekelterten Obst- und Traubensaft.

Such- und Steckbriefe: »Stecker«

Spannende Umschreibung – Spurensuche durch Assoziation

Unter Suchbriefen versteht man im Alltagsleben Inserate oder Affichen, mittels derer man vermißten Personen nachgeht oder auch Dingen, die man etwa verloren hat oder die man erwerben will. Mit Steckbriefen werden gerichtlich verfolgte Personen gesucht. Um einen ausgleichenden gängigen Namen für unsere Rätselart zu finden, einigen wir uns auf die Kurzform „Stecker". In Rätselbüchern sind Steckbriefe seit langem bekannt. Die unseren unterscheiden sich von ihnen sowohl im Aufbau wie auch im Suchziel.

Eine Person oder eine Sache, bisweilen auch ein Geschehnis, wird gesucht, indem man mehrere – mindestens fünf – Tips oder Hinweise gibt, die verschiedene Facetten des Gesuchten beleuchten. Der erste Hinweis soll verhältnismäßig schwierig sein, muß aber eindeutig auf das Gesuchte hinweisen. Es darf hierbei keine zwei Lösungen geben, sonst ist der Stecker falsch gebaut. Durch die weiteren Hinweise wird er immer klarer und leichter.

Die einzelnen Hinweise sollen deutlich artikuliert und langsam verlesen werden. Nach jedem muß eine Pause einsetzen, solange, bis ein Zeichen der Mitspielenden das Weitergehen verlangt. Glaubt einer der Spielenden, die Lösung gefunden zu haben, möge er sie aufschreiben, keinesfalls aber hinausrufen, da sonst alle anderen Mitspielenden am weiteren Raten verhindert würden. Er kann seine schriftliche Lösung dem Mittler übergeben, damit ihm gewissermaßen die Priorität gewahrt bleibt.

Auch das unüberlegte Drauflosfragen ohne angepeiltes Ziel oder das Raten ohne berechtigte Voraussetzung ist unerwünscht. Der Mittler beginnt z. B. „Gesucht ist ein deutscher Dichter" und schon platzt einer aus der Runde heraus und schreit: „Goethe!". Auch das würde nicht nur die Stimmung, sondern auch den Zweck untergraben, ganz abgesehen davon, daß solche Temperaments- und Besserwisser-Ausbrüche asozial wären.

Ebenso sind Zwischenfragen von seiten der Spieler, die bei anderen Spielen durchaus möglich oder sogar berechtigt sein mögen, hier nicht erlaubt, weil sie dem Fragenden unter Umständen einen nicht verdienten Vorteil brächten.
Wurde ein Stecker nicht erraten, so ist dies kein Unglück, denn es genügt völlig, wenn der Mittler nach dem Spiel die Lösung bekanntgibt und ein erleichtertes Lachen die Spannung löst: „*Das* also war gemeint, das hätte ich eigentlich wissen sollen!"
Wird das Spiel auf Wettkampf („Agon" nach dem griechischen Wort „Kampf") gespielt, gibt dies jedem Spieler die Möglichkeit zu notieren, beim wievielten Hinweis er das Gesuchte erraten hat. Gelingt ihm dies früher als allen anderen, weil eine der Assoziationen bei ihm früher gezündet hat, wird er den weiteren Hinweisen mit Freude oder Schmunzeln als Wissender folgen können. Sollte das Suchen und Überlegen der Gruppe zu zeitraubend werden, kann der Mittler die Lösung bereits nennen, wenn etwa die Hälfte der Spieler die Lösung gefunden hat oder gefunden zu haben glaubt.
Wurde der Stecker nicht erraten, kann der Mittler, sofern genügend Zeit bleibt, das Spiel auch „auf Fragestellen" umschalten. In diesem Fall stellen die Spieler an den Mittler Fragen nach Einzelheiten der Hinweise – sogenannte „Entscheidungsfragen" –, die er mit „Ja" oder „Nein" zu beantworten hat (ähnlich dem Spiel „Wer oder was bin ich?", s. S. 223).

Buntheit des Denkens

Was bietet nun ein solcher Stecker für Gedächtnistraining und Hirnfunktionen? Das Durchdenken der Hinweise, die aus ganz verschiedenen Gebieten stammen können, beansprucht Konzentration, Assoziation und nötigt zur Wortfindung, sei sie gesprochen, geschrieben oder auch nur gedacht. Das Suchen in verschiedener Richtung übt die Buntheit des Denkens und die Freiheit der Assoziationen. Diese müssen „pendeln" können. Wir haben es hier im Gegensatz zu der auf ein bestimmtes Ziel gerichteten Kurzkonzentration, wie bei den logischen Fragen, mit einer auf ein unbekanntes Ziel gerichteten Dauerkonzentration zu tun.
Die Stecker haben aber auch einen therapeutischen Wert. Manche Menschen geraten in Gefahr sich gegen weiteres Denken zu sper-

ren, wenn ihnen nicht gleich etwas Passendes einfällt. Sie bleiben dann bei einer fixierten Assoziation („Das fällt mir ein und dabei bleibe ich!") und können sich nur schwer von diesem Verhaftetsein lösen. Die Notwendigkeit, sich bei den jeweils folgenden Hinweisen mit neuen Blickrichtungen zu befreunden, erleichtert das Loslösen von Fehldenken, falschen Assoziationen und fixen, festgefahrenen Gedankenverbindungen.

Beispiel:

1 Laut Aussage eines Wandbehanges ist die gesuchte Adelige Miß Universe und flüchtet deswegen vor ihrer Verfolgerin.
2 Ihre Karriere geht steil abwärts, sie wird Raumpflegerin und Kochfrau gegen freie Station.
3 Sie arbeitet untertags, ihre Herrschaft unter Tag.
4 Obgleich man den Leuten immer wieder einprägt, sie mögen von Hausierern und Vertretern an der Wohnungstür nichts einhandeln, unterliegt sie doch dem Sonderangebot eines gutaussehenden Rosengewächses.
5 In Klarsichtpackung wartet sie dann auf einen Interessenten.
6 Durch Schluckauf wird sie endlich die Mitgift mit Gift wieder los.

Gesucht ist „Schneewittchen". 1 Der Spiegel an der Wand erklärt sie als Schönste, weshalb ihre eifersüchtige Stiefmutter sie verstößt. 2 Sie landet bei den Sieben Zwergen, für die sie aufräumt und kocht. 3 Die Zwerge arbeiten in einem Bergwerk „unter Tag". 4 Schneewittchen nimmt den Apfel, den ihre verkleidete Stiefmutter ihr anbietet. 5 Der gläserne Sarg. 6 Der vergiftete Apfel, den sie beim Stolpern der Träger erbricht.

Wie wir sehen, ist ein Stecker nichts Einfaches, sondern konzentrierte Kost. Konsumieren wir daher nicht zu viele hintereinander! Haben wir uns einmal zu einer Lösung durchgearbeitet und wollen jetzt die Bestätigung nachschlagen, dann bitte:

Nicht an weiteren Lösungen naschen!

Sonst bleibt doch einiges im visuellen Gedächtnis haften und zerstört nur den Anreiz und die Würze bei weiteren Spielen! Der Gewinn für das Gedächtnistraining liegt ja in der Spannung während des Lösens und der nachfolgenden Entspannung. Nehmen wir also die Überraschung nicht vorweg!

Erfahrungsgemäß wird die Freude an weiteren Hinweisen nicht geschmälert, falls man bereits bei einem der ersten Hinweise die Lösung gefunden zu haben glaubt oder sie tatsächlich gefunden hat; bringen doch Anspielungen und humoristische Formulierungen neue Zusammenhänge.

Bei späterer Wiederholung eines Steckers zur Prüfung der Merkfähigkeit kommt noch eine besondere Genugtuung hinzu: Die Wiedererkennensfreude und die lustbetonte Feststellung, daß man noch oder wieder merkfähig ist!

In noch höherem Maß werden Formulierungsgabe und Merkfähigkeit geübt, wenn man einen Stecker nach einiger Zeit (nach einigen Wochen oder sogar nach Monaten) frei wiederholen beziehungsweise aus dem Gedächtnis reproduzieren läßt.

Bisweilen empfiehlt sich bei der Wiederholung auch der sogenannte „Kurzstecker". Bei ihm werden Stichwörter aus den Originalsteckern herausgenommen und im Satzgefüge zusammengedrängt. Das genügt meist für die Prüfung der Merkfähigkeit.

Das Erstellen eines Steckbriefes ist für den Anfänger nicht ganz leicht. Die Formulierung der Hinweise soll verschlüsselt, dabei lustig und nicht verräterisch sein. Überraschungsmomente sollen nicht fehlen, die Hinweise nach Schwierigkeitsgraden gestuft sein. Deshalb wurde diesem Kapitel soviel Platz eingeräumt.

Jeder Stecker, auch der scheinbar verwickelte oder verwirrende kann vom Mittler oder jenem, der ihn zusammenstellte, in einen weniger schwierigen, deutlicheren umgemodelt werden. Als Beispiel nehmen wir Spiel 23 (S. 84) mit seinen beiden Variationen.

Allzu unbekannte, zu sehr an Wissensspeicherung, an Jahreszahlen mahnende Hinweise in einem selbstgebastelten Stecker möge man ausschalten, ebenso allzu Dozierendes. Es schreckt die Lösewilligen ab, die Lösung wird dadurch langweilig und uninteressant. Gerade das aber wäre der Todesstoß für dieses Spiel, dessen didaktischer Zweck dabei einfach verlorenginge.

Die Lösungen für die „Stecker" finden wir auf den Seiten 132 bis 160.

Stecker

SPIELE

22

1 Gesucht ein jungverstorbenes, sehr erfolgreiches, weltbekanntes Wesen männlichen Geschlechts, dessen Treue zu seinem Freund bis zum gemeinsamen Tod reicht, allerdings nach heftigen Reibereien.

2 Ungemein universell, war er besonders auf naturwissenschaftlichem Gebiet tätig. Seine Leidenschaft für Insektensammlung brachte ihn schon frühzeitig in Konflikt mit seiner Familie.

3 In der Schule war es ihm wie vielen Begabten nicht gut ergangen. Sein Lehrer bezeichnete den Tag, an dem sein Schüler bei den physikalisch-chemischen Übungen einen ehrlichen Bombenerfolg hatte, als den schwärzesten seines Lebens.

4 Er ist der Erfinder eines Fernangelgerätes, wobei er bereits Mitglied einer Dachorganisation war. Seine Vorliebe für Naturwissenschaft brachte ihm auch einen wirtschaftlichen Erfolg bei der Kreuzung von Hühnern auf neue Art, was bei der hauswirtschaftlichen Kammer beträchtliches Aufsehen erregte.

5 Man hätte es dem stets salopp gekleideten jungen Mann mit der zerzausten Frisur mit dem Mittelscheitel nie zugetraut, daß er ein Streichinstrument benützen werde, um die Brücke zur gewerblichen Wirtschaft zu zerstören, so daß selbst ernste Meister unüberlegte Schritte unternahmen, bis ihnen das Wasser ans Kinn reichte.

23

1 Wir suchen jenen weltbekannten ersten ausländischen Bewerber um Maria Antoinette, der sie mit Maria Theresias Zustimmung vor aller Augen küßte, jedoch später eine andere heiratete.

2 Maria Antoinette überlebte den Ungetreuen nur sehr kurz, aber auch ihr ältester Bruder nahm sich des jungen Mannes nach späterer Meinung nur sehr unvollkommen an, als er an seinem Hof gern in öffentlichen Dienst getreten wäre.

3 Nun denn, so reiste er nach Paris, nach London, wo man ihn sehr verwöhnte, so daß auch seine Familie, an der er sehr hing, von seinem Glanz und von seinen Einnahmen allerhand

abbekam. In Deutschland hätte er beinahe seine spätere Schwägerin geheiratet.

4 Er kam nach Wien, denn da hatte er wenigstens einen kleinen Beamtengehalt als Basis und hie und da brachte ihm sein Genius, den man teilweise recht gut erkannte, doch eine kleine, bald aufgegessene Zubuße. Nach Herzenslust durfte er sich mit Terminarbeit, Kopieren und Privatstunden herumschlagen. Er hat auch seiner Schülerin, der Tochter des Botanikers Jaquin, ein Klarinettenkonzert gewidmet.

5 Eine seiner Berufsreisen hat in reizender Weise ein schwäbischer Pastor besungen – aber Geld blieb rar bei ihm. Obwohl er schon recht krank war, schickte er doch lieber seine Frau auf eine Bäderkur. Sie ging nicht einmal zu seinem Begräbnis. Heute nennt man Gebäude, Straßen, Denkmäler, Gesellschaften, süße Kugeln nach ihm, zeigt ihn auf Münzen und Marken und seine Werke sind unsterblich.

Variation 1

1 Gesucht ein ehemaliges Wunderkind, aus dessen Einnahmen die engere Familie viele Vorteile zog. Obwohl er als Österreicher gilt, stammt er geschichtlich gesehen aus dem Ausland.

2 Er konzertierte vor der Gattin eines Kaisers und wurde von dessen Töchterchen geküßt.

3 Seine Gattin konnte ebensowenig wie er mit Geld umgehen, so daß fast immer Schmalhans Küchenmeister war. Seine Schwester hatte häufig mit ihm konzertiert.

4 In Wien bekam er ein kleines Fixum als Lebensbasis, mußte sich aber um viele Nebenerwerbsmöglichkeiten umsehen. Durch diese ungeheure Arbeitsüberlastung wurde sein Körper so stark geschwächt, daß er mit 36 Jahren starb.

5 Seine Werke, nach Hunderten zählend, in einem sehr bekannten Verzeichnis aufgezählt, sind weltberühmt. Auf seinem Totenbett hat er noch, beinahe symbolisch, ein in Auftrag gegebenes Requiem komponiert.

Variation 2

1 Sein Vater, ein Augsburger, hat die Kindheit des Gesuchten wacker ausgenützt in eigener Branche.

2 „Lucia Silla", eines seiner Werke, wurde erst in unseren Tagen in seiner Heimatstadt aufgeführt.

3 Wie sein Zeitgenosse Goethe trat er einer Art weltlichen Ordens bei und zerstritt sich mit seinem Regenten.

4 In der Residenzstadt des Reiches angekommen, hatte er zwar Erfolg und große Einnahmen, war jedoch ständig in Geldnöten und seine Frau trug dazu redlich ihren Teil bei.

5 Ein gewiefter Librettist steckte den Großteil des Ruhmes für ein Werk des Gesuchten ein, dessen Name im Programm winzig gedruckt neben dem seinen aufschien.

6 Beide haben in Wien eine Gasse, der eine ein Schlössel, der andere ein Denkmal.

7 Seine Frau begrub ihn nicht einmal, da sie wieder einmal zur Kur auswärts war, seine Freunde flüchteten beim Begräbnis wegen des miserablen Wetters und seine letzte Arbeit, übrigens eine Auftragsarbeit, wurde nicht fertigkomponiert.

24

1 Gesucht wird ein Vierfüßer, in der Jugend vielverspottet, heute über achtzig, hochangesehen und wohlfundiert.

2 Ein kurzes Dasein war ihm prophezeit, doch seine Zukunft war stets aussichtsreicher, hat er auch nie studiert.

3 Die Sternwarte in Nizza, den Bahnhof in Budapest baute perfekt sein Vater, denn dieser war Architekt.

4 USA-Emporkömmlinge überflügelten ihn, und nicht nur die allein. So büßte er seine hervorragende Stellung, seinen Rekord bald ein.

5 Er hatte es seit je verstanden, die Menschen über sich selbst hinauszuheben (Schauspielunterricht oder Poeterei gab's nicht in seinem Leben). Ja, sein Charakter ist eher schwankend, und gegen Angriffe, seien sie noch so windig, war und ist er eher wankend.

6 Auch ist er heikel: schon ein rauhes Lüfterl macht ihn zittern, und doch ist ihm noch nichts passiert bei Hunderten Gewittern. Von seinem Vater hat er eben die eiserne Natur, die sportliche Statur.

7 Bei der Kletterei war er oft dabei, fast vierhundert sind schon

gefallen. Bei allen Kämpfen der Tour de France kann man ihn einen Steher nennen.

8 Ja vielmehr: ihn selber könnte man als „Tour de France“ erkennen.

25

1 Gesucht ein Ingenieur, bekannt dafür, daß er überall kritzelte, als Charmeur Lieder zur selbstgebastelten Leier sang, stets elegant gekleidet ging und in Mailand sein Handwerk lernte.

2 Als außereheliches Kind einer Bauernmagd wurde er adoptiert und lebte in guter Gesellschaft, wurde in Rom ansässig und dort Verteidigungsminister.

3 Er hatte – heute würde man es Stadtplaner nennen – mit Mailand Absichten, erfand einen Fallschirm und den Vorläufer des Autos; Kampfwagen à la Panzer und U-Boot waren weitere seiner Ideen.

4 Gewissermaßen als Gastgeschenk nahm er sein bekanntestes Werk nach Frankreich mit, wohin er im Alter zog und daselbst mit siebenundsechzig starb.

5 Er erfand ein Nadelschleifgerät, einen Luftfeuchtigkeitsmesser, eine Uhr mit Federnbetrieb, einen Eisenstangenschneider, eine Faschiermaschine, ein Seidenspinngerät, eine Wasserkühlung durch Luftzug, Klimaanlagen und einen Kran – aber bitte es ist weder Jules Verne noch Edison.

6 Ein sehr verblaßes Fresko zeigt dreizehn Personen bei Tisch, dessen Tischtuch besonders schön gebügelt ist.

Variation

1 Gesucht ein Universalgenie in technischer und künstlerischer Hinsicht, das in der Kunstgeschichte nach seinem Geburtsort genannt wird.

2 Rom, Florenz, Mailand sind die Hauptorte seiner Tätigkeit.

3 Er erreichte einen Posten, den man heute als Verteidigungsminister bezeichnen würde.

4 Sein berühmtestes Gemälde hängt nicht in seinem Heimatland, sondern in Paris.

5 Ein Wandbild in Freskomanier illustriert eine Stelle aus dem Neuen Testament mit dreizehn Personen bei Tisch.

26

1 Als das Gesuchte vom Milzbrand vernichtet wurde, ging das Mongolenreich zugrunde.
2 Weil Jesus auf einem Esel in Jerusalem eingezogen war, sollte der byzantinische Kaiser Heraklios auf Engelsbefehl auf das Gesuchte verzichten.
3 Als Mohammed darüber phantasierte, nannte er das Gesuchte windgeboren und alle Schätze der Welt lägen zwischen seinen Augen.
4 Trotz seiner zügellosen Haltung nahm es an des Präsidenten John F. Kennedy Begräbnis symbolhaft teil.
5 Die Azteken lernten es erst durch die Spanier kennen.
6 Den Griechen waren die Skythen deshalb so fürchterlich, weil sie darauf hockten.
7 Eine Wasserader für neun Damen trat zutage, als ein gefiedertes Exemplar des Gesuchten mit der gehörnten Mittelzehe auf den Boden schlug.

Variation

1 Das Gesuchte hat keine Gallenblase und geht auf vier Mittelzehen.
2 In Mittelamerika kannte man vor dem Ende des 15. Jahrhunderts, ehe die Spanier Amerika entdeckten, das Gesuchte überhaupt nicht.
3 Damit Wotan seine Ausflüge mit einem nimmermüden Begleiter durchführen könnte, hatte in der germanischen Sage das Gesuchte acht Beine.
4 Obwohl es nie in eine Volksschule geht, auch keine Handelsakademie besucht, müßte man es so und so oft als Hochschüler bezeichnen. Eine sehr berühmte Familie des Gesuchten hat eine dunkle Kindheit und helle Gegenwart.
5 Besonders Vornehme saßen hinter vier oder acht des Gesuchten, während sich gewöhnliche Sterbliche höchstens auf eins zugleich setzen können.

27

1 Ich bin der Autor eines einzigen Stückes: „Wie man die Wünsche am Schwanze packt."

2 Meine Gattin Jaqueline hat zwei Kinder, einen Buben und ein Mädchen, hoffentlich von mir.

3 Ich bin zwar ehelich von meiner Mutter geboren worden, trage aber trotzdem ihren Mädchennamen, sogar das „R", das den Namen meines Vaters charakterisiert, lasse ich, der Arrivierte, heute weg.

4 Obgleich eine bestimmte Stilrichtung mich ihren Vater nennt (den übrigens Vauxcelles so benannte), überrasche ich doch meine Zeitgenossen immer wieder mit neuen Mätzchen und Stilen.

5 Ich hatte Zeiten, in denen ich ganz blau war, trage mit Recht die Baskenmütze und grade schiefe Vasen sind mein Plaisir.

28

1 Gesucht: Mindestens siebenhundertsiebzig Jahre alte Röhrchen, die angeblich aus Campanien zu stammen scheinen.

2 Zwar aus sehr zerbrechlichem Material und künstlerisch keineswegs anspruchsvoll, bestehen sie der Hauptmenge nach aus Kohlehydraten.

3 Der einzelne, ein trockener Geselle, ohne Innenleben, wirkt dem ersten Eindruck nach roh, wirklich ungenießbar. Doch wenn man ihm mit Wärme begegnet, wird er langsam locker und weich, selbst wenn man ihn ins Wasser wirft.

4 Die Gesuchten kommen meist in hellen Haufen und sind recht abgebrühte Kerle, können sich an einem Auflauf beteiligen, wenn auch nie an einer Revolution.

5 Die gesuchten Speiseröhrchen gelangen aufgespießt in diverse Speiseröhrchen.

6 Das Land um Mailand nennt man auch das Reisland, südlich vom Fluß Volturno heißt es nach den Gesuchten.

7 Nach ihnen benannte Lieder sind immer doppelzüngig.

29

1 Gesucht wird ein geriebener Ausländer dunkler Herkunft, der sich meistens im Untergrund befindet. Es handelt sich um eine oft recht gemischte, abgebrühte Gesellschaft.

2 Mit seinen unmittelbaren Vorläufern ist zwar nicht gut Kirschen essen, das gäb' saure Mienen, immer kommt's eben auf das

echte Innenleben an, das hier sogar meist ein Doppelleben ist.

3 Sehr schade ist es, wenn etwa eine Dame behauptet, das Zustandekommen des Gesuchten sei keinen Schuß echten Pulvers wert und danach handelt, und wenn sie sich dann konsequenterweise keine Bohne drum schert, wie es mit der Bildung des Gesuchten steht.

4 Natürlich ist dann bei solchem Charakter Hopfen, wenn auch nicht immer Malz, verloren.

5 Übrigens wird dann der Gesuchte gelegentlich noch unkanonisierter Prophet, der sogar im eigenen Land was gilt.

6 Ehe er seinen Ruhesitz erreicht, gibt's Reibereien, manchmal Würfelspiel, Überläufereien, hitzige Untergrundbewegungen, dann erst geht er zugrunde.

30

1 Gesucht eine Jugendherberge, international, altmodisch, unelegant, ohne TV und ohne Telefon – jedoch gut heizbar.

2 Die Wirtschaftsführung obliegt einer Dame gesetzten Alters, der man Reiterei als Hobby nachsagt, und die auf eine billige Hausgehilfin ohne Sozialanmeldung Wert legt und eine solche trotz windiger Referenzen aufnimmt.

3 Global bekannt sind zwei ihrer Gäste, die auf Grund von Kalorienmangel und falschen Vogelweltkenntnissen außergewöhnliches Baumaterial destruktiv verwenden.

4 Dadurch kommt ein Minderjähriger hinter Gitter und nur durch Vorweisung von Skeletteilen täuscht er die Gefängnisleitung über den Zuwachs an Fett.

5 Schließlich gelingt es einer Verwandten zweiten Grades, die befreiende Oxydation mit grimmigem Humor per Schub durchzuführen, und zwar an eben der Gastgeberin, die am 30. April nächtens gern auf einem Einbaum nächtlichen Sport betreibt.

6 Als Spätheimkehrer verbessern die Gäste des Gesuchten mit Hilfe einer Mineraliensammlung die ökonomische Situation der Vorgängergeneration.

Variation

1 Gesucht werden zwei junge Menschen, offensichtlich nicht aus der Wohlstands-, wohl aber aus der Wegwerfgesellschaft, die

einen Waldmarsch unternehmen müssen, weil es ihren Verwandten so paßt.

2 Wegen des auf dem Weg ausgestreuten Brotes großer Hunger, so daß man sogar Baumaterial anknabbert.

3 Eine Hausbesitzerin, Reiterin und Kannibalin, lädt trotz falscher Auskünfte die Gesuchten zu sich.

4 Die junge Dame trägt ab nun die Haushaltslast,
der junge Herr wird eingesperrt zur Mast.

5 Nach Hexenverbrennungsprozeß nichts wie „heim zu Muttern"!

31

1 Ein Garten, als Höchstes des Menschen betrachtet,
2 als Paradies für Tiere keineswegs geachtet,
3 man pflegt ihn mit Borsten, man pflegt ihn mit Zähnen,
4 (hier mag man auch Mond und Zopf mal erwähnen),
5 nur Zwiebelgewächse darinnen gedeihen
6 und Fromme ein Rundbeet dem Göttlichen weihen.

32

1 Der Gesuchte gab zeitlebens an, zwei oder drei Jahre vor seiner Geburt geboren worden zu sein, und zwar aus Courtoisie gegenüber seiner älteren ersten Gattin, die von einer überseeischen Insel stammte.

2 Er schlug zahlreiche Schlachten, sich selten in die Büsche, aber auch eine Heirat mit der Mutter seines ungeborenen Sohnes vor, zwecks dessen Erlangung.

3 Die Mode seiner Zeit ließ die Damen ohne Unterleibchen, jedoch mit Lauskamm lust- und lebenswandeln. Seine Soldaten gingen für ihn durchs Feuer ins Feuer, er setzte seine Geschwister in gute Stellungen, den Adel Europas in Verlegenheit.

4 Er und Goethe bewunderten einander vice versa, was man beiden übelnahm. Beiden flocht die Nachwelt Kränze, wenngleich sie keine Mimen waren.

5 Beider Söhne wären ohne ihre Väter nie geboren worden oder namenlos gestorben. Beide waren Sitzriesen, beide waren in Italien gewesen und ein Stein spielte in beider Leben eine Rolle, der eine von Rosette, der andere von der Charlotte.

Variation

1 Geboren auf einer Insel, verbannt auf eine Insel, gestorben auf einer Insel – auf drei verschiedenen –, hat der untersetzte Mann sein Geburtsdatum zurückverlegt, weil er – seiner Gattin zuliebe, die ebenfalls von einer Insel stammt – seine wahre Jugend nicht preisgeben wollte.

2 Dem kleinen Adel angehörig, wurde er einer der größten Feldherren der Geschichte und erstmals in der Nähe Wiens besiegt, obwohl er zu dieser Zeit bereits der Schwiegersohn des regierenden Kaisers war.

3 Da er stark an seiner Familie hing, setzte er seine zahlreichen Geschwister in ganz Europa in hohe Stellungen ein und schließlich wurde er selbstgekrönter Kaiser seines Landes.

4 Wie viele große Menschen bewunderte er aufrichtig die Größe anderer, wobei die Anerkennung gegenseitig war. Es handelt sich dabei um den größten Dichter Deutschlands.

5 Sein einziger Sohn überlebte den Vater nur um zehn Jahre und liegt teilweise in Wien, teilweise in Paris begraben.

33

1 Gesucht eine gewöhnlich verrückte Gesellschaft, die man auch als schlagende, ja farbentragende Verbindung ansprechen könnte, die von Gegensätzen lebt.

2 Die Eckensteher in der Gesellschaft sind grade Michel, laden sogar ihre Herrscher zu Seitensprüngen ein.

3 In der Viehwirtschaft haben sie Pech, nur lauter Einfüßler wohin man blickt.

4 Auch die Bodenkultur kommt nur schrittweise vorwärts.

5 Linientreu sind bei ihnen nur die Teppichsynonyme, diese wechseln im Felddienst ihre Farbe nie.

6 Der Herr im Haus ist leider ein Pantoffelheld, die Hausfrau aggressiv. Sie rennt, er schleicht. Er wird gewarnt, ehe man das Ziel erreicht.

34

1 Gesucht ist der Entwicklungsgang eines Lebewesens, der mit einem proteinhaltigen Rotationskörper eines flatterhaften Rüsseltieres beginnt.

2 Der später dann oft rauhhaarige, frisch überzogene Gourmand hat gegenüber seiner Umgebung nicht das geringste Rückgrat und ist weder ein Rechts- noch ein Linkshänder.

3 Der versponnene Eremit, ähnlich dem Diogenes Nichtstuer, begnügt sich häufig mit seinem Leibblatt als Arbeitslosenunterstützung.

4 Seine Unterkunft entspricht einem untergetitelten nordischen Bühnenwerk.

5 Aber siehe da, auf einmal heißt es, temperamentvoll mit dem Kopf durch die Wand und tüchtig pumpen, ehe man in die Luft geht.

Weitere Hinweise

6 Tagschichtler unter ihnen brassen beim Sitzen die Segel hochkant, Nachtschichtler lassen sie flach auf sich liegen.

7 Getränke gibt es nur mittels einer Spirale.

35

1 Gesucht werden siamesische Zwillinge tierischer Herkunft, deren gewöhnliche Begleiterscheinung einem die Tränen in die Augen treiben kann.

2 Sie heißen nach einer Stadt, deren Einwohner sie wieder nach einer anderen Stadt benennen.

3 Sie bieten Gutes in Hülle und Fülle und werden von den meisten Menschen heiß geliebt.

4 In Hungerszeiten werden sie zu Paaren getrieben und oft auch eingekesselt.

5 Getrennt heißen sie in Wien nach einem einschichtigen Roß, obwohl man stets hofft, daß mit diesem keine Verwandtschaft bestehe.

Variation

1 Gesucht werden siamesische Zwillinge, die Kalorien in Hülle und Fülle bringen.

2 Meistens haben sie, was auch der wissenschaftlichen Forschung entspricht, das gleiche Schicksal, obgleich sie nicht als eineiige Zwillinge zu bezeichnen sind.

3 Die Umwelt ist ihnen gegenüber nicht gleichgültig, sondern aufgeschlossen; wenn man jedoch die Sache vom sozialen

Sektor her betrachtet, so wirft die Gesellschaft gern die ganze Gesellschaft in einen Topf.

4 Auch untereinander herrscht dann oft ein munteres Kesseltreiben; jedermann, der da im Trüben fischt, gibt seinen Senf dazu oder reißt zumindest den Mund weit auf.

5 In Nobellokalen, besonders des nachts, findet dann so mancher Nepper für die tanzenden „Sisters" eine „Wurzen".

6 Das Merkwürdige dabei ist, daß in Vergnügungslokalen oder auch auf Bahnhöfen eine Reihe sonderbarer Männer herumläuft, die behaupten, ihr Name wäre gleich dem der Gesuchten.

7 Entgegen der alten Lehre von der Entropie ist das Ende dieser Pärchen meist der Hitzetod.

36

1 Wer ist der Webersohn aus dem Erzgebirge, der nach acht Gefängnisjahren wegen Diebereien jetzt ein eigenes Museum hat?

2 Solche Bücher wie „Emilie, die eingemauerte Nonne" oder „Die blutige Holzhacke im Eremitenstüblein" waren seine Lieblingslektüre.

3 Er galt nicht bloß als Querkopf, sondern machte auch in Spiritismus, soff, war zweimal verheiratet und schrieb seine Bestseller im Gefängnis.

4 Mit sechsundsechzig fuhr er nach Amerika, das er vielen Millionen Lesern, darunter Einstein, Hitler und Adalbert Schweitzer, eingestandenermaßen nahegebracht hat. Bis zum siebzigsten Lebensjahr, in dem er 1912 starb, prozessierte er dann mit seinen nicht milden Kritikern.

5 In Wien sprach er im Akademikerbund über das Thema „Empor zum Edelmenschen", und Zuckmayer hat seine Tochter nach einer von des Gesuchten Hauptfiguren benannt.

37

1 Der Gesuchte ist ein geschmackvoller Zusatz, gepreßt, wärmebedürftig, wassersüchtig, meistens im ersten Gang anlaufend.

2 Die geometrische Figur, nach der er gebaut ist, wurde von einem römischen Feldherrn fallengelassen.

3 Obwohl er kein Rätsel ist, soll er doch gelöst werden.

4 Wenn er seinen Daseinszweck erfüllen soll, muß die Hausfrau in rührender Weise um ihn bemüht sein.
5 Eine sehr verdünnte Person aus dem Struwwelpeter lehnt ihn von vornherein ab.

38

1 Gesuchte gibt einer Frage ihren Namen.
2 Im Garten lustwandeln zwei Herren, zwei Damen.
3 Sie kann nicht nein, der Freundesfreund nicht ja sagen,
4 dann geht's dem Wintersprossen an den Kragen,
5 Denn Techtelmechtel im Liebesnächtel
mit Goldschmuckschächtel
6 ward zum Verhängnis
und endet mit Bängnis im Gefängnis.
7 Daselbst ist sie übel behaust,
so daß ihr vor dem Heini graust.

39

1 Ein Gesuchtes stand stets inmitten vom Platz und hat in Deutschland fünfundzwanzig Brüder.
2 Beim Ende der Armada ist es dabei und mehrfach wichtig für Trafalgar, doch hat es mit Nelson nichts zu tun.
3 Chemiker fanden es in Laugen und in Salzen, doch ist es nie ein Eiweißbestandteil.
4 Auch heute noch sieht man es in Mekka und noch und noch und noch in der Kaaba.
5 Und nun zum Augustinerpater Ulrich Megerle, dem es allerdings nicht daran mangelt. Wohl aber kann man zu dessen Traktat, „Merks Wien" sagen: Gib acht bei Abraham a Santa Clara.

40

1 Wir suchen den Mann, der sich von seinem millionenschweren Parteifreund soviel Geld auslieh, daß er die Währung seines Landes stabilisieren und zum Goldwert zurückführen konnte. Er hat die Arbeitsämter zwecks Stellenvermittlung erdacht, die Umsiedlung von Zehntausenden durchgesetzt, erstmals den Veteranen Parzellen für „Schrebergärten" überlassen.

2 Ein Tausendsassa muß er schon gewesen sein. Er hat nicht nur die erste Brücke über einen Grenzfluß gebaut, sondern sich auch als Schriftsteller einen Namen gemacht, mag auch das Altherrenkollegium seiner Zeit und die Jugend unserer Zeit von ihm nicht immer eingenommen sein.

3 Privat – nun ja! – mit seinem Schwiegervater hatte er sich zerstritten, im Ausland hatte er sich in eine kleine Siebzehnjährige griechisch-mazedonischer Herkunft verliebt und er war keineswegs erbaut, als ihm der Bruder seiner blonden Freundin im Übereifer der Gastfreundschaft den Kopf – den abgeschlagenen natürlich! – des verflossenen Schwiegervaters präsentierte.

4 Vielleicht ist es auch ganz interessant zu wissen, daß er Frankreich und Belgien zu einer Verwaltungseinheit verband. Jedenfalls verstand er es, die Verwaltung und die Verfassung seines Landes derart umzukrempeln, daß er als einziger in der langen Kette seiner Nachfolger den Titel nicht trug, den sein Name dann bedeutete.

5 Es gibt eine berühmte griechische Biographie über ihn und als er starb, waren seine letzten Worte ebenfalls drei griechische – aber er war kein Grieche. Freund und Feind sahen zu spät, was sie verloren hatten.

Vereinfachte Variation

1 Wir suchen jenen Mann, der sowohl als Feldherr wie als Wirtschaftsfachmann die zerrüttete Währung seines antiken Landes stabilisieren konnte, die Veteranenversorgung durch Zuweisung von Parzellen für Schrebergärten sicherte.

2 Einer seiner Feldzüge führte über den Rhein, über den er erstmals eine Brücke schlagen mußte. Andere Feldzüge sicherten die Herrschaft seine Heimatlandes über heute Französisch sprechende Staaten.

3 Mit einer fremden jungen Königin verband ihn große Liebe. Sie lebte zur Zeit, als Alexandrias große Bibliothek abbrannte.

4 Bekannt ist es, daß er nicht auf übliche Weise geboren wurde, sondern seine Mutter bei seiner Geburt auf Grund eines Sektionsrates operiert werden mußte.

5 Obwohl er nach der Krone in seinem republikanischen Heimatland strebte, gelang ihm dies nicht, da ihn sein Adoptivsohn gemeinsam mit anderen Rebellen tötete.

41

1 Gesucht ist eine altbekannte Gemeinschaft für Schieber, die sich in den letzten Jahren modernerweise um etwa zehn Prozent vermehrt hat.

2 Wer sich mit der Gemeinschaft hobbymäßig oder sportlich beschäftigt, ist keineswegs zufrieden, wenn es „Sieben auf einen Schlag" heißt.

3 Zum Besuch bei der Gemeinschaft benutzt man die Bahn.

4 Wenn man es geschichtlich betrachten will, stand einst in Preußen der König nicht auf seiten des Kanzlers, hier aber steht Bismarck deutlich hinter dem König, wenn auch nur bei der alten Garde.

5 Die Gesellschaft empfängt einen gewöhnlich in Hallen und der gegenseitige Gruß ist ein rein materieller.

42

1 Schwankenden Ganges, meist illuminiert, hat er nie Geld,

2 ist nach dem dritten Viertel schon voll,

3 läßt sich, wenn er benebelt ist, den Hof machen,

4 dreht sich im Gegensatz zu Orpheus nach seiner Gesponsin nie um,

5 und sieht jüngstens recht betreten drein.

43

1 Gesucht ist die Triebkraft der Hausfrau, die unter anderem auch Alkohol liefert.

2 Ab Ende Juni hat sie bei uns nur Sommersprossen.

3 Wenn es nur ein bißchen warm wird, fängt sie zwar nicht zu schwitzen an, doch es geht aufwärts.

4 Wenn das nicht geschieht, bleibt später auch die Umgebung sitzen.

5 Sie gibt als Lebenszweck ununterbrochen Gas.

44

1 Der Gesuchte mochte keine Brillenträger und sein Großvater trug den Akzent auf der letzten Namenssilbe, was in der Heimat nicht der Brauch gewesen war.

2 Seine Auslandsreisen ließ er sich von Mäzenen bezahlen, obwohl er recht gut besoldet war und Jus studiert hatte.

3 Sein Vater, ein wohlhabender Rentner, züchtete zum Verdruß der Sprößlinge im Garten Tiere, die nur eine bestimmte Blattart fraßen.

4 Der Gesuchte muß Sohn, Gattin und Enkelin begraben und liebt in seiner Jugend eine Elsässerin.

5 Er erfand eine Art Tantiemenbezugssicherung über den Tod hinaus, so daß seine Familie, obwohl das damals gar nicht üblich war, noch jahrzehntelang Einkünfte aus seinen Werken bezog.

6 Eines seiner Jugendwerke hatte eine Art seelischer Entzündung als Seuche zur Folge, aber auch eine modische Extravaganz, nämlich Stiefeln mit Stulpen.

45

1 Wer ist das normalerweise als Raumpfleger angestellte Wesen, das nach Betriebsschluß bestimmt nicht wiederkehrt, doch einmal zum Besten eines jungen Betriebsangehörigen sogar Schlepperdienste leistet und noch dazu in der Freizeit?

2 Offenbar ist das Gesuchte ein stachanowistisches Wesen, zudem ein durch Spaltung verschiedener Zellen entstandener Zwilling.

3 Obgleich der genannte junge Betriebsangehörige zu einem Sympathiestreik aufzurufen sucht, fehlt es ihm an Autorität und das Plansoll wird weit überschritten.

4 Gesuchter und Konsorten spielen in der klassischen Literatur eine tragende Rolle und der junge Mitspieler hat bald eine Wasserhose an.

5 Wenngleich längst erwachsen, müssen sich die Zwillinge dann auf Befehl eines Spätheimkehrers „ins Winkerl" stellen.

46

1 Gesucht wird eine Gesandte, wenn auch keine geschickte, die ihrer Verwandten einen Korb geben sollte.

2 Diese Verwandte scheint Mehlspeise und Alkohol gern zu haben.

3 Im baumbestandenen Gelände sammelt die Gesuchte Pflanzen und erzählt einem Vierfüßer ihren Besuchsplan.
4 Am Ziel angekommen, beginnt ein Fragespiel, wobei Ohren, Augen, Nase und zuletzt der Mund zu groß geraten scheinen.
5 Schließlich verschwindet die Gesuchte in einer Einbahn und muß dann mitsamt ihrer Verwandten durch Kaiserschnitt herausgeholt werden.
6 Das gesuchte Mädchen heißt nach ihrer eigenen Behauptung.

Variation

1 Ein Mutterkuchen mit Alkohol veranlaßte den Waldlauf der gesuchten Person.
2 Deren Taufpate ist des Menschen Höchstes.
3 Ein Besucher der alten Dame ging als Transvestit zu Bett, um den nächsten Besuch zu täuschen.
4 Ein Quiz am Bett, weil sich die Gesuchte über allzugroße Körperteile wunderte, stillte den Wolfshunger.
5 Waidmannsheil brachte die gesuchte Person durch eine Art Kaiserschnitt zur Wiedergeburt plus Omama.

47

1 In Rom war sie verkehrt los.
2 Nach wissenschaftlicher Prognose wird sie groß und rot werden.
3 Für gewisse kleinste Quantitäten ist sie acht Minuten entfernt.
4 Im Sommer ist sie weiter weg von uns als im Winter.
5 Am Äquator steht sie immer um sechs Uhr auf.
6 Früher galt sie als unser Trabant, doch seit Hunderten von Jahren sind wir nicht mehr ihr Bahnmittelpunkt.

Variation

1 Jahrtausende war die Gesuchte nur Trabant, dann Mittelpunkt, jedoch kein Star.
2 Im Juli wird schneller um sie gerannt, aber sie ist kein Preis.
3 Ihre Scheibe, ihre Blume, ihr Rad sind Embleme.
4 Ihr König hat Finanz- und Damenprobleme.
5 Wenn sie aufgeht, wird einem warm ums Herz, aber sie ist keine Patience.

48

1 Seine Großmutter wurde Braut am Brunnen vor dem Tore.
2 Sein Oheim litt an Schwindel, sah wie ein Gammler aus und ist gerichtsbekannt.
3 Seine Tante, die etwas miese, hatte früher geheiratet als die Mutter, und zwar einen Vetter. Eh der sie bekam, hatte er zweimal sich sagen müssen: „Sieben Jahr sind um."
4 Nun, der Gesuchte wurde im Ausland Wirtschaftsminister, da er auswanderte, nachdem er sich in der Heimat verraten und verkauft gefühlt hatte.
5 In eben diesem Ausland hatte er ein Techtelmechtel, das ihn zu einem Striptease veranlaßte.
6 Nun ließ er seine Familie nachkommen, die, wie viele Besuche endlos blieb, nämlich vierhundert Jahre.
7 Der Gesuchte ist gewissermassen „Mitautor" eines der meistgelesenen Werke der „Weltliteratur". Er sagte nämlich seinem traumhaften König die Depression nach der Konjunktur voraus.

49

1 Als man dem gesuchten Ding seine Wirkungsstätte immer mehr verkleinerte, traten allmählich Unruhen auf.
2 Obwohl es Takt, Beharrlichkeit und harmonische Bewegungen zeigt, meinen doch die meisten mit Recht, daß es aufgehängt gehört.
3 Die geradezu sture Beibehaltung der von ihm eingeschlagenen Richtung brachte einmal einen Franzosen zum Auf-die-Wand-einer-Kuppel-Klettern.
4 Je kleiner es ist, um so flinker ist es.
5 Manche versuchen damit Goldadern, Wasseradern und kranke Schlagadern zu entdecken.

50

1 Die einzige erhaltene Großplastik der Antike steht in der Gesuchten, der Meeresbraut.
2 Die griechische Insel Euböa nannte man in der Gesuchten Negroponte, als diese die Insel besaß.

3 Auf bestimmtem Platz wird jedermann betäubt.
4 Ihr Strand ist gar nicht ihr Strand, sondern isoliert.
5 Das Charakteristische sind daselbst asymmetrische Vehikel.
6 Der bekannteste Attila hätte sie gerne erobert.

51

1 Gesucht ist jener bayrische Weberssohn, der selber auch Weber sein mußte, um leben zu können. Er bekam dabei Tuberkulose, die sein ferneres Leben entschied, denn nun mußte er die Weberei aufgeben und gedachte seinen Herzenswunsch, studieren zu dürfen, mit seinen Ersparnissen zu finanzieren.
2 Nach heutigen Begriffen wurde er Werkstudent, denn er mußte nebstbei als Bauernknecht arbeiten, aber seine Krankheit behandelte er mit heroischen Mitteln selbst und siehe da – er genas.
3 Nun hätte er gern andere auch behandelt, aber da er nicht Medizin, sondern Theologie studiert hatte, faßte er mancherlei Strafen aus, selbst dann noch, als er als geistlicher Vater zu den Dominikanerinnen eines bayrischen Klosters kam.
4 Zweiundfünfzig Jahre war er alt, als das deutsche Gesetz ihm die Kurierfreiheit zugestand und er nun seinen Ideen durch Kuranstalten, Lehrbücher und allerlei volkstümliche Reklame freie Bahn schaffen konnte.
5 Zahlreiche Anhänger seiner Lehren brachten ihm ein großes Einkommen, das er samt seiner Anstalt testamentarisch den Barmherzigen Brüdern und Heimen für Mittellose hinterließ. Er starb 1895 an einem Unterleibskarzinom, das er nicht operieren lassen wollte, vierundsiebzig Jahre alt.

52

1 Wer verbirgt sich hinter Frau Mallowan, die im Krieg an der französischen Front bis 1918 als Pflegerin diente und Opernsängerin werden wollte.
2 Sie liebt gutes Essen, Theater und verabscheut Interviewer.
3 Ihre Ehe ist glücklich, was sie zu dem Ausspruch verleitete, das sei selbstverständlich, denn ihr Gatte schätze alles um so höher, je älter es sei. Kein Wunder, denn er ist Archäologe.

4 Blutrünstig wie sie ist, lebt sie trotz ihres hohen Alters noch immer von Mord und Totschlag, ja sie hat sogar jüngstens ihr Lieblingskind ermordet, ehe sie kürzlich selber starb.

5 Die Gesuchte steht, was die Auflagenhöhe ihrer Werke betrifft, an vierter Stelle der Autoren der Erde.

53

1 Die Heimat der gesuchten Vierlinge ist Chios, die griechische Insel. Sie waren jedoch später in Konstantinopel auf Rennstrecken stets zu Hause.

2 Bei einem Angriff auf die Stadt wurden sie geraubt und auf eine Adriainsel gebracht. Angesichts ihrer Herkunft könnte man sie als „Raub“tiergruppe bezeichnen.

3 Hier gelangten sie zu hohem kirchlichen Rang und Stand, verloren aber dabei den Boden unter den Füßen.

4 Ohne Raupe zu sein, hat das Gesuchte sechzehn Beine.

5 Einer der Synoptiker, zugleich Patron der Insel, gewährt ihnen Standrecht, mit der Aussicht zwar nicht auf Sieg, sondern auf Platz.

54

1 Der Freund des Gesuchten hatte den ersten „Erdapfel“ in Europa bekanntgemacht, lebte in Lissabon – doch der Gesuchte hielt es mit Barcelona.

2 Der Gesuchte, Wollweber, wollte den Sarazenen in den Rük-ken fallen, um Jerusalem zu befreien; es wurde nichts daraus.

3 Ausgesprochener Seefahrerfreund, guter Zechkumpan, aus einer Dogenstadt stammend, wurde er berühmter Pate eines Vogelprodukts.

4 Trotz vielfacher Reisen unterschätzte er die Entfernung nach Ostasien um ein gutes Drittel.

5 Schließlich ließ er sich ein paar Schiffe bezahlen, die für damalige Zeiten höchst modern, einen kleinen Tiefgang, jedoch größte Seefestigkeit hatten. Für seine Leistung verlangte er recht geschäftstüchtig zehn Prozent Provision mit Goldklausel und einen Großadmiralstitel – und bekam's.

55

1 Nach dunklen Jugendjahren wurde die Gemeinschaft am Hof zugelassen.
2 Die Aufsässigen in Uniform hielten aber die Zügel des Regimes auch weiterhin fest in der Hand.
3 Die Gemeinschaft beging anfangs mancherlei Taktlosigkeiten, Falläpfel waren keine Seltenheit und so mancher Aufstand ging fehl.
4 Die Gemeinschaft ist zwar nicht herren-, wohl aber damenlos.
5 Obwohl sie nie eine Mittelschule besucht haben, kommen sie ohne Hohe Schule nicht zu Ehren.
6 Trotz der strengen Schulung voller Kapriolen, wissen sie sich im Bedarfsfall auch auf die Hinterfüße zu stellen.

56

1 Obgleich die ganze Welt heute die Frauenarbeit eindämmt und zumindest die Vierzigstundenwoche eingeführt hat, hat bei dem gesuchten Kunstwerk der Künstler die Damen zu schwerer Dauerarbeit im Freien verurteilt und zwar einhundertachtundsechzig Wochenstunden lang.
2 Trotzdem sind diese Damen modern, denn sie haben Dauerwellen und die Falten der Gewänder sind permanente Falten, also Dauerfalten.
3 Sonne und Wasser tun ihnen nichts an, mögen sie auch den Teint schädigen – aber immerhin geschieht das seit mehr als zweitausend Jahren.
4 Diese Schwestern haben wohl ein Dach über dem Kopf, aber ihr Hausherr, ein echter Erdensohn, von der Gottsobersten protegiert, vergönnt ihnen nur ein windiges Quartier.
5 Eine der Schwestern ist offensichtlich verlorengegangen und ein unbekannter Restaurateur hat eine neue Dame unterschoben.

57

1 Für Damen bestimmt ist mein Durchmesser rund 3,5 mm. Mit Spannung und Unruh sehe ich einem Käufer entgegen, bin sehr in mich gekehrt.

2 Politisch desinteressiert, leite ich meinen Raumgenossen einmal mehr nach rechts, dann wieder nach links, bis zu 432.000mal im Tag.

3 Rubin hab ich gern um mich, ich bin zu hartem Lager verurteilt, sehr dünn, vertrage fast kein Fett und möchte mich am liebsten den ganzen Tag entspannen.

4 Früher bin ich sehr heikel gewesen, heutzutage verwendet man, um mich vor Klimaeinflüssen und Temperaturfühligkeit zu schützen, für mich Nickel, Chrom, Wolfram, Beryllium und ähnliches.

5 Wenn ich mich ganz entspanne, scheint die Zeit stillzustehen.

58

1 In des Gesuchten Türkisminen wurde das Alphabet erfunden. Als er ägyptisch heiratete, bekam er den Gazastreifen als Mitgift.

2 Seine Mutter war mit einem hethitischen Briefträger verheiratet gewesen.

3 Sehr klug und musisch begabt – ein Erbteil seines Vaters – beurteilte er eine Mutter richtig, die ihr Kind ganz haben wollte.

4 Phönizier bauten sein berühmtestes Baudenkmal, das mit kostbarem Zedernholz ganz verkleidet wurde.

5 Seine ausländische Freundin wurde Stamm-Mutter eines afrikanischen Volkes.

59

Wer ist es?

1 Gleich Ödipus: Die Mutter ist die Braut.
Für sie wird extra groß das Wiegenbett gebaut.

2 Die Schwestern nähren sie, sind selber nie getraut.

3 Sie sind für eine Fliegerlaufbahn wie gemacht.

4 Nach einziger Benützung
gibt's keine Arbeitslosenunterstützung.

5 Sie tanzt nur einen Sommer lang und fällt dann in der Schlacht.

60

1 Gesucht eine Mexikanerin, die am Hof Montezumas dem Kakaokränzchen erst rechte Würze verlieh.

2 Hochgewachsen versah und versieht sie bei Bronchitis und manchen anderen Infekten medizinische Aufgaben. Sie wirkt aseptisch.

3 Obwohl sie bei uns gewöhnlich recht runzelig ankommt, war sie in ihrer Jugend recht prall. Ihr dunkler Teint ist nicht angeboren, sondern erst nach langem Schwitzen erworben. Tägliche Sonnenbäder über mehrere Stunden trocknen ihre Haut aus.

4 1822 wurde sie von Franzosen nach Madagaskar verschleppt. Da war die Enttäuschung groß, als sie keine Nachkommen zur Welt brachte. Erst spät kam man darauf, daß die Bienen fehlten.

5 Auch ihr Aroma läßt sich heute auf chemischem Weg ersetzen. Wir würden sie als Orchidee klassifizieren.

61

1 Gesucht wird ein zwei Meter langer Kerl, der mit einer Aluminiumkniescheibe und zwei Frontmedaillen aus dem ersten Weltkrieg nach Hause kam.

2 Vom Vater hat er die Statur, von der Mutter aus sollte er Musiker werden, er war mit Hauskammermusik aufgewachsen, aber auch mit Schießgewehr und Angelrute, den Leibgeräten seines Vaters. Nach solchen Auspizien ist es kein Wunder, wenn er ausriß und Boxer und Fußballer wurde.

3 Nicht genug damit, auch als Stierkämpfer trat er in Spanien auf, gleichzeitig allerdings als Zeitungskorrespondent in Frankreich im Anschluß an eine Asienreise.

4 Das Leben treibt ihn herum: Tunis, italienische Front, Paris, Spanien – lauter Erlebnisse, die in seinen Schöpfungen ihren Niederschlag finden. Kriegsschauplätze scheinen sein Abenteurerblut zu entzünden, denn im spanischen Bürgerkrieg ist er Berichterstatter. 1941 ist er das gleiche in China, wo er mit dem Flugzeug abstürzt. Aber dem Mutigen hilft das Glück. Seine vielen Unfälle sind geradezu sprichwörtlich – er überlebt alle: Beim Fischen in der Adria eine Augenverletzung und

die Sepsis darauf, noch ein paar Abstürze und mehrere Ehen, Autounfälle in London etc.

5 Dieser Tausendsassa nimmt neben der Großwildjagd in Afrika sich Zeit für eine Safari, wird Hochseefischer in Kuba und ist in seinem Heim in Florida nur sehr selten – dann aber lohnt es, denn seine Bücher bringen ihm den Nobelpreis ein.

62

1 Das Werk eines Dichters, das den Gesuchten zur Hauptfigur macht, setzt mit der Schilderung der achten Woche nach Ostern ein.

2 Er trägt den gleichen Namen wie ein Insekt.

3 Von Damen wird er um so mehr geschätzt, je mehr sein Haar blau oder silbern ist.

4 Ein Werkzeug trägt den Namen eines seiner Körperteile.

5 Er ist Held vieler Erzählungen und Gedichte, in denen er fast stets eine besondere Charaktereigenschaft verkörpert.

63

1 Obwohl die Schnecke zu den Weichtieren zählt, sitzt sie bei der Gesuchten hart am Ende der Wirbelsäule.

2 Vier Wirbel haben, wenn auch verschlüsselt, meist eine dunkle Vergangenheit im Ausland.

3 Auch weitere vier Schwestern sind dabei, die ebenfalls von dunkler Herkunft sind, zum tierischen Innenleben gehörten, mit einer Ausnahme: eine davon ist nämlich ein bisserl versponnen.

4 Wenn sie „auf den Strich gehen", singen sie im Chor, sonst nacheinander.

5 Schrullen scheinen sie genug zu haben, denn wenn sie nicht faul im Kasten liegen, noch dazu auf dem Bauch der Gesuchten, dann sind sie bei der Arbeit stets gespannt auf das Kommende, lassen einen Frosch um sich herumhüpfen und ihretwegen mußte zumindest früher ein Roß sich Haare raufen lassen.

6 Obgleich weit und breit kein Wasser zu sehen ist, geht jede partout auf einer eigens für sie angelegten Brücke über eine Art Viadukt.

7 Ihre Stimmung ist labil, kaum setzt man ihnen eine sehr gedämpft ausgesprochene Sardine vor, werden sie ausgesprochen gedämpft.

64

1 Der Gesuchte wäre als eine Art Rotmützen-Rumpelstilz mit Halskrause anzusprechen, als er gerade hüpfte.
2 Er und seine Familie sind echte Sommersprossen.
3 Es handelt sich im Grund um eine recht dunkle Existenz, nur wenn's dann um's Trinken geht, fühlt man überirdische Bedürfnisse.
4 Wie Churchill, der ehemalige englische Premier, ohne Schirm keinen Augenblick! Nie ohne Hut ins Freie! Wobei beide identisch sind.
5 Alle erschienenen Tagesblätter mit sich schleppend, bodenständig, schollennahe und geradestehend gegenüber der Umwelt, verdient er sich seine Sporen als Rotkäppchen, wenn auch nicht fleckenlos.

65

1 Gesucht wird ein Kanonikus, der gleichzeitig Arzt war und mit Hilfe von drei Stäben eine revolutionäre Theorie aufstellte.
2 Er regulierte das Münzsystem seines Landes und baute für ein Ordenskapitel eine Wasserleitung – obgleich er weder Finanzmann noch Baumeister war.
3 Vielmehr erschien ihm sein bedeutendstes Werk selber so kühn, daß er es dem Papst Paul III. widmete und sich in seiner Vorrede gewissermassen ob seines Wagemutes entschuldigte.
4 Um seine Zugehörigkeit zu ihrer Nation streiten und stritten sich zwei benachbarte Völker. Heute ist seine Vaterstadt wieder Eigentum des Staates, dem sie auch zu seinen Lebzeiten angehörte, wiewohl sie in den seither vergangenen fünf Jahrhunderten ihre Zugehörigkeit wiederholt wechseln mußte. Ein großes Denkmal ehrt den großen Sohn.
5 Er war auch als Anwalt seines Ordens gegen den Deutschen Ritterorden mit viel Glück tätig und ist auch zeitlebens nicht

aus seinem Orden ausgetreten. Er starb kurz nach der Veröffentlichung seines umstürzlerischen Lehrsystems, das heute noch seinen Namen trägt.

66

1 Gesucht ist ein doppeltes, nahrhaftes Vorgebirge, Kap der Guten Hoffnung, bereits den Sumerern bekannt.
2 Inhaber ist die halbe Menschheit.
3 Zwei Flüsse entspringen daselbst, im Innern befinden sich zahlreiche Gänge, trotzdem wird kein Bergbau betrieben.
4 Obwohl es auch keine Landwirtschaft gibt und außer ein paar Zwiebelgewächsen nichts gedeiht, nährt sich ein Großteil der Weltbevölkerung davon, obgleich der Vorrat meist nur für ein paar Monate auslangt. Es ist wetterunabhängig und war bereits einmal im Weltraum.
5 Früher hat man es als Lebensmittellieferant oft gemietet oder gepachtet und ihm die Jugend anvertraut.
6 Erst wenn es, tief gesunken, materiellen Halt bei Chirurgen oder Miedermachern sucht, darf es sich wieder zu den gehobenen Schichten der Gesellschaft rechnen.

67

1 Gesucht sind die Erfinder jenes mehrfach verschobenen Tages, der unter Roosevelt am vierten und seit 1941 am dritten Novembersonntag gefeiert wird.
2 Es handelt sich um Emigranten aus religiösen Gründen, die aus einem damals und heute für sie ausländischen Hafen abfuhren.
3 Zwei Schiffe wurden ihnen unbrauchbar auf der Reise und so siedelten einhundertzwei mit königlicher Erlaubnis in Übersee.
4 Nach einem sehr schlechten ersten Winter fing die Kolonie sich zu erholen an und das zweite Jahr wurde ein Ernteerfolg.
5 Diese Niederlassung im Land, das nach der jungfräulichen Königin hieß, brachte gute Verbindung zu den Indianern daselbst und heute ist man stolz, von den Gesuchten abzustammen.

68

1 Michelangelo hätte neben der gesuchten Person begraben sein sollen, aber die Person war nicht da, wo sie hingehört hätte.

2 Die Reichsfluchtsteuer des Dritten Reiches hatte ein Pendant zu Lebzeiten der Person: Wenn sie tüchtig zahle, könnte sie wieder unangetastet in der Vaterstadt leben, was von ihr entrüstet abgelehnt wurde.

3 Seine Frau muß es nicht leicht gehabt haben: Sie mußte sich mit den drei Rangen herumbalgen, während der Herr Gemahl eine Altersgenossin glühend verherrlichte, die allerdings jung gestorben war.

4 In seinem Hauptwerk läßt er die Dame als Hosteß für Fremde in einem gastlichen Landstrich sich betätigen.

5 Obwohl adelig, neigte er dem Bürgerstand zu.

6 Nicht einmal den Titel seines wichtigsten Werkes ließ man ungeschoren, ein Buchhändler glaubte den schlichten Gattungsnamen des Titels durch ein Epitheton ornans seit mehr als 200 Jahren verschönern zu müssen. So wird das Werk heute meistens genannt.

69

1 Gesucht ist ein Pharisäer, Sohn eines bemittelten Textilhändlers, 5 vor Christus geboren; kein Dutzendmensch, doch einer von einem Dutzend.

2 Er konnte sich in mehreren Sprachen gut ausdrücken, darunter auch in der jenes Reiches, dessen Heimatrecht er besaß. Wir kennen ihn am besten unter seinem angenommenen Namen.

3 Der Kleinasiate machte viele Reisen, sehr oft zu Fuß. In Korinth errichtete er mit einem Zunftgenossen einen Laden, in dem er seine Erzeugnisse verkaufte, aber gleichzeitig für sein eigenes Lebensziel kräftig Propaganda machte.

4 Seine Korrespondenz, weltweit, ist phänomenal und zählt zur Weltliteratur.

5 Im Widerspruch zu eigenen Jugendansichten heimgekehrt, wurde er mit Mühe von römischen Soldaten aus einem Trubel heraus gerettet, da man ihm nur zu gerne aus Konkurrenzgründen den Prozeß gemacht hätte.

6 Aber selbst seine Berufung vor dem Statthalter und dessen Nachfolger beschleunigt seinen Prozeß, Aufrührer und Geschäftsstörer zu sein, nicht. Er beruft sich auf seinen Kaiser und muß deshalb nach Rom fahren.
7 Bei dieser Reise strandet er auf einer später englischen Insel, und auch in Rom muß er noch lange auf den Prozeß warten. Man weiß nichts Genaues: Wurde er freigesprochen? Ging er nach Spanien? – Die Legende sagt, er selbst habe sich das Urteil auf Tod gesprochen.
8 Ein Ausspruch von ihm, dem Sechziger, ist allbekannt: „Tod, wo ist dein Stachel, Hölle, wo ist dein Sieg?"

Variation

1 Gesucht ist ein in einem Seewinkel geborener Handwerker, der zum hochgebildeten Briefschreiber wurde.
2 Er war nicht eben auf die Ehe erpicht, sein Name, wenn man ihn ins Deutsche übersetzen wollte, bedeutet „Kleiner".
3 Asiate von Geburt, landete der Schiffbrüchige an der Küste einer heute frischgebackenen Republik.
4 Erst Verfolger, dann Verfolgter, flüchtete er aus dem Libanon.
5 Sein Gesinnungswechsel machte ihn zum Größten seiner Gruppe. Nicht wohlgelittener römischer Bürger, hat er wohl selbst gelitten.
6 Kleinasiatische Kitschsouvenirhändler fürchteten für ihr Geschäft in einer Küstenstadt und inszenierten Terrorakte.

70

1 Während ein Roßkutscher vorne auf dem Bock sitzt, ein Phaetonlenker hinten auf dem Wagen steht, steht der Gesuchte hinten oben auf dem Wagen, allerdings nicht zu den Zeiten des Pyramidenbaues in Ägypten.
2 Für die Schiffahrt und die Arktisforschung ist er von richtunggebender Bedeutung gewesen.
3 Die Kapstadtbewohner und die Australier kennen ihn nur vom Hörensagen.
4 Tagsüber sehen und hören wir nichts von ihm, er führt ein ausgesprochenes Nachtleben.

5 Obwohl er nahezu der Mittelpunkt hochstehender Kreise ist, machen gerade deren Mitglieder mehr oder minder große Bogen um ihn.

71

1 Im Gegensatz zum Wasser bedeckt die Gesuchte nur fünfzig Prozent der Erdoberfläche.
2 Sie kommt in Singapore um 6 Uhr abends an.
3 Sie ist eine Zwillingsmutter und die beiden Söhne sind rechte Tagediebe. Man muß bei ihnen schon beide Augen zudrücken.
4 Von Beruf ist die Gesuchte Färberin, aber so stümperhaft, daß sie nur eine Farbe produziert, die noch dazu gar keine ist.
5 Wer sie plissiert, hat zwar keine Kopfhörer, aber Antennen.

72

1 Das Gesuchte findet sich im Erdboden, sicher auch in Sonne und Mond.
2 Goethe verwendete es bei seiner Unterschrift (Lessing praktisch niemals), und auch andere Poeten, so zum Beispiel der in Paris vom Blitz getroffene österreichisch-ungarische Poet Oedoen von Horvath, der es sogar viermal angewendet hat.
3 In menschlichen Nahrungsmitteln kommt es nicht vor.
4 Kurz gesagt versinnbildlicht es ein lebenswichtiges Element.
5 Es steht im Herzen der Ewigen Stadt, und zwar mitten in jedem Dom und hat schon in der Renaissance das Ende des Michelangelo angezeigt.

73

1 Gesucht ein Roßtäuscher, der die Golddeckung aufgegeben hat und nunmehr eine vierfach sprudelnde Nahrungsquelle sich erschloß.
2 Das geschah, weil er zwar nicht den Stier, aber dessen Frau bei den Hörnern gepackt hatte.
3 Obgleich er nun bei seinen verschiedenen Transaktionen durchaus von Pech verfolgt war, hatte er auf seiner weiteren Reise ausgesprochen „Schwein".
4 Denn statt des Pleitegeiers hatte er bald einen anderen Vogel.

5 Als ihn aber ein Zufallsbekannter überzeugte, daß mit dem Kielholen nichts zu holen sei und er mit Posen nichts anzufangen wußte, bekam er Federn: Er trennt sich vom Vieh und wurde steinreich.

6 Bei einer hydrotherapeutischen Kur wurde er seinen Stein los – man könnte ihn Johannes Felix, den Täuscher, nennen.

74

1 Der Gesuchte treibt den Feind bis zum Tigris – es war Mithridates.

2 Er baute sich eine Privatbibliothek, deren eifrigster Besucher Tullius Erbsenmann war.

3 Selber reich geworden, trieb er die Abgaben der Provinz so lax ein, daß man ihm einen vorgesetzten Aufseher beigab.

4 Gekränkt setzt er pensioniert Kummerspeck an in seiner römischen Villa und frißt und frißt.

5 Zu Unrecht macht man ihn zum Importeur einer längst bekannten Obstsorte, er machte sie bloß populär.

6 Aber er unterbrach die Hirntätigkeit der Flamingos und verpflanzte die Herzen von Nachtigallen sowie ihre Zungen in die Speiseröhre.

75

1 Irrtümlicherweise hielt man den gesuchten Flieger in Europa für einen Inder, obgleich er aus der Neuen Welt stammt.

2 Als Emigrant aus Übersee zwangsdeportiert, kam er nach Spanien.

3 Da alles, was aus dem Mittelmeerraum nach England kam, für islamisch angesehen wurde, hielt man ihn daselbst für einen Türken.

4 Obwohl Radschlagen sicher nicht sein Fall war, nannten ihn die Italiener einen indischen Pfau, und die Franzosen ließen sogar den Apostroph weg, wenn sie ihn nannten.

5 Der moderne Restaurateur und Maler Malskat wurde durch ihn eines anachronistischen Fehlers überführt, da der Gesuchte auf einem Fresko aufschien, das zu einer Zeit entstand, als es den Gesuchten in Europa noch gar nicht gab.

Stecker

76

1 Wer ist der junge, hochgeborene Schweizer, der bald ins Ausland geht und sich dort durch enge Verhältnisse zur Freiheit durchkämpfen muß?
2 Er kehrt nie mehr in die Heimat zurück, in der er die Höhepunkte seines Daseins erlebt hatte.
3 Mag man ihn auch vorher einen grünen Jungen genannt haben, er bringt es im Ausland doch so weit, daß die Hauptstadt dieses Landes nach ihm benannt wird.
4 Mit einer Schwarzwälderin zur Linken verbunden, behält diese nach offenbar archaischem Recht matriarchalisch ihren Namen und bringt in die Verbindung eine kleine Tochter mit.
5 Von diesem Augenblick an geht es weiter abwärts mit ihm.
6 Nur vorübergehend hält er sich in der Stadt eines Erzbischofs auf, an dessen Hof der Dichter des Nibelungenliedes gelebt haben soll.
7 Sein Einfluß allerdings reicht bis weit hinter den Eisernen Vorhang.
8 Gemeinsam mit der Lebensgefährtin und den Kindern geht er nach allerlei technischen Leistungen neuerdings ins Ausland und stürzt sich dort mit seiner ganzen Sippschaft nicht ganz freiwillig, sondern offenbar unter dem Einfluß der Gravitation, ins Schwarze Meer.

77

1 Ich bin arabischen Ursprungs und trage vorne eine Rosette.
2 Obgleich ich kein Vereinsmeier bin, halte ich doch den Bund für wesentlich, nur Chöre halte ich mir vom Hals.
3 Gold und Silber läßt mich kalt, wenn man's nicht gerade singt.
4 Ich gelte als romantisch, ja als sentimental, und das Sonderbare ist, daß mich die Menschen zuerst um den eigenen Hals nehmen und dann erst um den meinen.
5 Anatomisch bin ich seltsam, weil ich den Bauch hinten habe, keine Flanken besitze, mit allem Möglichen verbandelt bin, und man muß mich schon tüchtig schlagen, bis ich meine Stimme hören lasse.

78

1 Wer ist der Bergwerkslaborant in Schwaz, der daselbst Alchemie unterrichtete, so daß er als Erfinder der pharmazeutischen Chemie gelten kann?

2 In Regensburg wurde er Autor des Paragranum und Paramirum.

3 In Basel überwarf er sich als Hochschullehrer mit Magistrat und Kollegen, ging auf Wanderschaft und predigte die Asepsis in der Wundbehandlung.

4 In St. Gallen schrieb er religiös-philosophische Schriften. Sein Hauptwerk jedoch, in Augsburg herausgegeben, dient einer anderen Fakultät, ist erstmals nicht in Latein geschrieben.

5 Einer seiner Vornamen bedeutet „Wattepolster auf der Schulter“ und sein Adel ist anzweifelbar, seine chemischen Entdeckungen, nämlich die Salze, nicht.

79

1 Gesucht eine Dame, deren Lebensdrama im heutigen Rußland spielt.

2 Ein Maler porträtierte die erdachte Dame und nahm dazu eine schöne, nicht ganz einwandfreie Römerin als Modell.

3 Ein Willibald nahm sich ihrer nach Noten an.

4 Ihretwegen ließ die Mutter das dreifache Palindrom „als nasser“ (Austriazismus) umbringen.

5 Ihr Bruder hieße zu deutsch: Bergsteiger oder Bergfex.

Variation als Kurzstecker

Drama einer Dame, die, von Willibald besungen, von Johann bedichtet, im heutigen Rußland trauert, nach einer nicht einwandfreien Italienerin von Anselm gemalt, deren Mutter auch Vater mit dreifachem Palindrom tötete und deren Bruder Bergfan heißt.

80

1 Nach vier Jahren im Souterrain besuchen die Gesuchten den Verwandten dritten Grades im Bett; verwandt allerdings nicht mit ihnen.

2 Die Schildträger bewegen sich auf einer Kriechspur.
3 Sie bevorzugen den Spätfrühling und sind als Vegetarier sehr hartleibig.
4 Die nächtliche Ruhestörung bezahlen sie mit dem Leben.
5 Der Onkel heißt Friedrich, der Vater Wilhelm, deswegen sind sie aber noch lange keine Preußen.

81

1 Der Gesuchte sticht und kriecht seit dreißig Millionen Jahren auf Erden.
2 Er tritt jetzt – und trat seit je – gegen Schwaben auf.
3 In China ist er seit ungefähr viertausend Jahren Stammeszeichen, also Totemzeichen.
4 Das Auto ist derzeit sein Hauptfeind, weil da auch die bestgekonnte Hauptrolle nichts nützt.
5 Seine Waffe wechselt er einmal im Leben.

82

1 Der Gesuchte hatte sich im Burenkrieg ausgezeichnet, kehrte hochdekoriert in seine Heimat zurück, erhält den Titel Feldmarschall, tritt aber bald zurück und widmet sich einer neuen Sache.
2 Sein Name ist Robert Stephenson Smith und sein Adelstitel Lord of Gilwell, aber bekannt ist er nur unter seinem Adelszunamen. Er starb im afrikanischen Kenia.
3 Im Sommer 1907 bildete er auf der Kanalinsel Brownsea drei Gruppen meist Jugendlicher, die eine eigene Bekleidung, spaßeshalber auch Tiernamen bekamen. Die Bewegung erfaßte bald 50.000 Engländer und wurde schließlich weltweit bekannt.
4 Analoge Verbindungen gibt es auch für das weibliche Geschlecht, die von Frau und Schwester des Gesuchten angeführt wurden. Er trug den Beinamen B. P., war sehr beliebt und ging auch in hohem Alter noch gleichgekleidet mit seinen Anhängern.
5 Die Kongresse dieser Vereinigung haben einen indianischen Namen und die Grundsätze sind seit fast siebzig Jahren unverändert.

83

1 Übersetzt heißt sie Fürstin und ihretwegen verlor ein Arabervorfahr das Erstgeburtsrecht.

2 Man könnte sie geographisch ihrer Abstammung nach als Urmutter bezeichnen.

3 Ein von ihr bewirtetes Terzett prophezeit eine unglaubliche Fortpflanzung.

4 Ihr Gatte, ein Emigrant, hätte fast sein Kind umgebracht, wenn nicht der Auftraggeber des Mordes dafür ein Schaf angenommen hätte.

5 Lacht man einsilbig in die Gesuchte hinein, wird es wüst sein; aber umgekehrt holt man aus einer Wüste einen Lacher heraus, so wird aus einer Afrikanerin eine Asiatin.

84

1 Außer dem Kopf hat *er* vieles gemein
mit dem alten Wallenstein.

2 Dieser machte Geschichte,
jener Schichte auf Schichte.

3 Dieser machte in Kämpfen,
Gesuchter oft mit Krämpfen.

4 Dieser wollte Äußerstes erstreben,
Gesuchter gehört zum Innenleben.

5 Dieser war sicher ein Streber,
Gesuchter liegt neben der Leber.

85

1 Auch als Erwachsener spielte er gern mit dem Kreisel, kaufte sich Gamaschen und Zylinder, die in seiner Heimat nicht gang und gäbe waren.

2 Seine Fußstapfen in Beton werden als Heiligtum verehrt, er war Jurist, wenngleich er eigentlich Mediziner werden wollte.

3 Seiner Frau namens Kasturbei entfremdete er sich ganz, nachdem sie beide als Teenager geheiratet hatten. Zum Entsetzen seiner Hauptmieter in London spielte er Geige und wurde später als Spinner klassifiziert.

4 Klein, zart, drahtig ging er ohne Erfolg in eine Tanzschule, trug eine veraltete Nickelbrille und Mittelscheitel, solange es ging, und beobachtete mit Verachtung den Rassenkonflikt in Südafrika als Rechtsanwalt.

5 Die Religionskämpfe in seiner Heimat versuchte er im Kompromißweg zu schlichten, was ihm teilweise gelang, aber ihm auch den Zorn seiner Glaubensbrüder eintrug, so daß ihn ein solcher Fanatiker tötete. „He ram", o Gott!, waren seine letzten Worte.

86

1 Gesucht ist ein seltenes, bis dahin in dieser Gegend unbekanntes Lebewesen, das der Langobardenkönig Agilulf um 600 nach Christus von einem Awarenscheich als besondere Auszeichnung erhielt.

2 Sein Name würde Gazelle bedeuten, obwohl es sich bei ihm um keine Antilopenart handelt – viel eher müßte man ihn plump und ungraziös nennen.

3 Ein amerikanischer Berufsjäger, der allerdings keine Gazellen jagte, heißt fälschlicherweise nach diesem Geschöpf.

4 Als Ausdruck für einen klotzigen Tölpel verwendete Paracelsus als erster den Namen des Tieres.

5 Das gesuchte Tier wurde häufig zu harter Arbeit herangezogen, so daß die Studenten heute noch ihre allfällige Schwerarbeit danach benennen. Außerdem heißt das Synonym, also das Wort mit gleicher Bedeutung, für diese Studienarbeit: Ochsen.

87

1 Ein Lückenbüßer gesucht, er badet unfreiwillig literarisch.

2 Eine Verballhornung seines Namens erscheint ihm widernatürlich, weil die Voraussetzung seines Namens ein Hornvieh ist.

3 Jugendliche Provos treten gegen den Professionisten auf.

4 Wie einst das Kapitol, so treten auch hier Gänse vor dem Gelingen eines Meisterstreichs.

5 Radikale abdominale Wärmezufuhr heilt Erkältung mit Hausfrauenhilfe.

88

1 Gesucht: Fenster mit einem benannten Mittelloch, wobei Hülsenfrucht und Gelee dunkle Hintergründe erkennen lassen.
2 Obgleich kein Handwerker, darf man bei dem Gesuchten Brauen und Backen nicht vergessen.
3 Die daselbst entspringende solehaltige Therme wird zum Erweichen von Umweltherzen und Erschluchzen von Nerzen verwendet.
4 Ohne das Gesuchte wird nichts Ordentliches ersichtlich, das Dasein aussichtslos, das Schaugeschäft ohne Profit.

89

1 Ein einheimisches Männchen produziert in der Gesuchten ein Ei.
2 Vor ihm hatte ein Adam an dem gesuchten Ort zunftwidrig seine Eva angesungen.
3 Lange Zeit hatte man dort von Zelten gelebt, dementsprechend exportiert, bisweilen herzlich, bisweilen kerzlich, bisweilen mit Zelten mit aus Nektarinen stammender Beimengung.
4 Die Stätte ist übrigens sprichwörtlich dafür, daß man den Kreislauf des Hirns mittels eingeführter Röhre zünftig fördere.
5 Nicht nur Paris, sondern auch das Gesuchte ist eine Messe wert, besonders wenn man Kinderfreund ist.
6 Hysterische Gesetze und historische Prozesse sind danach benannt.

90

1 Ein Ding gesucht, das bei der Wahl der ersten Miß Universe als Siegesprämie ausgesetzt war.
2 Der erste Großgrundbesitzer wurde seinetwegen ausgesiedelt.
3 Zeitweise wohnen Mädchen oder andere Jugendliche darinnen.
4 Ein Jupitersprößling holte es einst in Goldwährung von fremden Damen ab.
5 Es ist das einzige Obststück, das unmittelbar dem Deutschen Reich angehängt werden konnte.
6 Sein erster Fall ließ einem Engländer die Erde attraktiv erscheinen.

91

1 Man macht die Wagenräder bei Rennwagen oft aus dem Gesuchten.
2 Zwanzig Kilogramm davon sind in jedem Volkswagen drinnen.
3 Es glänzt silbrig, ist aber nicht Silber.
4 Es ist ein Drittel leichter als Aluminium, aber es ist nicht Caesium.
5 Es wird heute aus dem Meer gewonnen und ein Liter Meerwasser enthält etwa ein Gramm, aber es ist nicht vielleicht Natrium.
6 Bei 200 Grad ist es in jede Form preßbar, aber es ist nicht vielleicht Glas oder ein anderer Kunststoff.
7 In der Medizin wird es bei Magen- und Gallenleiden benützt.
8 Als Kleinzusatz zu Aluminium macht es dieses ziehbar.

92

1 Gesucht ein englischsprechender „englischer König", der in der Straßenbahn nur schwarz fährt.
2 Er hat zwei Vornamen: der erste ist überall ein Vorname, der zweite ist bei ihm ein Vorname, in der Heimat des Namenspaten ein Zuname.
3 Das Hell-Dunkel hat es ihm angetan, wenn auch nicht das von Rembrandt.
4 Er ist promoviert und Sozialpolitiker und seine Urgroßeltern sind Afrikaner.
5 Er wurde vom norwegischen Parlament mit einer hohen Auszeichnung geehrt, als zweiter seiner Rasse, wenn auch nicht seiner Nation. Er lebt nicht mehr.

93

1 Zuerst bin ich eine weiße oder rosarote Kerze, aber nicht etwa eine für Weihnachten.
2 In grüner Jugend und weichen Herzens habe ich eine rauhe Schale.
3 Im Herbst äußere ich mich oft abfällig.

4 Je edler ich bin, desto sicherer muß ich das Martyrium des heiligen Laurentius durchmachen.
5 Wer mich öffnet, ist ein Entdecker, denn dabei sieht mich ein Menschenauge zum erstenmal.
6 Im Deutschen bin ich ein köstlicher Name.

94

1 Wir suchen jenen mit 36 Jahren verstorbenen Augustinermönch, der heute als einer der größten Söhne eines anderen Ordens angesehen wird.
2 Er ist heiliggesprochen, war Prediger und Universitätslehrer und sein Vaterland liegt im Süden Europas.
3 Als Erwachsener gehört er einem Bettelorden an, der besonders in Frankreich und Oberitalien wirkt. Er wird auch nach der Stätte seines Wirkens geheißen.
4 Er stirbt im Jahr 1231 in Italien, gilt seit ungefähr dreißig Jahren als Kirchenlehrer. Er ist adeliger Herkunft und hieß mit dem Vornamen Ferdinand.
5 Beliebt als Fürbitter bei Krankheit, Not und Elend, wird er auch angerufen, damit man Verlorenes wiederfindet. Er wird in der Franziskanertracht, meistens mit einer Lilie in der Hand, dargestellt.

95

1 Ein Gegenstand gesucht, einmal und nie wieder gebraucht, botanischer Herkunft, meistens gesellig erworben, der rund einhundertsiebzig Jahre alt ist und in vielen Ländern metallisch ersetzt worden ist.
2 Es ist mehr oder minder Geschmacks- und Erzeugungsangelegenheit, ob beim Kopf des gesuchten Dinges blond, brünett oder amaranthfarben vorgezogen wird.
3 Ein Dichter hat den Gegenstand im Titel eines kleinen Werkes genannt, wenngleich die darin genannte Chemie gegen heute ein wenig veraltet ist.
4 Wo man sich des Dinges bedient, kommt es stets zu mehr oder minder heftigen Reibereien, die meistens zu einem hitzigen Ende führen.

5 Obwohl seltene Erden, ein Kohlenwasserstoff und auch Elektrizität unseren Gegenstand eifrig konkurrieren, kehrt doch so mancher in treuer Freundschaft reuig zu Gesuchtem zurück, dessen Schutzpatron etwa Prometheus sein könnte.

96

1 Wenn man vom Haar des Gesuchten spricht, sollte man an eine Angoraziege denken.
2 Abraham erhielt das Gesuchte vom Pharao als Geschenk.
3 In Australien hat es sich eingewöhnt, es ist daselbst nicht heimisch.
4 Kyros besiegte den Krösus, weil die Lyder davor erschraken.
5 Es hat längliche statt runder roter Blutkörperchen und die Paarung erfolgt, wie sonst nie bei Familienangehörigen, im Liegen.
6 Eigentlich hat es eine Hasenscharte wie ebenfalls sonst kein Familienmitglied.
7 Obzwar es zweimal das gleiche frißt, hat es kein Horn oder Geweih.
8 Es kann ganz gut galoppieren, obgleich es dabei wie ein Schiff schaukelt.
9 Es besitzt eine Sparkasse für ein lebenswichtiges Element, aus Fettzellen bestehend.

97

1 Napoleon nannte die Gesuchte seinen besten General.
2 Ihr Vater lebte bald vom Notenkopieren, bald war er durch die Revolution in den besten Verhältnissen. 1915 wurde er unter dem Arc de Triomphe aufgebahrt und in den Invalidendom überführt.
3 Gesucht ist eine Straßburgerin, deren Vater in Frankreich 1760 geboren wurde.
4 Die Gesuchte verschaffte sich im In- und Ausland weltweites Gehör. Robert Schumann und Peter I. Tschaikowsky nahmen sich ihrer an, in Griechenland, Saloniki, Konstantinopel, 1905 in Rußland, 1931 in Spanien hörte man sie!
5 Goethe nannte sie das Tedeum der Revolution. Man weiß zufällig genau das Datum ihrer Zeugung, den 26. April 1792.

98

1 Ich bin ein Kirschkern, grün ungeschätzt.
2 Als „gebranntes Kind“ braun durch Cholamin, binde ich Kränzchen und lasse Herzen höher schlagen.
3 Bei Türken bin ich reiner einfacher Satz und ein geriebener Kerl.
4 Trage Mittelscheitel und bin fast immer Zwilling.
5 Obzwar oft ins Meer geworfen, dennoch keine Leiche, oft abgebrüht, dennoch kein Gangster; obgleich in meiner weiteren Karriere als weiß, braun, schwarz und Mischling bekannt, kenne ich kein Rassenvorurteil und habe unter keinem zu leiden.

99

1 Mich gibt's nicht, meine Fortpflanzungsart gibt's auch nicht und die Göttin, nach der ich genannt bin, gab's nach neueren Forschungen auch nicht.
2 Ich bin ein Saisonarbeiter, ein Schönfärber, ein Nesthocker, und bekomme oft von den schönsten Damen einen Korb.
3 Obzwar männlichen Geschlechtes, bin ich ein Lieferant von weiblichen Erzeugnissen eines linken Stockes.
4 Verlassen kann man sich auf meine Pünktlichkeit von Jahr zu Jahr nicht.
5 Wenn man meine zweite Hälfte mit Weißbrotkrumen und Ei zum Backen umhüllt, nennt man diese Umgebung Flucht.
6 Wer sie ergreift, wird oft mein Fuß genannt.
7 Mit Löffeln hab ich die Weisheit nicht gegessen, aber mein Namensvetter weiß auch von nichts.

100

1 Gesucht die Mutter von Moab nach ihrer Erstarrung wegen Ungehorsams.
2 Im letzten Zeitabschnitt des Paläozoikums hätte es auch ein oberflächlicher Wissenschaftler oberflächlich finden müssen, meistens in Kristallen.

3 Vom Dürrnberg bei Hallein im Salzburgischen gehen unterirdische Wege bis ins Bayerische hinein, sie wurden um des Gesuchten willen angelegt.
4 Heute wäre es gewerkschaftlich sicher nicht erlaubt, denn man zahlte mit dem Gesuchten früher deputatmäßig den gesamten Arbeitslohn aus.
5 Weidevieh und Rotwild suchen das Gesuchte auf.

Leichtere Variation

1 Gesucht das Material für einen neuen Säulenstil am Toten Meer, der seine Begründung in einer verbotenen Rückschau findet.
2 Als man in jüngster Zeit in Schweden das Königsschiff Gustaf Adolfs barg, fand man es vom Gesuchten imprägniert und daher vom Bohrwurmbefall verschont geblieben.
3 Wenn man Krokodilhäute qualitätsmäßig verbessern will, legt man sie in eine Lösung des Gesuchten.
4 Eine Straße, wenn auch nur eine Handelsstraße, heißt nach dem Gesuchten.
5 Ein Sprichwort behauptet, daß das Gesuchte zusammen mit einem Nahrungsmittel Blut in die Wangen schießen läßt.

101

1 Gesucht ein kleiner Prophet, doch weder aus dem Alten noch aus dem Neuen Testament.
2 Ohne Elternhaus aufgewachsen, einfach gekleidet, mit geringem Wortschatz, wendet er sich einem Beruf zu, und seine Ablösung ist in einem Beamtenstaat strafbar.
3 Im zweiten Weltkrieg wendete er sich der Luftwaffe zu und berichtete, eher gefürchtet, von Himmelserscheinungen, wenn auch nicht vom Wetter.
4 Das allerdings brachte ihm, obwohl er über die Terz nicht hinwegkommt, dem Publikum gegenüber meistens einen Bombenerfolg ein.
5 Vor dem Zeitmesser war er im Schwarzwald zu Hause.
6 Falter vor ihrer Entfaltung lassen bei ihm als einzigem seiner Familie Haut und Haar.

102

1 Gesucht ein österreichischer Künstler, der bei einem französischen Künstler in Paris Privatsekretär war.

2 Er war Zögling der Wiener Neustädter Militärakademie nahe bei Wien gewesen, fühlte sich aber dort unverstanden und unglücklich, sowohl wegen seiner zartbesaiteten Natur wie auch wegen seiner feinnervigen Konstitution.

3 Selbst Katholik der Konfession nach, gläubig von Natur, lehnte er in seinen Werken, Briefen und in seiner bewußten Lebensführung die Kirche ab.

4 Freunde und Gönner bewirkten, daß er im ersten Weltkrieg nicht an die Front einrücken mußte, was ihm um so mehr gegen Herz und Gewissen gegangen wäre, als er in Frankreich zahlreiche Freunde besaß, gegen die er als Österreicher hätte kämpfen müssen.

5 Obwohl er vieles in französischer Sprache schrieb, übersetzte, und auch meistens im Ausland lebte, gilt er doch als unerreichter Meister deutscher Zunge in seiner Kunst. Sein Grabspruch – er starb jung – stammt von ihm selber und lautet: „Rose, oh reiner Widerspruch / Lust, niemandes Schlaf zu sein / unter so viel Lidern."

103

1 Der Gesuchte sieht meistens alles schwarz und will immer: Essen!

2 Ist er ein Reptil, weil er meistens kriecht?

3 Paradoxerweise wird er abends heller.

4 Sooft er auch den Bau verläßt, stets kehrt er wieder.

5 Er hat ein herablassendes Wesen und ist Meister im Kugelstoßen.

6 Oft hat er eine Leiterstellung inne und sieht die Leute sehr von oben herab an.

7 Abergläubische freuen sich, wenn sie den dunklen Ehrenmann erblicken.

104

1 Gesucht wird ein Ungar, der weder ungarisch lesen noch schreiben konnte und trotzdem ein „Z" in seinen Namen schmuggelte.
2 Er schrieb als Erwachsener zirka zweitausend französische Briefe pro Jahr.
3 Er hat in Weimar ein Denkmal.
4 Sein Schwiegersohn war nur um drei Jahre jünger.
5 Seine Tochter war eine außereheliche französische Komtesse.
6 Er hat die Zigeunermusik hoffähig gemacht.
7 Er war geistlichen Standes.

105

1 Bei einem bekannten Ritter war's einst aus Metall, zum Gruß schüttelt man's.
2 Liegt etwas darauf, dann ist es sonnenklar.
3 Man muß eine Frau darum bitten, wenn man paarweise leben will.
4 Es ist Inhaber eines Tellers und einer Wurzel sowie eines Rückens.
5 In der „Jungfrau von Orléans" fragt einer, ob ihm denn darauf ein Getreideacker gedeihen könnte.

106

1 Gesucht wird die sogenannte Pythia des Abendlandes.
2 Diese Pythia stirbt mit 70 in Basel. Dürer und Holbein haben das feingezeichnete Antlitz und die zarten Hände porträtiert.
3 Mit dem Buchdrucker Froben in Basel und Manutius in Venedig befreundet, stammt diese Pythia von einer ledigen Mutter. Sie wird in Holland von Verwandten aufgezogen.
4 Mit 22 wird diese Pythia zum Augustiner-Mönchspriester geweiht. Ein Vierteljahrhundert später von Leo X. vom Mönchsgelübde entbunden. Er lehrte als reisender Gelehrter vier Jahre in Löwen, war achtmal in England.
5 Er schrieb viel und galt seinerzeit als frommer katholischer Protestant, als nichtmilitanter Kirchenkämpfer; er schreibt über deutschen und europäischen Humanismus und wird doctor universalis genannt.

107

1 Gesucht ein Ritter vom knöchernen Sporn, der sich trotz niederer Geburt zur Spitze seiner Umwelt aufschwang und am Hof stets gerne gesehen war und ist, mit einer märchenhaften Karriere.

2 Sein nächster Untergeordneter buckelt meist und liebt das Nachtleben.

3 Der Rangnächste legt ein hündisches Benehmen an den Tag.

4 Der Tiefststehende ist ein ewiger Jasager.

5 Sein Denkmal in einer Hansestadt zeigt ihn als höchstes Mitglied seines Leibquartetts.

108

1 Wer ist der alte einsame Hofrat, ein Vogelfreund, der sich daheim einen Marder und einen Strandläufer hält? In seiner Jugend hatte er seine Malergabe ausbilden wollen, aber wer hätte dem mittellosen Lüneburger Strumpfhausierersohn die Studien bezahlen sollen?

2 Nun denn, so wurde er Soldat. Das war nichts Auffälliges in den Befreiungskriegen – nachher wurde er Kanzlist, armselig besoldet, wie er sein Leben lang bleiben sollte. Von ungeheurem Wissensdurst beseelt, holte er privat die Gymnasialstudien nach, maturierte mit fünfundzwanzig und hielt sich für einen Dichter.

3 Aber weder mit der Dichtkunst noch mit der Malerei wurde er berühmt. Mit der Seele eines idealistischen Sammlers und Aufzeichners machte er sich mit einunddreißig an sein Lebenswerk. Er heiratete so ganz nebenbei, sein Sohn Carl wird übrigens ein recht guter Maler. Seine eigene Person, seine Wünsche, seine Zeit, ja seine Ansichten stellte er ganz zurück gegen das, was er für seine Berufung hielt; mehr als zehn Jahre lang führte er ein Schattendasein. Durch Protektion erhält er den Doktorgrad in Jena.

4 Mit Privatstunden und Schreibarbeiten erwarb er seinen Lebensunterhalt, denn seine Zeitgenossen wissen mit seinen Ergebnissen vorerst nichts anzufangen. Urlaub und Honorar

gab's bei seinem hochgestellten Gönner nicht, und die Umwelt erfuhr erst viel später, daß sein Chef sein tiefstes Werk auf das Drängen und Raten unseres gesuchten bescheidenen Mannes hin fortsetzte.

5 In drei Bänden faßte er die Ergebnisse seiner Aufzeichnungen und Beobachtungen zusammen; sie sind in die Weltliteratur eingegangen. Er selbst stirbt allein, wenig bekannt, als Bezieher einer kleinen Gnadenrente vom Hof, in der gleichen Stadt, in der auch sein Idol begraben liegt.

109

1 Der Gesuchte hieß Aurelius mit Vornamen und seine Mutter Monika.

2 Erst Heide, dann Angehöriger der christlichen Sekte der Manichäer, wurde er vom Mailänder Bischof Ambrosius zum Katholizismus bekehrt.

3 Eine phönizische Stadt machte ihn zum Vorsteherpriester und schließlich zum Bischof.

4 Er schrieb zweihundertzweiunddreißig Bücher, darunter eine Trinitas, und schuf die christliche Wissenschaft.

5 Während die Vandalen seine Stadt belagerten, starb er 354 und wurde in Sardinien begraben. Seit dem 6. Jahrhundert aber liegt sein Leichnam in Padua begraben. Er ist heiliggesprochen und viele Mönche leben nach seiner Regel.

110

1 Das Gesuchte hat ein weiches Herz, kann aber hartherzig werden, wenn es in Hitze gerät.

2 Es ist ein Zukunftsversprechen, mit der Zeit vom Zahn angenagt.

3 Von sich selber sagt es: „Das punctum saliens war meine herzlichste Aufgabe."

4 Das meiste ist ihm klar, und was nicht klar ist, wird doppelt aufgehängt.

5 Seine Mutter läßt es liegen und unterdrückt es, so daß man sich nicht wundern darf, wenn es, schlüpfrig geworden und zerstört, die Jugend sofort flüchten läßt, wenn nicht strenge Kasteneinteilung sie daran hindert.

111

1 Die Gesuchte starb an der Cholera und eine Liegegelegenheit heißt nach ihr.

2 Mit fünfzehn heiratet sie einen Bankier und mit seinem Namen geht sie in die Geschichte ein.

3 Mit Chateaubriand und vielen anderen Größen befreundet, führt sie einen berühmten Salon.

4 Ebenso wie Madame de Stael mag sie Napoleon nicht.

5 Auf dem berühmtesten Gemälde von ihr liegt sie halb hingegossen, aber spiegelbildlich zur berühmten Maya von Goya.

112

1 Gesucht wird eine Anna Maria Pirngruber, die mit einem Bankier verheiratet war.

2 Meist wird Linz als der Geburtsort angegeben, aber es war ein anderes, viel kleineres Örtchen, das sie gern, wie ihr Alter, verschwieg.

3 Ihr viel älterer Herzens-oder-mehr-Freund gab sich einen persischen Dichternamen.

4 Eigentlich verdient sie, in die Literatur als bedeutende Lyrikerin einzugehen. Ein Wort von ihr: „Sage ihm" – sie meint mit diesem Gedicht einen Boten – „doch sag's bescheiden, seine Liebe sei mein Leben, höheres Gefühl von beiden, wird mir seine Nähe geben."

5 Immerhin hat der Geliebte, der ihr ebenfalls einen orientalischen Namen verlieh, ihrer gedacht, in dem er so manche ihrer Gedichte und Gedanken seinem Werk einverleibte, als er, wenn auch nicht als Tapezierer, an einer Couch in Richtung des Breitenkreises arbeitete.

113

1 Ein Hochhaus mit vierundzwanzig Etagen ohne Licht und Lift.

2 Zahlreiche Leitungen und Zentralheizung sind vorhanden, auch ist es kanalisiert.

3 Die Einrichtung dauert nur 280 Tage auch bei den Babyloniern, Eisen und Kalk wird dabei verwendet.

4 Bei der Fundamentierung gab's seit eh und je ein Kreuz. Im obersten Geschoß gibt's eine Atlasbindung als Hauptgrund.

5 Darunter lebt ein „steiler Zahn" – wenn man es modern ausdrücken will.

6 Das Bauwerk senkt sich schon nach ein paar Jahrzehnten.

7 Sein oberstes Ziel ist ein Loch im Schädel.

8 Schwächlinge besitzen es nie.

114

1 Sie rennt, er weicht, sie schlägt, er schleicht –

2 sie attackiert recht gern, er zeigt ihr nie den Herrn.

3 Und springt er einmal, ist's ein Türmen, sie kann die Gegend ganz durchstürmen.

4 Sie ist nicht bloß Gemahlin, sie fordert die Rivalin!

5 Doch droht gar ein Malheur, gewarnt wird stets nur er.

6 Jedoch den ersten Schritt in Kampfessachen läßt sie Agrarier oder Gäule machen.

115

1 Bei der Durchsicht des alten Verlieses sieht man Leichen.

2 Eine Straße nie dafür gebaut, hieß so in alten Reichen.

3 Die darin gefangen, heute noch an Hälsen hangen.

4 Es scheint infernalisch: zuerst botanisch, innen tierisch, heute mineralisch.

5 Goldsilbermischung in Hellas so genannt, heute als Urpartikel bekannt.

116 *Kurzstecker*

Mädchen nett, führt adrett Hauswesen für Kumpelseptett. Die Nocken läßt sich verlocken – Resultat: ein gläsernes Bett bis es dem Jüngling gelang, daß der Bissen entsprang. Hochzeitsglockenklang.

117 *Kurzstecker*

Er ist Buchdrucker, Diplomat, Zeitungsherausgeber, USA-Gesandter, Schriftsteller, Physiker, USA-Verfassungsmitgestalter, Blitzableitererfinder.

118 *Kurzstecker*

Die Inseln haben's ihm angetan:
Auf einer er zu leben begann,
von einer er die Braut gewann,
von einer entwich er,
auf einer verblich er.

Homonym-Stecker

Eine Sonderart der Such- und Steckbriefe sind die Homonym-Stecker. Es wird diesmal nicht ein Gegenstand oder eine Person gesucht, sondern ein Wort, das mehrere verschiedene Bedeutungen hat, also ein Homonym ist (s. S. 251). Bei diesen Steckern beziehen sich die Hinweise auf ganz verschiedene Begriffe, die nur zufällig die gleiche Benennung haben. Diese Art von Steckern ist leicht zusammenzustellen. Man suche aus den zahlreichen Homonymen der deutschen Sprache ein solches drei- bis vierfaches Homonym heraus (z. B. Stoß, Blatt, Linie, Zug) und formuliere erst dann die Hinweise, und zwar für jede Bedeutung mindestens einen.

119

1 Ich bin eine epochemachende Urviecherei, obwohl diese selber davon keine Ahnung hatte.
2 Von denen, die hinter mir kamen, kamen gar manche „tief in die Kreide".
3 Ich hab' Rücken und Flanken und laß mich auch besteigen, rings um mich gibt's genug Rappen, aber ein Roß bin ich nicht.
4 Wenn mich ein Mädel studiert, kommt's zwar deshalb noch lange nicht unter die Haube, aber schließlich doch unter den Hut.
5 Sicher haben Sie schon erahnt, daß es sich um ein dreifaches Homonym handelt: In einem geht man zurück, in einem hinauf, bei einem kommt man durch oder man fällt durch.

120

1 Manche Schmetterlingslarven fressen es und schaden damit dem Gewand.
2 Manche Wilde bohren sich in der Nase ein drittes zum Ringtragen.
3 Missetäter steckt man hinein.
4 Wird es ins Billett gezwickt, macht es dieses ungültig.
5 Man kann es in den Bauch reden und in den Zahn bohren.

121 *Vierfach-Homonym-Stecker*

1 Gesucht wird eine Heldenhülle als Folgeerscheinung eines Blutbades.
2 Jeder Mensch hat zwei Wölbungen, die ebenso heißen.
3 Während dieser zweite Begriff durchaus klar ist, zeigte der erste eine deutliche Bildungslücke in der Sage.
4 Nur unter Druck kommt sie beim Menschen auf die Füße, wodurch er dann schlecht gehen kann.
5 Oberflächlich betrachtet ist der Mensch zeitlebens davon umgeben.

122 *Such mich viermal*

1 Wenn mich ein Mensch bekommt, so hat er nicht gefroren, wenn die Sonne der Grund war.
2 Bin ich aus Stahl, dann steht darunter „sculpsit" und ein Name.
3 Gelinge ich im Spiel, trag ich bei zum Gewinn.
4 Dreiundzwanzigmal ward ich einst einem Großen versetzt und er rief griechisch etwas aus, obgleich es nicht seine Muttersprache war.

Spiel 228, Bild 4:
Links ein modernes Treppenfahrrad – rechts ein Oppositionstandem. Welche Muskeln werden damit gekräftigt?

Antwort Seite 264

Lösungen

Lösung zu Stecker 22

Wir meinen Max – den Freund und Kameraden von Moritz, den Maikäferrummel, Lehrer-Lämpel-Episode, Witwe Boltes Hühnertod und Bratenangelei, schließlich Schneider Böcks Mißgeschick.

Lösung zu Stecker 23

Wolfgang Amadeus Mozart, 1756 – 1791. 1 Er spielte als Wunderkind vor Maria Theresia und ihren Kindern. Töchterchen Maria Antoinette liebkoste ihn, und er erklärte, daß er sie heiraten wolle. Später ehelichte er Konstanze Weber, eine Verwandte des Komponisten Carl Maria von Weber. Ursprünglich wollte er deren Schwester Antonia heiraten, die Sängerin war, ihn aber verließ. 2 Maria Antoinette wurde in der Französischen Revolution als Gattin Ludwigs XVI. enthauptet. Maria Antoinettes ältester Bruder war der deutsche König und spätere deutsche Kaiser Josef II., als Mozart nach Wien übersiedelte. 5 Schwäbischer Pastor: Mörike schrieb die Erzählung „Mozart auf der Reise nach Prag", wo bekanntlich die Uraufführung des Don Juan erfolgte. Mozart starb in Wien nach längerem Leiden, 36 Jahre alt. Mozartkugeln – eine Konfektspezialität.

Erklärung zu Variation 1: 1 Salzburg gehörte damals nicht zu Österreich. 2 Die Gattin des deutschen Kaisers Franz I. war Maria Theresia. 3 Konstanze. Seine Schwester hieß Nanette, meist Nannerl genannt. 5 Köchelverzeichnis.

Erklärung zu Variation 2: 1 Mozart wurde geboren, als seine Eltern bereits in Salzburg lebten. Schon mit fünf Jahren zu Konzerten gezwungen – das war die Branche seines Vaters –, hinterließ er trotz seines frühen Todes eine Unzahl von Kompositionen. 3 Er wurde schon als Knabe zum Ritter vom goldenen Sporn ernannt und zerstritt sich mit seiner Herrschaft, dem Fürsterzbischof Colloredo von Salzburg, so daß er nach Wien und anderen Städten emigrierte. 5 Der eifrige Librettist Schikaneder, ein Theaterdirektor, führte wohl Mozarts Oper „Die Zauberflöte" auf, fand aber, daß sein Anteil am Werk weit größer sei, als der des Komponisten. 7 Die letzte Arbeit war ein Requiem, das dann sein Schüler Süßmayr vollendete.

Lösung zu Stecker 24

Der Eiffelturm. Gustav Eiffel, 1832 – 1923, französischer Ingenieur, baute den Turm 1889 für die Pariser Weltausstellung. 1 Vier Eisenbetonbeine; er fand bei seiner Errichtung viel Widerspruch. 2 Man hielt ihn für wenig widerstandsfähig. 5 Er ist 300 m hoch, schwankt bei starken Windböen. 6 Ist jedoch dank seiner elastischen Struktur sehr stabil. 7 Fast vierhundert Selbstmörder stürzten sich von ihm herab. 8 Er ist das Ziel der „Tour de France" (Radrennen).

Lösung zu Stecker 25

Leonardo da Vinci, 1452 – 1519, geboren in Vinci bei Florenz. 1482 bis 1492 in Mailand; 1500 – 1506 in Florenz; dann wieder Mailand; 1513 Rom; ab 1516 Frankreich. Wenige Gemälde, darunter eben das nach Frankreich mitgenommene Bild der Mona Lisa. Linkshänder. Universalgenie im technischen wie im künstlerischen Sinn. 4 zu Franz I. 6 Das Fresko in Mailand stellt das „Letzte Abendmahl" dar.

Lösung zu Stecker 26

Das Pferd. 1 Das Mongolenreich war von einem Reitervolk bevölkert, das seine Grenzen nicht mehr halten konnte, als die Pferde an Milzbrand zugrunde gegangen waren. 2 Kaiser Heraklios war ein byzantinischer Herrscher. 4 Beim Begräbnis des ermordeten Präsidenten Kennedy wurde ein reiterloses Pferd mit nach hinten gekehrten Stiefeln behängt, um den nunmehr führungslosen Staat zu symbolisieren. 6 Die Skythen waren ein asiatisches Reitervolk, das oftmals die umgebenden Länder bedrohte. 7 Eine Quelle für musische Begabung, also für die neun Musen, trat aus der Erde, als das Dichterroß Pegasus mit dem Huf auf den Boden schlug. Huf ist die gehörnte Mittelzehe.

Erklärung zur Variation: 3 Wotans Roß hieß Sleipnir. 4 Gemeint sind die weltberühmten weißen Lipizzanerhengste, die dunkelfellig zur Welt kommen und die „hohe Schule" absolvieren müssen. 5 Vier- und Achtspänner waren Prestigezeichen des Adels.

Lösung zu Stecker 27

Pablo Ruiz Picasso, 1881 – 1974. 1 Das Theaterstück ist wiederholt aufgeführt worden. 3 Seine Mutter hieß Picasso, sein Vater Ruiz. 4 Kubismus ist die genannte Stilrichtung (so vom Kritiker und Schriftsteller Vauxcelles benannt). Picasso arbeitete auch in abstrakter und surrealer Manier. 5 Die „blaue" Periode ging dem Kubismus voran. Er ist im Baskenland geboren. Keramik war in den letzten Jahrzehnten seine bevorzugte Kunstgattung.

Lösung zu Stecker 28

Die Makkaroni. 6 Das Süditaliengebiet heißt Makkaroniland. 7 Lieder, die zeilenweise die Sprache ändern (oft kirchliche Gesänge), oder deutsche Wörter lateinisch deklinieren, heißen Makkaronilieder, z. B. „In dulci jubilo, nun singet und seid froh, denn unsres Herzens Wonne leit in präsepio".

Lösung zu Stecker 29

Der Kaffeesatz. 2 Die Kaffeefrucht, auch Kaffeekirsche genannt, gehört zu den Rötegewächsen, sie enthält gewöhnlich zwei Samenkörner. 4 Malzkaffee ist ein beliebter Kaffeezusatz. 5 Aus dem Kaffeesatz wird oft von einfachen Gemütern die Zukunft prophezeit. 6 Würfelzucker, bisweilen Überlaufen des Gebräus, aufwallen usw., dann erst setzt sich der Gesuchte.

Lösung zu Stecker 30

1 Das Knusperhäuschen aus „Hänsel und Gretel". 2 Die Dame gesetzten Alters ist die Hexe, die bekanntlich auf Besen reitet. Die Hausgehilfin wäre Gretel. Die Antwort der Kinder: „Der Wind, der Wind, das himmlische Kind!" ist die windige Referenz. 3 Der Kalorienmangel der Gäste ist der Hunger, dessentwegen sie aus dem Vaterhaus gebracht werden. Auf dem Weg durch den Wald streuen sie Brotbröckchen und denken nicht an die Vögel, die diese dann aufpicken. Das destruktiv verwendete Baumaterial ist der Lebkuchen des Knusperhäuschens, den die Kinder abknabbern. 4 Hänsel wird in einen Käfig gesperrt. Er täuscht die Hexe, die ihn

mästen will, indem er abgenagte Geflügelknöchelchen als Beweis seines Magerbleibens durch die Gitterstäbe vorweist. 5 Die Verwandte zweiten Grades ist seine Schwester Gretel, die die Hexe per Schub in den Backofen befördert. Die Nacht vom 30. April auf den 1. Mai ist die Walpurgisnacht, in der die Hexen auf dem Blocksberg oder Brocken im Harz zusammentreffen. 6 Hänsel und Gretel kommen nach langer Zeit mit der Edelsteinsammlung der Hexe nach Hause, so daß alle Not ein Ende hat.

Erklärung zur Variation: Hier ist nach Hänsel und Gretel gefragt.

Lösung zu Stecker 31

Der Haarboden, die Kopfhaut. 1 Das Oberste vom Menschenkörper darstellend. 2 Läuse nicht beliebt. 3 Mit Kamm und Bürste gepflegt. 4 Mond ein Synonym für Vollglatze, Zopf eine Frisurmöglichkeit. 5 Zwiebelgewächse sind die Haare, die anatomisch einer Haarzwiebel entspringen. 6 Tonsur als Zeichen der Demut.

Lösung zu Stecker 32

Napoleon Bonaparte. 1 Napoleons erste Gattin Josephine de Beauharnais stammte aus Martinique, einer Insel vor Amerika. 2 Er schlug aus diplomatischen Gründen und auch um seine Stellung in Europa zu untermauern dem Habsburger Franz II. vor, dessen Tochter Marie Luise als zweite Gattin zu heiraten, da er aus dynastischen Gründen sich unbedingt einen Sohn wünschte, den ihm Josephine nicht mehr schenken konnte. 3 Die Mode seiner Zeit lief vom Rokoko über Directoire zu Empire. Seine Geschwister wurden fast alle als Herrscher eingesetzt. Er krönte sich selber in Paris. 4 Kosmopolit Goethe nahm man seine Franzosenfreundlichkeit, Napoleon die Deutschenverehrung übel. 5 Der Stein von Rosette, von Champollion beim Feldzug Napoleons nach Ägypten gefunden, ermöglichte die Entzifferung der Hieroglyphenschrift. Mit dem anderen Stein wird angespielt auf Charlotte, die Gattin des Staatsmannes und Freiherrn von Stein, eine langjährige Freundin Goethes.

Erklärung zur Variation: 2 Bei Aspern von Erzherzog Karl besiegt. 4 Goethe. 5 Herzog von Reichstadt, 1811 – 1832. Als Habsburgerabkömmling kam sein Herz in das „Herzgrüftl" in der Wiener Augustinerkirche. Sein Leib wurde im zweiten Weltkrieg nach Paris in seines Vaters Grabstätte im Dôme des Invalides überführt.

Lösung zu Stecker 33

Die Schachfiguren. 1 Figuren werden verrückt von einem Feld zum anderen, schlagen den Gegner. 2 – 6 Türme, Rochade, Rössel, Bauern, Läufer (Teppichsynonym), König, Dame, Schachansage.

Lösung zu Stecker 34

Der Entwicklungsgang eines Schmetterlings. 1 Der Rotationskörper ist das Ei, die Bewegung nennen wir flattern, jeder erwachsene Schmetterling besitzt einen Rüssel zum Saugen. 2 Der Gourmand, also ein Vielfraß, ist die Raupe ohne Wirbelsäule und Hände. 3 Das dritte Stadium ist die Puppe, oftmals festgesponnen unter einem Blatt hangend, wobei das Blatt dieses Hangen unterstützt. 4 Das Bühnenwerk ist „Nora" (Ibsen) und dessen Untertitel „Ein Puppenheim". 5 Der Schmetterling durchbohrt die Puppenhülle und muß erst durch Pumpen Luft in seine verknitterten Flügel bringen.

Erklärung zu weiteren Hinweisen: 6 Tagschmetterlinge ruhen mit senkrecht zur Unterlage stehenden zusammengefalteten Flügeln, während Nachtschmetterlinge die Flügel dachförmig über dem Rücken gefaltet halten. 7 Die Spirale ist der spiralig eingerollte Saugrüssel.

Lösung zu Stecker 35

1 Das Paar Würstel, dessen Begleiterscheinung häufig geriebener Meerrettich ist. 2 Im süddeutschen Raum Frankfurter genannt, heißen sie gerade in Frankfurt Wiener Würstchen. 5 In Wien und Umgebung nennt man ein einzelnes Würstchen Einspänner (Kutsche, die nur von einem einzelnen Roß geführt wird).

Erklärung zur Variation: 4 Das Kochwasser ist trübe. 5 Die tanzenden „Sisters" sind ein Paar Würstel. Unter Wurzen meint man jemanden, der geneppt wird, aber auch die Wurzel Meerrettich. 6 Die sonderbaren Männer rufen: „Heiße Würstel! Heiße Würstel!" („Ich heiße Würstel!") 7 Unter Entropie versteht man das allmähliche Erkalten des Kosmos durch Ausgleich der Molekülbewegung, „Hitzetod" genannt.

Lösung zu Stecker 36

Karl May, 1842 – 1912. 1 Ein Teil seines Vermögens wurde als Stiftung in ein Karl-May-Museum investiert, das den Namen „Radebeuler Museum" führt. 5 Karl Zuckmayers Tochter heißt Winnetou.

Lösung zu Stecker 37

Suppenwürfel. 1 Suppe wird, zumindest bei uns, meistens als erster Gang serviert. 2 Bekannt ist Cäsars Ausspruch, als er den Fluß Rubikon überschreiten wollte, um Rom angreifen zu können: Alea jacta est! Der Würfel ist gefallen. 5 Der Suppenkaspar.

Lösung zu Stecker 38

Fausts Gretchen. 1 Die Gretchenfrage nach dem Glauben ist bekannt. 2 Mephisto, Faust, Marthe Schwertlein und Gretchen. 3 Mephisto, der Geist, der stets verneint, er kann nicht ja sagen, und 4 das wintergeborene Kind Gretchens wird umgebracht. 5 Faust hatte Gretchen mit Schmuck umworben. 7 „Heinrich, mir graut vor dir" – Gretchens Aufschrei.

Lösung zu Stecker 39

Gesucht ist der Buchstabe A.

Lösung zu Stecker 40

Gaius Julius Cäsar, geb. 100 v. Chr., ermordet von Brutus und dessen Komplizen 44 v. Chr. 1 Der Millionär ist Crassus, einer der ersten drei Triumviren. Der zweite Triumvir war Pompeius, der dritte Cäsar. 2 Die Brücke über den Rhein. Seine Bücher „De bello gallico" sind Gymnasiallektüre. Das Altherrenkollegium war der Senat, mit dem er häufig uneins wurde. Man warf ihm in Rom Großmannssucht und das Streben nach der Kaiserkrone vor. 3 Sein Schwiegervater war Pompeius, seine Liebe die ägyptische Königin Kleopatra. 4 Der gemeinsame Name der heute französisch sprechenden Länder war Gallien. 5 Plutarch hat sein Leben beschrieben. Wie alle hochgestellten Römer griechisch feinst gebildet, soll er zu seinem Adoptivsohn Brutus gesagt haben, als dieser ihm die tödlichen Griffelstiche versetzte: Kai sy Teknon? (Auch du, mein Kind), obwohl heute der Ausspruch immer lateinisch zitiert wird als: et tu, Brute mi fili.

Erklärung zur vereinfachten Variation: Man hatte seiner Mutter den noch heute Sectio Caesarea genannten Kaiserschnitt „geraten". Sektionsrat ist in Österreich der Titel eines höheren Ministerialbeamten.

Lösung zu Stecker 41

Das Kegelspiel. 1 Es umfaßt beim Bowling zehn Kegel. 4 Bismarck heißt der hinterste der neun Kegel bei der alten „Garde", König der mittlere, und der Keglergruß ist: Gut Holz!

Lösung zu Stecker 42

Der Mond. Bei seiner Umkreisung der Erde zeigt er ihr stets nur eine Seite. Erst vor wenigen Jahren wurde mittels Satelliten die Rückseite des Mondes erstmals photographiert, 1969 wurde der Mond zum erstenmal von Menschen betreten.

Lösung zu Stecker 43

Die Hefe. 1 Ein Sproßpilz, der jahrüber sich durch Sprossenbildung (Zellneubildung) vermehrt. 2 Ab Ende Juni, im Sommer, können es nur Sommersprossen sein. 3 Bei mäßiger Erwärmung – bei allzustarker Hitze würde dieser Pilz sterben – geht das Gärgut, gezuckertes Mehl, in die Höhe, weil eben als späteres Treibgas für den Teig Kohlensäuregas bläschenförmig entsteht und das Backgut porös macht.

Lösung zu Stecker 44

Johann Wolfgang von Goethe. 1 Sein Großvater, ein Nobelschneider in Paris, sprach seinen Namen Goethé statt Goethe aus. 2 Die Italienreise bezahlte ihm sein Fürst. 3 Der Vater züchtete Seidenraupen. 4 Die Elsässerin hieß Friederike Brion. 6 Das Leiden war das sogenannte „Wertherfieber".

Lösung zu Stecker 45

Der Besen des Zauberlehrlings aus Goethes Gedicht. 1 – 5 Der durch Hackenhiebe geteilte Besen schleppt im Überschuß Wasser und Wasser herbei – der Meister ist weit. Die Wasserschlepper bewirken Überschwemmung, und erst die Rückkehr des Meisters weist die Übeltäter in die Ecke.

Lösung zu Stecker 46

Rotkäppchen. 1 Die Verwandte ist die Großmutter. 3 Das baumbestandene Gelände ist der Wald, der Vierfüßler der Wolf. 4 Das Fragespiel aus dem Märchen: „Warum hast du so große Augen usw. . . ." ist allgemein bekannt. 5 Der Jäger schneidet des Wolfes Bauch auf. 6 Das Mädchen heißt nach seiner Kopfbedeckung Rotkäppchen.

Lösung zu Stecker 47

Die Sonne. 1 In Rom hieß der Sonnengott: Sol (die Sonne). 2 Die Astronomen prophezeien, sie werde ein „roter Riese", eine bestimmte Sternart, werden. 3 Für die Lichtquanten, also für das Licht, ist sie acht Minuten entfernt. Wir sehen das Sonnenlicht acht Minuten später, als es ausgesendet wird. 4 Im Sommer ist das Aphel, der Abstand von der Erde zur Sonne, größer als das winterliche Perihel, die kleinste Entfernung, da die Erde keinen Kreis, sondern eine Ellipse um die Sonne beschreibt. 5 Die Gegenden um den Äquator herum haben stets gleiche Sonnenauf- und -untergangszeit um sechs Uhr früh bzw. um sechs Uhr abends. 6 Das Altertum hielt sie für einen Planeten mit dem Mittelpunkt Erde. Seit mehreren hundert Jahren wissen wir, daß die Sonne und nicht die Erde das Zentrum des Planetensystems ist.

Erklärung zur Variation: 1 Jahrtausendelang glaubte man an das geozentrische Sternensystem, wonach die Erde der Mittelpunkt des Kosmos wäre und die Sonne ihr Trabant (sogar Planet genannt). 2 In unserem Sommer ist der Abstand von der Sonne größer als im Winter, da die Erde eine Ellipse und keinen Kreis beschreibt. 3 Sonnenscheibe, -blume, -rad sind Kultembleme. 4 Der Sonnenkönig Ludwig XIV. war entweder in Finanz- oder in Damennöten.

Lösung zu Stecker 48

Josef, Jakobs Sohn. 1 Abraham sandte seinen Haushofmeister Eliezer als Brautwerber für Isaak aus. Dieser fand Rebekka, als sie am Brunnen vor dem Vaterhaus Wasser schöpfte und ihm gastfreundlich einen Trunk reichte; anschließend erbot sie sich, auch seine durstigen Kamele zu tränken. Eliezer sah darin einen göttlichen Fingerzeig, Rebekka wäre die richtige Braut. 2 Sein Onkel Esau schwindelte seinem Vater vor, daß Jakob der Erstgeborene sei. Er war am ganzen Leib behaart, trug lange wirre Haare, und bei dem Wort „gerichtsbekannt" denke man nicht an einen Gerichtshof, sondern an das Linsengericht, um dessentwillen er das Erstgeburtsrecht an Jakob abtrat. 3 Lea, die ältere Tochter Labans, weniger begehrenswert als ihre jüngere Schwester Rahel, mußte nach der damaligen Sitte früher verheiratet werden als die jüngere. Als Jakob zu seinem Onkel Laban ins Haus kam, um Rahel zu freien, verlangte dieser zuerst sieben Jahre Jakobs Dienste, und dann erst gab er ihm – oh Schrecken – die ältere Lea, verlangte weitere sieben Dienstjahre, um ihm dann Rahel zu geben. 4 Rahel wurde Jakobs Frau (nach damaligen Begriffen durfte man mehrere Gattinnen haben), und sie gebar ihm Josef und Benjamin, bei dessen Geburt sie starb. Josef wurde von seinen Brüdern nicht geschätzt, weil er, Rahels Sohn, der Liebling Jakobs war. Die Eifersucht ging so weit, daß sie ihn um 20 Silberlinge an eine ägyptische Karawane verkauften. Im Ausland erlangte Josef dank seiner Talente eine hohe, mit unseren Ministerposten zu vergleichende Stellung, und 5 in ebendiesem Ausland, also in Ägypten, traf er auf Potiphars Gattin, vor der er, den Mantel zurücklassend, floh. 6 Als in seinem Heimatland Hungersnot ausbrach, ließ er seinen alten Vater Jakob und, versöhnungswillig, auch seine Brüder nachkommen, und sie blieben dann in der sogenannten „Ägyptischen Gefangenschaft" vierhundert Jahre lang im Land Gosen, dem Nordteil Unterägyptens. 7 Das „Ägyptische Traumbüchel", gewiß eines der populärsten Trivialbüchlein, hat in ihm eine Art von Vorläufer als Autor, da er dem Pharao den Traum von den sieben fetten und den sieben mageren Kühen als einen Zeitraum für Konjunktur und Wirtschaftsdepression deutete.

Lösung zu Stecker 49

Das Pendel. 2 Die Bewegungen eines Pendels nennt man mit einem mathematisch-physikalischen Ausdruck harmonisch. 3 Die Ebene, in der ein Pendel schwingt, wird so starr festgehalten, daß der Franzose Jean Bernard Léon Foucault (1819 – 1868) damit die Erdrotation nachweisen konnte. Er stieg auf die Kuppel des Pantheons in Paris, ließ ein frei bewegliches Pendel fast bis zum Erdboden hängen und wies nach, daß die Erde unter dem Pendel sich bewegte, während das Pendel die Schwingungsebene beibehielt – 24 Stunden hindurch. Vor ihm hatte im 17. Jahrhundert der Italiener Galileo Galilei (1564 – 1642) am Turm von Pisa ebenfalls Pendeluntersuchungen gemacht. 4 Bekannt ist, daß die Pendellänge ausschlaggebend ist für die Geschwindigkeit der Taktschläge, was man beim Metronom (Musiktaktmesser) verwendet. Kurze Pendel schwingen schneller. 5 Manche Menschen glauben Metall, Wasser oder Krankheiten mit dem Pendel erkennen zu können.

Lösung zu Stecker 50

Venedig. 1 Die Quadriga, vier vergoldete Rosse auf dem Markusdom, eine hellenistische Arbeit. Sie stammt aus Konstantinopel und wurde als Siegesbeute von dort mitgenommen. 3 Der Markusplatz, auf dem Hunderte von Tauben jeden Passanten umschwirren. 4 Damit ist der Lido gemeint. 5 Die asymmetrischen Vehikel sind die Gondeln, die, um in der Kanaldrift nicht zu kentern, weil sie immer von der einen Seite auf die andere schwanken, auf der rechten Seite um 15 cm höher gebaut werden als auf der linken. 6 Der Hunnenkönig Attila.

Lösung zu Stecker 51

Pfarrer Sebastian Kneipp (1821 – 1897), dessen Naturheilverfahren mit Kaltwasser, Diät, Abhärtung und Bewegungsübungen ihn und seinen Kurort Wörishofen weltberühmt gemacht hat. 4 Kurierfreiheit bedeutet, daß jemand, ohne Strafe befürchten zu müssen, kurieren, also heilen, darf.

Lösung zu Stecker 52

Agatha Christie, deren erster Gatte Christie hieß. Meistgelesene Kriminalromanautorin, ist sie mit dem geadelten Altertumsforscher Mallowan verheiratet. In ihrem letzten Roman läßt sie den weltberühmten Detektiv Hercule Poirot sterben. Agatha Christie starb 1976.

Lösung zu Stecker 53

Die Quadriga, das vergoldete Pferdegespann auf dem Markusdom in Venedig. 2 Sie wurde als Beute im 13. Jh. von Konstantinopel dorthin gebracht. Es ist die einzige erhaltengebliebene Großplastik hellenistischer Zeit. 5 Unter Synoptiker ist hier der Evangelist Markus gemeint, der Stadtpatron von Venedig. Da die Gesuchten auf einem Teildach des Markusdomes stehen, schauen sie von oben herab auf den Markusplatz.

Lösung zu Stecker 54

Christoph Kolumbus, ca. 1447 – 1506. 1 In Genua geboren, Freund von Martin Behaim (um 1459 geboren), der als Kosmograph den ältesten erhaltenen Erdglobus, „Erdapfel" genannt, herstellte. 3 Das Ei des Kolumbus, allbekannt. 4 Obwohl seeerfahren, glaubte er, als er den Boden der amerikanischen Insel Guanahani betrat, er wäre in Japan gelandet, dessen Entfernung er wesentlich unterschätzte. 5 Als er nach der Entdeckung Amerikas weitere Reisen ausrüstete, ließ er sich von den spanischen Königen sowohl den Titel wie die Einkünfte sicherstellen.

Lösung zu Stecker 55

Die Lipizzaner, eine Pferdemischrasse mit Araberblut. 1 – 6 In der Jugend dunkelbraun, werden sie im Lauf von einigen Jahren schneeweiß. Ausgesuchte Hengste werden dressiert, erlernen die Hohe Schule. Capriole, Levade, Piaffe, Courbette u. a. zählen zu den Standardfiguren. Sie heißen nach dem früheren Gestütsort Lipizza im heutigen Jugoslawien. Das Gestüt wurde in die Steiermark verlegt. Sie zeigen ihre Kunst in der zu den Sehenswürdigkeiten zählenden „Spanischen Hofreitschule" in Wien (400 Jahre alt).

Lösung zu Stecker 56

Die Koren der Korenhalle auf der Akropolis Athens, dem Anbau des Erechtheustempels. Kore heißt zu deutsch nur Mädchen, und als Gattungsname würde man für diese Säulenträgerinnen Karyatiden sagen. 4 Erechtheus gilt als Sproß der Erde, war Held von Athen, dessen Schutzgöttin Athene ihm gewogen war. 5 Eine der Koren ist im Lauf der Jahrhunderte zerstört worden, so daß sie durch eine neuzeitliche ersetzt werden mußte.

Lösung zu Stecker 57

Die Uhrfeder. 1 Sie hat die Form einer zarten Metallspirale. 2 Der Raumgenosse ist die Unruh, die ja bekanntlich nach rechts oder links pendelnd tickt. 3 Die Lager sind auch heute noch häufig harte Edelsteine wie Rubin. Nach deren Anzahl beurteilt man oft die Qualität einer Uhr.

Lösung zu Stecker 58

König Salomon. 1 Das phönizische Alphabet soll von Kumpeln in den Minen zusammengestellt worden sein. Eine seiner Frauen war eine ägyptische Prinzessin. 2 Der „Briefträger" ist der Feldherr Urias, den König David mit einem Brief ins Ausland sandte, der als Botschaft das Todesurteil für Urias enthielt – David wollte damit die geliebte Bathseba für sich frei machen. 3 Sein Vater war David. Das salomonische Urteil: er gab das umstrittene Kind der echten Mutter, weil diese bereit war, lieber auf das Kind zu verzichten, als es töten zu lassen. 4 Der salomonische Prachttempel wurde mit den kostbarsten einheimischen Stoffen geziert. 5 Die Königin von Saba, sein geliebter Besuch, wurde Äthiopiens Stammmutter.

Lösung zu Stecker 59

Die Drohne, das Bienenmännchen. 1 Sie stammt aus unbefruchteten Eiern, und die Bienenkönigin wird auf dem Hochzeitsflug von ihrem eigenen Sohn befruchtet. Die Drohnenzellen sind etwas größer als die der Arbeitsbienen, und die Drohnen werden auch etwas anders ernährt als die Arbeitsbienenlarven. 2 Die Arbeitsbienen, Schwestern der Drohnen, sind Weibchen mit verkümmerten Fortpflanzungsorganen. 3 Der Hochzeitsflug findet nur ein einziges Mal statt. 4 Die Drohnen werden, wenn der Futtervorrat gering ist, von den Arbeitsbienen im Herbst durch Erstechen getötet.

Lösung zu Stecker 60

Vanille. 1 Die Spanier entdeckten sie in Mexiko. 3 Die Schotenfrüchte sind grün, und erst durch Behandlung mit Hitze und Dörren werden sie braun und schrumpelig. In Streifen geschnitten kommen sie in den Handel. 4 Als sie in Madagaskar unfruchtbar blieb, mußte man die einzigen zur Bestäubung geeigneten Insekten, nämlich Bienen, auch erst einführen.

Lösung zu Stecker 61

Ernest Hemingway, 1899 – 1961, der Arztsohn aus der Prärie von Illinois, der Mediziner wurde und dann von Beruf Korrespondent, von Berufung Dichter. „Wem die Stunde schlägt", „Der alte Mann und das Meer", aber auch die typische Selbstbiographie der „verlorenen Generation". Nobelpreis 1952.

Lösung zu Stecker 62

Reineke Fuchs. 1 Goethes Fabeldichtung beginnt mit „Pfingsten, das liebliche Fest war gekommen". Pfingsten beginnt am 50. Tag nach Ostern. 2 Fuchs heißt auch ein Schmetterling. 3 Blaufuchs und Silberfuchs – beliebte Pelze. 4 Der Fuchsschwanz ist eine kleine Handsäge.

Lösung zu Stecker 63

Die Geige. 1 – 7 Die Brücke ist der Steg, die Schnecke das Oberende der Geige. Die Schlüssel sind fast immer aus Hickoryholz, die Saiten aus Schafdarm mit Ausnahme einer Metallseite. Die dumpfe Sardine ist die Sordine, der Bogen wurde früher mit Roßhaar bezogen, jetzt meistens mit Nylonfäden. Das untere Griffende des Bogens heißt Frosch.

Lösung zu Stecker 64

Der Fliegenpilz. 1 – 5 Besonders zu Neujahr ist er als Glückspilz und Talismann beliebt. Rumpelstilzchen hüpft aus Schadenfreude vor der Königstochter auf einem Bein.

Lösung zu Stecker 65

Der Domherr Nikolaus Kopernikus, 1473 in Thorn geboren, universal gebildet, leitete eine weltweite Wende im Denken ein. Sein Hauptwerk stellt die Lehre des heliozentrischen Planetensystems als gültig auf, obwohl er dieses Großwerk nur zögernd und mit schlechtem Gewissen, als von der Kirche nicht anerkennbar, am Ende seines Lebens publizierte. Er war im Lauf seines 70jährigen Lebens Arzt, Baumeister, Kalenderreformator, Kirchenmann, Astronom, Bastler und Schriftsteller. 1 Die drei Stäbe bastelte er zu astronomischen Meßgeräten. 3 Sehr im Widerspruch mit sich selbst, sowohl freigeistig wie katholisch als auch gläubig und dabei aufrührerisch, so daß er es nicht gleich wagte, seine Hauptentdeckung, das heliozentrische Planetensystem, sein einziges großes Werk, zu publizieren. Erst nach seinem Tod wurde seine Lehre als weltweite Wende anerkannt (Kopernikanische Wende). 4 Obwohl deutschsprachig, trat er doch im Widerstreit zwischen den Staaten Preußen und Polen auf die Seite des Polenkönigs. 5 Er war Arzt, Baumeister, Kirchenmann, lebte aus den relativ kargen Einkünften als Domherr, außerdem war er Verteidiger des Domkapitels v. Frauenberg gegen den Deutschen Orden.

Lösung zu Stecker 66

Die Frauenbrust. 4 Zwiebelgewächse: Haare. – Eine russische Frau war als Kosmonaut im Weltraum.

Lösung zu Stecker 67

Die Pilgerväter (Pilgrim Fathers), die 1620 nach Zwistigkeiten mit ihrer Kirche wegen ihres Puritanismus mit Erlaubnis des englischen Königs per Schiff nach Übersee auswanderten. „Mayflower" hieß es. Sie siedelten sich in dem heutigen Staat Virginia, nach der jungfräulichen Königin Elizabeth (I.) von England genannt, an. Das Land wurde gut kultiviert, und als Dank für die ertragreichen Ernten erfanden sie gewissermaßen einen Feiertag, den Thanksgivingday. Von ihnen abzustammen sind auch heutige Amerikaner stolz.

Lösung zu Stecker 68

Dante Alighieri, 1265 in Florenz geboren, 1321 in Ravenna gestorben. 1 Michelangelos Leiche wurde nach Florenz gebracht, Dante aber liegt in Ravenna begraben. 2 Dante wurde aus Florenz wegen seiner politischen Haltung verbannt. Zu stolz, um gegen Bezahlung einer Buße zurückzukehren, fand er bei den Scaligern in Verona eine neue Heimat. 3 Die junge Beatrice Portinari wurde von ihm, wenn auch nur aus der Ferne, angeschwärmt. 4 Er machte sie zur Führerin der Besucher im Paradies, einem Kapitel seines Hauptwerkes. 6 Dieses wurde von ihm nur „Commedia" genannt, uns ist es heute unter dem Titel „Divina comedia" geläufig.

Lösung zu Stecker 69

Paulus, der sich erst nach der Bekehrung so nannte, nachdem er vorher Saulus geheißen hatte. In Tarsos geboren, lernte er das Zeltmacherhandwerk, das auch seinen Lebensunterhalt sichern mußte. Hochgebildet, vielgereist, bekehrte er sich in Damaskus zu dem von ihm bis dahin schwer verfolgten Christusgedanken und wurde dessen eifrigster Verfechter. Seine Briefe an Völkerschaften und Städte sind Weltliteratur. Er war civis Romanus, also ernannter römischer Bürger, der bei seiner Propaganda für das Christentum den Unwillen der kleinasiatischen Händler erregte, die ihre Silberstatuetten und sonstigen Souvenirs, etwa die Statuetten der Artemisia in Ephesos, kaum mehr an den Mann brachten, da sie ja Heidentum versinnbildlichten. Über seinen Tod sind mehrfache Versionen entstanden.

Erklärung zur Variation: 1 Er wurde in Tarsos bei Antiochia geboren, übte das Zeltmacherhandwerk aus und schrieb nach seiner Bekehrung zahlreiche Briefe an verschiedene Völkerschaften. 2 „Heiraten ist gut, nicht heiraten ist besser", einer seiner Aussprüche. Sein Name Paulus, den er nach seiner Bekehrung annahm, ist die verkürzte Form des lat. Wortes parvulus (Kleiner). 3 Auf seiner Reise nach Rom strandete er in Malta. 4 Er verfolgte Jesus Christus, den er für einen Gesetzesabtrünnigen hielt, und wurde dann nach seinem Aufenthalt in Damaskus und Ephesus selbst verfolgt. 5 Sein Gesinnungswechsel zum eifrigsten Förderer, ja zum Verfechter Jesu Christi machte ihn zum größten Apostel. 6 In Ephesos, dem Hauptort des Artemisiakultes, hatte er Anstände mit den dort lebenden Votivgaben- und Souvenirverkäufern und wurde sogar von Terroranschlägen bedroht. Römische Soldaten retteten ihn, da er als römischer Bürger ihresgleichen war.

Lösung zu Stecker 70

Der Polarstern. 1 Phaeton ist ein leichter Sportwagen. Der Polarstern steht hinten oben am Sternbild des Wagens. Seit altägyptischen Zeiten hat der Polarstern, wie alle anderen Sterne, am Himmel einen weiten Weg zurückgelegt; er steht nicht mehr an der alten Stelle. 2 Der Polarstern bezeichnet die Nordrichtung. 3 In der südlichen Halbkugel ist er nicht sichtbar. 5 Die Sterne, die ihm am Firmament nahestehen, umkreisen diesen Himmelsnordpol nächtlicherweise sichtbar (Zircumpolarsterne) ganz.

Lösung zu Stecker 71

Die Nacht. 1 Die halbe Erde ist immer der Sonne abgewendet. 2 Im Äquatorbereich setzt jahrüber die Abenddämmerung um 18 Uhr ein. 3 Die beiden Söhne der Nacht sind nach griechischem und deutschem Mythos Schlaf und Tod. 4 Schwarz. 5 Plissieren ist der Schneiderausdruck für falten; beim Nacht„falter“ heißen die Fühler Antennen.

Lösung zu Stecker 72

Das O. 4 Das eigentliche Lebenselement ist der Sauerstoff. Sein chemisches Zeichen = O_2. 5 Es steht in der Mitte der Wörter Rom und Dom und am Ende des Namens Michelangelo.

Lösung zu Stecker 73

Der Märchenheld Hans im Glück, der seinen durch Arbeit erworbenen Goldklumpen auf seiner Heimwanderung vorerst für ein Roß austauschte. Angeblich wertvoller sollte als Nahrungslieferant der nächste Tauschgegenstand, die Kuh, sein. Obzwar er diese beiden Tauschgeschäfte zu seinen Ungunsten abgeschlossen hatte, ließ er von dieser Praktik nicht ab und erwarb für die wertvolle Kuh das minder wertvolle Schwein. Auch dieses Tier wurde gegen eine Gans eingetauscht (Kiele und Posen sind Federteile), bis ihm ein Wanderbursche zu überzeugen verstand, daß der Wetzstein für seine künftige Karriere wichtiger sei als die dafür eingetauschte Gans. Beim Trinken aus tiefschachtigem Brunnen glitt der Wetzstein in diesen hinein. Unbeschwert zog unser Hans fröhlich heim zum Vaterhaus.

Lösung zu Stecker 74

Lucius Licinius Lucullus, 117 bis 57 vor Christus. 1 Als Feldherr siegreich und kulturbeflissen. 2 Cicero, mit ihm befreundet, heißt übersetzt „der Erbsenmann". 3 „Leben und leben lassen" war zeitlebens sein Maxime, auch was ihn als Beamten betraf. 5 Nicht sicher ist, daß er die Sauerkirschen nach Rom brachte, sicher jedoch, daß er sie populär gemacht hat. 6 Flamingohirne und Nachtigallenherzen waren seine Lieblingsspeisen.

Lösung zu Stecker 75

Der Truthahn. 1, 2 Er kam aus Amerika nach Spanien, wurde daselbst „Inder" genannt. 3 Englisch: Turkey. 4 Italienisch: Pavo indico = Indischer Pfau; französisch: d'Indon = Dindon. 5 Der Maler Malskat restaurierte in Lübeck nach dem zweiten Weltkrieg die Fresken an einer Kirche aus dem elften Jahrhundert. Dabei malte er auf einen Fries Truthähne, die es zur damaligen Zeit in Europa nicht gab; angeblich auf der alten Unterlage, die er somit fälschte.

Lösung zu Stecker 76

Der Inn, 1 der in der Schweiz entspringt und durch das Engadin nach Tirol hinüberfließt. 2 „Höhepunkte" sind selbstverständlich das Quellgebiet. 3 Im Ausland, also in Tirol – für den Schweizer eben Ausland – heißt die Hauptstadt Innsbruck. Bis dahin heißt er immer der grüne Inn. 4 Das Grüne reicht jedoch nur bis Passau, dort verbindet er sich mit der Donau aus dem Schwarzwald, die zwar weniger Wassermenge führt als der Inn, aber ihre Richtung und deshalb den Namen beibehält, während das Innwasser seine Richtung wechselt. Die kleine Tochter ist die Ilz. 6 Die Erzbischofstadt ist Passau. 7, 8 Die Wassermassen des Inn plus Donau wirken kraftmäßig über Österreichs Grenzen bis in die Tschechoslowakei nach Ungarn und Rumänien.

Lösung zu Stecker 77

Die Laute. 2 Die quer zu den Saiten stehenden, meist metallenen, in das Holz eingelassenen Streifen, nennt man Bünde. 3 ,,Gold und Silber" sind die Anfangsworte eines Volksliedes. 4 Auf der Laute wurden, besonders in romantischen Zeiten, den Damen Ständchen gebracht und auf Wanderungen wurde die Laute gerne mitgenommen, um Wanderlieder zu begleiten. Sie wurde meistens mit einem Band um den Hals herum angehängt getragen. 5 Die Laute hat keine Seitenwände, Zargen, wie zum Beispiel die Geige. Sie wird häufig mit erinnerungsträchtigen Bändern geschmückt und wird geschlagen, manchmal auch gezupft.

Lösung zu Stecker 78

Philippus Aureolus, eigentlich Theophrastus Bombastus Paracelsus von Hohenheimb, 1493 bis 1541. 1 Alchemie, also die Goldmacherei, war im 15. und 16. Jahrhundert eine durchaus würdige Studienrichtung. 3 Die Asepsis, die sterile (bakterienfreie) Handhabung der Chirurgen, ging in der späteren Zeit auf Jahrzehnte, ja Jahrhunderte verloren. 4 Sein Hauptwerk ist ein medizinisches und wurde entgegen der damals üblichen Art deutsch geschrieben statt lateinisch. Das brachte ihm wieder Feinde. 5 Wattepolster wäre die Übersetzung des Wortes Bombastus, das schon in der Antike als ,,ausgestopft" oder ,,Füllsel" galt. Es ist eine aus Baumwolle bestehende Einschiebung in die Schultern, um diese breit zu machen.

Lösung zu Stecker 79

Iphigenie. 1 die Tochter Agamemnons und der Klytämnestra – erhofften Kriegsglückes wegen – vom Vater zu Ehren der Göttin Athene nach Tauris, der heutigen Krim, verbannt. 2 Der Maler ist Anselm Feuerbach, der die Römerin wegen ihrer klassischen Schönheit als Modell für ein Bild Iphigeniens wählte. 3 Christoph Willibald Gluck führte sie als Opernheldin ein. 4 Klytämnestra ließ ihretwegen Agamemnon (mit dreifachem Palindrom = Rücklaufrätsel) durch ihren Geliebten Ägysthos in der Badewanne ermorden. 5 Der Bruder der gesuchten Iphigenie, Orestes, hieße auf deutsch: „Bergsteiger“.

Lösung zu Stecker 80

Maikäfer, aus dem Buch „Max und Moritz“, der Streich, der dem Onkel Fritz gespielt wird. Maikäfer kriechen nächtlicherweise auf seine Nasenspitze. 1 Maikäfer brauchen vier Jahre als Engerlinge zu ihrer Entwicklung. Sie besuchen den Onkel, der ein Verwandter dritten Grades ist. 2 Schildträger, weil Käfer zwischen den Vorderflügeln ein Schildchen aus Chitin tragen. 3 Mai. Sie sind hartleibig, aber im Sinn von Chitinhüllen. 5 Der Onkel heißt Friedrich, also Fritze, der Vater Wilhelm Busch, sie sind selbstverständlich deswegen noch keine Preußen.

Lösung zu Stecker 81

Der Igel. 1 Er ist eines der ältesten Säugetiere. 2 Unter Schwaben versteht man im süddeutschen Raum die Kakerlaken, eine Insektenart, die für den Igel ein Leckerbissen ist. Mit dem Volksstamm der Schwaben haben sie nichts zu tun. 4 Da sich Igel noch immer nicht daran gewöhnt haben, heranrollende Feinde anders als durch Einziehen des Kopfes und Aufstellen des Stachelkleides am Angriff zu hindern, versuchen sie das bei herannahenden Fahrzeugen ebenfalls, leider nutzlos und vergeblich. Die sich nur langsam fortbewegenden Igel gehören zu den am meisten betroffenen Opfern der Autofahrer. 5 Der junge Igel kommt mit weichen Stacheln zur Welt, weil er sonst die mütterlichen Geburtswege verletzen würde. Er wechselt in seiner Jugend dann auf ein bleibendes starres Stachelkleid.

Lösung zu Stecker 82

Robert Baden-Powell, englischer Offizier und Leiter der Pfadfinderbewegung und ihrer Organisation. Er starb 1941. Einer der Grundsätze seiner Bewegung lautet: Man müsse jeden Tag wenigstens eine gute Tat vollbringen. 5 Der Kongreß heißt Jamboree.

Lösung zu Stecker 83

Sara, 1 um derentwillen, weil sie die Hauptfrau war, Hagars Sohn Ismael das Erstgeburtsrecht verlor. 2 Da sie mitsamt ihrem Gatten Abraham aus Ur stammte, ist hier das Wortspiel Urmutter angewendet worden. 3 Sie bewirtet, der Bibel nach hundert Jahre alt, drei Engel an ihrem Tisch und diese prophezeien, sie werde einen Sohn gebären. 4 Ihr Gatte, aus Ur emigriert, sollte, von Gott beauftragt, den Sohn Isaak töten als Probe für den unbedingten Gehorsam des Stammvaters. Gott ändert seinen Auftrag, als Abraham zum Töten ansetzt, und nimmt ein junges Schaf als Opfer an. 5 Wenn man in Sara ein „ha hineinlacht", so wird daraus Sa-ha-ra, und holt man aus der Wüste Sahara einen Lacher heraus, so wird aus der Afrikanerin Sahara die Asiatin Sara.

Lösung zu Stecker 84

Der Gallenstein.

Lösung zu Stecker 85

Mahatma Gandhi, 1869 bis 1948. 3 Das Wort Spinner soll noch erklärt werden: Indem er die autarke Versorgung seines armen Landes in dem Sinn befürwortete, daß wieder alle zu Handwerk und Einfachheit zurückkehren sollten, ging er mit gutem Beispiel voran und spann das Garn für sein Gewand selbst.

Lösung zu Stecker 86

Der Büffel, eine Rinderart. 2 Das asiatische Wort für Büffel bedeutet Gazelle. 3 Der Berufsjäger ist der bekannte Buffalo Bill, mit Zivilnamen William Cody, der 1917 starb. Richtig müßte er Bison Bill heißen, weil das der Name des amerikanischen Büffels ist.

4 Paracelsus, der ja neben Latein auch deutsch schrieb und sich kein Blatt vor den Mund nahm, nannte einen klotzigen Tölpel Büffel. 5 Büffeln – in der Studentensprache für stucken oder ochsen.

Lösung zu Stecker 87

Schneider Böck aus Wilhelm Buschs „Max und Moritz". 1 Lückenbüßer deshalb, weil die Lücke in der Brücke teuer gebüßt wird. 2 Er fällt ins Wasser und wird jetzt von den beiden Knaben „Ziegenböck" gerufen. Das ist die Hörndlvieh„voraussetzung" eines Namens. Nun heißt Buschs Vers: „Aber wenn er dies erfuhr, ging's ihm wider die Natur", daher widernatürlich. 3 Die provozierenden Jungen nehmen Stellung gegen den Schneider. 4 Nach seinem Sturz in den Bach holen ihn zwei Gänse, an deren Beine er sich klammert, aus dem Wasser. 5 Frau Böck heilt durch Bügeln mit dem heißen Eisen die Erkältung ihres Mannes.

Lösung zu Stecker 88

Die Augen. 1 Das Mittelloch ist die Pupille, die Hülsenfrucht die Linse und das Gelee der Glaskörperinhalt. 2 Brauen und Backen sind die benachbarten Gesichtsteile. 3 Die salzhaltige Therme ist die Tränenflüssigkeit.

Lösung zu Stecker 89

Die Stadt Nürnberg. 1 Peter Henlein erfand das „Nürnberger Ei", die Taschenuhr. 2 Hans Sachs besingt Evchen in den „Meistersingern". 3 Lebzelten mit Honig. 4 Nürnberger Trichter. 5 Nürnberger Spielzeugmesse. 6 Rassengesetze und Nürnberger Prozeß.

Lösung zu Stecker 90

Der Apfel. 1 Die erste „Miß Universe" ist die griechische Aphrodite, die von dem Königssohn Paris den Apfel als schönste Göttin gegen ihre zwei Konkurrentinnen Athene und Hera erhielt. 2 Der erste Großgrundbesitzer ist Adam. 3 Junge Maden sind Mädchen vom Apfelblütenstecherkäfer. Es können auch junge Raupen (von

Schmetterlingsformen) sein. 4 Herakles mußte für seinen Herrscher die goldenen Äpfel ewiger Jugend von den Hesperiden holen, die in der Gegend von Gibraltar siedelten. 5 Reichsapfel. 6 Sir Isaak Newton hatte seinen schöpferischen Gedanken, daß die Erde die Körper anziehe, beim Anblick eines fallenden Apfels.

Lösung zu Stecker 91

Das Magnesium. 1 Da Magnesium leichter ist als die meisten Metalle, zieht man es für Rennwagenräder heran. Die Dichte des Magnesiums ist 1,74 g/cm^3. 7 Als biserierte oder gebrannte Magnesia kennen es wohl alle, die mit Magensäureüberschuß zu tun haben.
Wenn Magnesium nicht erraten wurde, kann man weitere Hinweise zur Erleichterung geben: 9 Das Gesuchte kommt praktisch nur in Verbindungen in der Natur vor. Als Silikat zum Beispiel im Meerschaum. 10 Auch das hitzeabwehrende Asbest enthält es.

Lösung zu Stecker 92

Dr. Martin Luther King, 1929 bis 1967, protestantischer amerikanischer Geistlicher. Kämpfer gegen die Rassentrennung in den Südstaaten Amerikas. 1964 Friedensnobelpreis. Von Fanatikern ermordet. 1 König = englisch: king 2 Martin Luther.

Lösung zu Stecker 93

Der Kastanienbaum bzw. der Kastaniensame. 2 Die Schale der Frucht ist stachelig grün und 3 fällt im Herbst manchmal ganz ab oder der Same fällt aus der Schale. 4 Die Edelkastanie wird vor dem Essen geröstet. Der heilige Laurentius erlitt bekanntlich den Märtyrertod auf dem Rost. 6 Die deutsche Form für Kastanie ist eine Abkürzung: Kösten oder Kesten. In Italien wird die Kastanie, wie manchmal auch bei uns, Maroni genannt.

Lösung zu Stecker 94

Antonius von Padua, in Lissabon geboren als Fernando de Taveira.

Lösung zu Stecker 95

Das Streichhölzchen, 1 das 1805 von dem Franzosen Chanet erfunden und vorerst mit Schwefel und Kaliumchlorat zubereitet wurde. Iranyi führte dann den Phosphor als Zündmasse ein und 1813 hat James Stone, ein Engländer, unser heutiges Hölzchen, das mit der Reibungswärme arbeitet, zusammengesetzt (4). 3 Das ,,Kleine Mädchen mit den Schwefelhölzern" ist der Titel eines Andersenmärchens. 5 Die seltene Erde ist Cer, als Zündstein einerseits und als Teil des Feuerzeugs anderseits von Auer v. Welsbach angegeben. Benzin- und Gasfeuerzeug, aber auch elektrische Zünder, sind seine scharfe, nicht immer funktionierende Konkurrenz.

Lösung zu Stecker 96

Das Kamel. 1 Wenn man als Warenkundler von Kamelhaar spricht, etwa für Decken oder Mäntel, stammt das Haar fast immer von der Angoraziege und nicht vom Kamel. 5 Es ist eines der wenigen Säuger, die längliche Blutkörperchen haben. 6 Gespaltene Oberlippe – sonst nicht familienüblich. 7 Wiederkäuer sind im allgemeinen Horn- oder Geweihträger. 8 Das Kamel geht im Paßgang, daher schwankt sein Reiter nach links und rechts. 9 Die Sparkassa ist der Höcker, der Wasser in den Fettzellen aufspeichern kann, so daß in Durstzeiten das Kamel wochenlang ohne Wasserzufuhr leben kann.

Lösung zu Stecker 97

Die Marseillaise. 2 Claude Joseph Rouget de Lisle, 1760 bis 1836, französischer Offizier in Napoleons Heer. Als Besatzungsmitglied in Straßburg komponierte er die Marseillaise, die 1795 zur französischen Nationalhymne erklärt wurde. Er wurde als einer der großen Franzosen würdig befunden, bei den anderen Helden im Invalidendom begraben zu werden.

Lösung zu Stecker 98

Die Kaffeebohne. 1 Die Frucht des Kaffeebaumes heißt Kaffeekirsche. 2 Cholamin ist ein organischer Farbstoff. 4 Mittelscheitel ist der Einschnitt an der flachen Bohnenseite; fast immer sind in einer Frucht zwei Samenkerne enthalten. 5 Besonders Brasilien, ein Hauptexporteur für Kaffee, hat, um die Preise halten zu können, sehr oft Rohkaffeebohnen ins Meer gegossen.

Lösung zu Stecker 99

Der Osterhase, 1 den es ja nicht gibt und der als Säugetier niemals Eier legen würde. Auch die Göttin Ostara, die Frühlingsgöttin der Germanen, ist nur eine Mythengestalt. 2 Die Ostereier werden gefärbt und fast immer in ein Nestchen oder einen Korb gelegt. 3 Der Osterhase ist immer ein Er, die Ostereier jedoch sind Hühnereier und die Henne besitzt nur einen linken Eierstock. 4 Das Osterfest ist ein bewegliches Fest. 5 Panier – hier ein Wortspiel: Panier heißt einerseits die Weißbrotkrumeneihülle, mit der man Fleisch, aber auch Gemüse, zum Backen umhüllt; anderseits bedeutet das Wort Banner oder Flagge. Hasenpanier ist also die Flagge des Hasen – der sie ergreift, um sie in Sicherheit zu bringen. Das Hasenpanier = Flucht. 6 Ein feiger Flüchtling oder Traumichnicht wird Hasenfuß genannt. 7 Löffel sind die Hasenohren und der Ausspruch „Ich heiße Hase und weiß von nichts“ ist allbekannt.

Lösung zu Stecker 100

Das Kochsalz. 1 Moab, Loths Sohn, dessen Mutter zur Salzsäule erstarrte, als sie sich entgegen Gottes Verbot umwandte. 2 Der letzte Zeitabschnitt des Paläozoikums heißt Perm, während dessen Dauer die ungeheuren Salzlager in der Tiefe und oberflächlich – besonders in Deutschland – gebildet wurden. 3 Die unterirdischen Wege sind Salzbergwerkstollen. Ein zwischenstaatliches Abkommen zwischen Österreich und Deutschland erlaubt österreichischen Belegschaften, auf bayerischem Grund unter Tag zu arbeiten, dafür steht Bayern ein Teil der Forstnutzung auf österreichischem Boden zu. 4 Um den Verkauf oder Verbrauch des Salzes mußten sich die Arbeiter selber kümmern. 5 Da die pflanzliche Nahrung verhältnismäßig wenig kochsalzhältig ist, suchen Pflanzenfresser sogenannte Salzlecken auf, die vom Heger ausgelegt werden.

Leichtere Variation: 1 Erklärung gleich Erklärung 1 oben. 3 Die Häute werden geschmeidiger und leichter zu bearbeiten. 4 Salzstraßen nennt man jene Handelswege, auf denen vorwiegend Salz transportiert wird; aus Europa in den Fernen Osten oder von Meeresnähe ins Landesinnere. Spezielle Salzstraßen sind etwa Flüsse, auf denen Salz transportiert wurde, zum Beispiel in Österreich die Traun. 5 „Salz und Brot macht Wangen rot."

Lösung zu Stecker 101

Der Kuckuck. 1 Prophet deshalb, weil nach Meinung vieler die Zahl seiner Schläge die Lebensjahre, die einem noch bevorstehen, anzeigen soll. 2 Seine Mutter legt bekanntlich das Ei in ein fremdes Nest. Graubraun ist das Gefieder und sehr unauffällig. Außer dem Wort Kuckuck, einer Lautmalerei, weiß er nichts zu sagen. In manchen Ländern wird das amtliche Siegel, das auf Pfändungsobjekten aufgeklebt wird, um sie vor weiterem Zugriff oder Verkauf zu schützen, Kuckuck genannt. Das Ablösen des Siegels ist strafbar, denn es ist ja ein Zeichen der Pfandnahme. 3 Im zweiten Weltkrieg war der Kuckucksruf ein Vorwarnsignal für Bombenangriffe; Sirenen folgten erst eine Weile später, wenn Flugzeuge bereits unmittelbar über dem Gebiet flogen. 4 Terz ist hier musikalisch gemeint. Das Tonintervall seines Rufes ist eine Terz. 5 Der Kuckuck vor der Uhr ist eben die Schwarzwälder Kuckucksuhr. 6 Mit Appetit gesegnet und gar nicht heikel frißt er besonders gerne haarige Raupen.

Lösung zu Stecker 102

Rainer Maria Rilke, 1875 bis 1926. Aus dem böhmischen Raum stammend, kam er nach Reisen in die Toscana und nach Rußland und nach 2 einer unfreiwilligen Militärerziehungszeit 1 nach Paris zu dem Bildhauer Rodin. 5 Seine Lyrik ist wegweisend. Er übersetzte viele französische Dichter, starb in der Schweiz und liegt daselbst begraben.

Lösung zu Stecker 103

Der Schornsteinfeger.

Lösung zu Stecker 104

Franz Liszt, 1811 bis 1886, 1 in Westungarn geboren, lebte lange Zeit in Frankreich. 3 Er war in Weimar Hofkapellmeister von 1844 bis 1861. 4 Sein Schwiegersohn war Richard Wagner.

Lösung zu Stecker 105

Die Hand. 1 Der Ritter ist Götz von Berlichingen mit der eisernen Hand als Prothese. 5 Shylock: „Wächst mir ein Kornfeld auf der flachen Hand?“

Lösung zu Stecker 106

Erasmus von Rotterdam, eigentlich Desiderius heißend, 1465 bis 1536. Theologe und Philologe. Humanist und Gegner Luthers. Versuchte Antike mit Christentum zu verbinden. 1 Pythia galt im alten Griechenland als eine weissagende Priesterin und deshalb wurde dieser weit vorausblickende Mann Pythia genannt.

Lösung zu Stecker 107

Der Hahn als oberstes Mitglied der vier Bremer Stadtmusikanten. In dieser Stadt steht auch ein Standbild der vier: Hahn, Katze, Hund und Esel.

Lösung zu Stecker 108

Johann Peter Eckermann, 1792 bis 1822, der Trabant und treue Sekretär Goethes in dessen zehn letzten Lebensjahren. Seine „Gespräche mit Goethe“ erhellen der Nachwelt das letzte Jahrzehnt Goethes, den er auch zum Abschluß des zweiten Teiles von „Faust“ veranlaßte. Er starb in Weimar.

Lösung zu Stecker 109

Aurelius Augustinus, Bischof von Hippo (Afrika).

Lösung zu Stecker 110

Das Hühnerei, 1 das im rohen Zustand ein weiches Dotter hat und erst beim Kochen hart wird. 2 Mit dem Zahn der Zeit ist der Eizahn des Kückens gemeint, der die Eihülle sprengt. 3 Punctum saliens wurde seit dem Altertum jenes kleine rötliche Pünktchen auf dem Eidotter genannt, das schon mit einer schwachen Lupe als springendes, zitterndes Pünktchen zu erkennen ist. Es ist in Wirklichkeit das bereits schlagende Herz des Kückens auf der Keimscheibe, punctum saliens, „der springende Punkt", das Wesentliche, genannt. 4 Eiklar; das Dotter mit beiden Hagelschnüren an den Polen des Eies aufgehängt. 5 Hühner sind Nestflüchter; wenn sie nicht vom Brutkasten gehindert werden, gehen sie mit der Henne gleich auf Nahrungssuche.

Lösung zu Stecker 111

Jeanne Francoise Récamier, 1777 bis 1849. 1 Die Liege nennt man heute noch Récamiere, sie ist eine Art Chaiselongue mit nur einer Seitenstütze. 3 Chateaubriand, 1768 bis 1848, französischer Politiker und Schriftsteller, bekannt durch seine Memoiren. 4 Madame de Stael, geb. Germaine Necker, Tochter des Schweizer Bankiers Necker, der von Napoleon als französischer Finanzminister berufen wurde. Beide Damen mochten Napoleon nicht und vereinigten in ihren Salons Napoleongegner ganz offen.

Lösung zu Stecker 112

Marianne v. Willemer, um 1784 geboren. 3 - 5 Das Werk Goethes, in dem ihre Gedichte mitenthalten sind, heißt „Westöstlicher Diwan". Er nennt sich darin Hatem, und seine Liebe enthält den Namen Suleika.

Lösung zu Stecker 113

Die Wirbelsäule bzw. das Rückgrat. 4 Atlas ist der oberste Wirbelknochen (Atlasbindung eine Webart!). 5 Der folgende, Epistropheus genannt, hat einen Fortsatz, der Zahn heißt und steil in den Atlas hineinragt.

Lösung zu Stecker 114

Die Schachkönigin. 3 Rochade.

Lösung zu Stecker 115

Elektron, griechisches Wort für Bernstein.

Lösung zu Stecker 116

Schneewittchen.

Lösung zu Stecker 117

Benjamin Franklin, ein Universalgenie, 1706 bis 1790.

Lösung zu Stecker 118

Napoleon, geboren auf Korsika, Josephine Beauharnais stammte aus Martinique, er floh von Elba und starb auf St. Helena.

Lösung zu Stecker 119

Das Wort Jura mit drei Bedeutungen. 1 Es ist die Erdepoche Jura, gefolgt von der Kreidezeit, innerhalb der die Saurier ausstarben. 2 Dieser Passus ist eine Anspielung auf ein Scheffel-Gedicht. 3 Mit Rücken und Flanken ist an das Juragebirge gedacht, das in der Schweiz liegt, deren Währung Rappen sind. 4 Unter dem Hut ist der Doktorhut der Juristinnen gemeint. 5 Schließlich geht man in die Jurazeit zurück, das Gebirge besteigt man, bei der Jusprüfung kommt man durch oder man fällt durch.

Lösung zu Stecker 120

Das Loch (als Homonym).

Lösung zu Stecker 121

Die vier Begriffe, die unter das gleiche Wort als Homonym fallen, heißen Hornhaut. 1 Die Heldenhülle ist Siegfrieds Hornhaut, die er sich durch das Baden im Blut des erschlagenen Drachen erwarb. 2 Die beiden Wölbungen sind die Augenhornhaut. 3 Die „Bildungslücke" wäre jene Stelle an Siegfrieds Rücken, die infolge eines dahin geglittenen Lindenblattes, vom Drachenblut nicht berührt, verletzbar blieb. 4 Die Hornhaut als Schwiele an den Füßen, aber auch an den Händen, ist schmerzhaft und 5 die Oberhaut des Menschen hat als äußerste Schicht immer Hornzellen.

Lösung zu Stecker 122

Das Wort Stich. 1 Sonnenstich. 2 „Sculpsit" schrieben besonders früher die Stahlstecher in die Platten. 3 Kartenstich im Spiel. 4 Cäsar rief bei seiner Ermordung, als dreiundzwanzig Griffelstiche ihn durchbohrten: „Kai sy, teknon" – „Auch du, mein Kind", denn Griechisch war die Sprache der Vornehmen in Rom.

Nur für den Mittler: ein alphabetischer Stecker-Index zur leichteren Orientierung findet sich am Ende des Buches auf S. 336.

Spiel 228, Bild 5: Wie nennt man diese „Figur" beim Schilauf?

Antwort Seite 264

Zweierauswahl / Alternative

Beurteilen und Entscheiden

Bei diesem Spiel wird eine Behauptung aufgestellt, ein Urteil ausgesprochen und die Frage lautet nur: Ist dieses Urteil, diese Behauptung richtig oder falsch? Ist es richtig, lautet die Antwort: „Ja" oder +, ist es falsch, „Nein" oder –.

Beispiel:

Das Eichhörnchen hält einen Winterschlaf.

Antwort: Falsch.

In diesem Fall muß nun eine Berichtigung erfolgen, denn das Eichhörnchen hält Winterruhe und nicht Winterschlaf, weil es mehrmals erwacht und sogar frißt.

Weiteres Beispiel:

Rio de Janeiro ist nicht mehr die Landeshauptstadt von Brasilien.

Antwort: Richtig.

Bei Antwort: „Richtig" wäre nicht immer eine Erklärung notwendig; hier drängt sie sich aber auf: Brasilia ist die Landeshauptstadt.

In Analogie zu manchen Sportwettspielen besteht das Spiel aus zwölf Behauptungen, kann aber nach Maßgabe der Zeit und des Gruppenniveaus auch auf eine andere Zahl festgelegt werden.

Die Spieler bereiten auf einem Blatt Papier die Anzahl der zu erwartenden Fragen vor, indem sie die Ziffern untereinanderschreiben. Daneben kommt dann jeweils nach Verlesen der Fragen ihre Stellungnahme (Entscheidung) entweder in Form eines Plus oder Minus (+ –) oder eines „Ja" oder „Nein". Die richtigen Antworten werden zusammengezählt; wer die meisten hat, ist Spielsieger.

Für dieses Spiel ist, wie allerdings bei fast allen Spielen, hohe Konzentration und Urteilskraft nötig und die Bereitwilligkeit, sich schnell zu entscheiden.

Die Lösungen finden wir anschließend an die einzelnen Spiele, gefolgt von zusätzlichen Erklärungen. Nach Beendigung des Spieles wünschen die Spieler zuerst die Reihenfolge der Tips als Kolonne zu hören, um ihre Entscheidungen zu kontrollieren. Sie ringeln, zwecks leichteren Zusammenzählens, die richtigen Antworten ein. Dann erst gibt der Mittler weitere Erläuterungen zu den einzelnen Punkten.
Stellt man selbst eine solche „Zweierauswahl" zusammen, so möge man versuchen, die Behauptungen so komplex zu gestalten, daß sie etwas Überraschendes, Neues oder Anregendes bringen. Wenn die Behauptungen evidente Tatbestände bezeichnen oder banale Lösungen ergeben, oder selbstverständlich sind, fehlt nicht nur der Reiz beim Lösen, sondern auch das Wecken der Neugierde. Strittige Behauptungen vermeide man, weil sonst unliebsame, ja störende Debatten entstehen, die nicht nur Zeit vergeuden, sondern auch die Stimmung dämpfen.
Bei Wiederholungen, sei es während des gleichen Treffens oder zu einem späteren Zeitpunkt, kann man selbstverständlich das ganze Spiel wörtlich wiederholen. Dann ist es auf reine Merkfähigkeit abgestellt. Nicht allzu schwierig sind jedoch sachliche Variationen, indem bei den einzelnen Behauptungen nur das Gebiet gewechselt wird.

SPIELE

123

1 Wenn wir Fleisch in Öl sieden, statt in Wasser, wird es schneller weich.
2 Die Raben gehören zu den Klettervögeln.
3 Zimt ist ein Gewürz aus einer Baumrinde.
4 Beim Linkshänder liegt das Sprachzentrum in der rechten Hirnhälfte.
5 Eternit ist ein Kunstprodukt aus Zement und Zellwolle.
6 Eisen ist das älteste Gebrauchsmetall des Menschen.
7 Die größte Gefahr bei Raumflügen ist die Knochenentkalkung.
8 In der Antike bezog man die Diamanten meistens aus Indien.
9 Engelshaar ist gebleichter Flachs.
10 In jedem Eiweiß ist Stickstoff enthalten.

11 „Rückwärts einsteigen“ und „vorwärts aussteigen“ ist falsch.
12 Wenn bei den Germanen zwei Söhne vorhanden waren, so erbten diese zu gleichen Teilen.

Lösungen:						
	1 +	3 +	5 –	7 +	9 –	11 +
	2 –	4 +	6 –	8 –	10 +	12 –

Erklärungen:

1 richtig. Öl wird heißer als Wasser, das nur hundert Grad Celsius erreicht.
2 falsch. Die Raben gehören zu den Singvögeln.
3 richtig.
4 richtig. Das Sprachzentrum liegt im entgegengesetzten Hirnteil zur führenden Hand.
5 falsch. Eternit besteht aus Asbestzement.
6 falsch. Kupfer wurde noch vor dem Eisen zum Herstellen von Gegenständen verwendet.
7 richtig. Dadurch, daß im schwerelosen Raum die Knochen von den Muskeln nicht beansprucht werden, schwindet der Kalk.
8 falsch. Diamanten waren in der Antike unbekannt.
9 falsch. Engelshaar wird meist aus Glaswolle hergestellt.
10 richtig. Außerdem noch Kohlenstoff, Wasserstoff, Sauerstoff.
11 richtig. „Hinten“ und „vorne“ wäre richtig. Die Nachsilbe „wärts“ gibt immer eine Richtung an.
12 falsch. Der Ältere teilte das Erbe, der Jüngere durfte dann wählen.

124

1 Das intelligenteste Haustier ist das Schwein.
2 Die schwarz-rotbraune Textilfarbe, wie wir sie z. B. an alten Gobelins sehen, gewann man aus Ginster.
3 Im Atlantik heißen die Wirbelstürme Taifun.
4 Der echte Seidenfaden besteht aus Chitin.
5 Alle Haare des Menschen aneinandergereiht, wachsen täglich um acht bis zwanzig Meter.
6 Große Augen mit ebensolchen Pupillen sind charakteristisch für nachtjagende Tiere.

7 Den hinterhältigen Ränkeschmied in Bühnenstücken nennt man Inspizient.
8 Der Geruchssinn ist der Sinn, der das Gedächtnis am treuesten unterstützt.
9 Thales von Milet behauptete als erster, daß die Erde rund sei.
10 Wenn Cäsar sich heute in eine Wählerliste eintragen ließe, würde er sich unter dem Buchstaben C eintragen.
11 Haschisch ist ein Rauschgift ursprünglich indischer Herkunft.
12 Die Mistel, die Baldur tötete, hat Loki von einer Fichte geholt.

Lösungen:						
	1 +	3 –	5 +	7 –	9 +	11 +
	2 +	4 –	6 –	8 +	10 –	12 –

Erklärungen:

1 richtig. Das Schwein lernt besser und merkt sich Situationen besser als die meisten anderen Haustiere.

2 richtig. Rot allein wurde z. B. aus Krappgewächsen gewonnen.

3 falsch. Im Atlantik heißen die Wirbelstürme Hurricanes, Taifune heißen sie im Indischen Ozean.

4 falsch. Er besteht aus Fibroin, einem Eiweißstoff.

5 richtig. Natürlich nur, wenn man den Einzelhaarwuchs des Menschen von 12.000 bis 30.000 Kopfhaaren addiert (pro Haar täglich etwa 0,3 Millimeter).

6 falsch. Sie sind charakteristisch für Dämmertiere.

7 falsch. Er heißt Intrigant; Inspizient ist beim Theater der mit der technischen Durchführung der Regieanordnungen Betraute.

8 richtig. Mit einem Geruchssinn verbindet sich immer ein ganzer Komplex von Erlebtem.

9 richtig. Thales von Milet, ein jonischer Naturphilosoph, der 600 vor Christus lebte, hatte lange vor Kopernikus diese Erkenntnis. Er nahm das Wasser als den Ursprung aller Dinge an.

10 falsch. Er würde sich selbstverständlich unter dem Buchstaben „J" eintragen. Sein Name lautete: Gaius Julius, Cäsar ist nur ein Beiname.

11 richtig. Es ist eine ursprünglich in Indien beheimatete Hanfsorte.

12 falsch. Die Mistel wächst nicht auf Nadelbäumen, sondern nur auf Laub- und Obstbäumen.

125

1 Grüne Kartoffeln sind giftig.
2 Hunde haben keine Mahlzähne.
3 Die Nadelbäume werden von Insekten bestäubt.
4 Das beste Anregungsmittel für ein gelähmtes z. B. narkotisiertes Atemzentrum im Hirn ist Sauerstoff.
5 Der Heilige, der Irland von der Otternplage befreite, heißt St. Patrick.
6 Auf der Mondoberfläche befinden sich keine mineralischen Kristalle.
7 Während manche Vitamine hitzeempfindlich sind, schadet den Fermenten (auch Enzyme genannt) das Kochen nichts.
8 Das Katalonische, gesprochen in Katalonien rings um Barcelona, ist die spanische Hoch- und Schriftsprache.
9 Die Ostereier sind alte Kultobjekte und symbolisieren die Fruchtbarkeit.
10 Wenn wir eine Perlenkette in den Salat fallen lassen, wird sie sofort zerstört.
11 Wir können mit Sicherheit sagen, daß das Sternbild der Andromeda vor 720.000 Jahren existierte.
12 Wenn beim Würfelspiel dreimal hintereinander ein Sechser fällt, ist die Wahrscheinlichkeit, daß als nächstes wieder ein Sechser gewürfelt wird, 1:6, also ein Sechstel.

Lösungen:	1 +	3 –	5 –	7 –	9 +	11 +
	2 +	4 –	6 +	8 –	10 –	12 +

Erklärungen:

1 richtig. Das grüne Gift in der Kartoffel heißt Solanin, es entsteht meist durch unsachgemäße Lagerung.
2 richtig. Hunde verschlingen deshalb die Brocken im ganzen und erst der scharfe Magensaft macht das Nichtkauen wett.
3 falsch. Nadelbäume sind immer Windblütler. Sie selbst sind älter als die Insekten.
4 falsch. Sauerstoff ist dafür ungeeignet. Reizen läßt sich das Atemzentrum nur durch die Übersäuerung des Blutes mit Kohlensäure-

gas. (Das Neugeborene atmet erst, wenn es durch Kohlensäureansammlung im Blut schon beinahe blau ist.)

5 falsch. In Irland gibt es keine Schlangen.

6 richtig. Kristalle enthalten stets Kristallwasser, das es auf der Mondoberfläche nach derzeitigem Wissen nicht gibt.

7 falsch. Alle Fermente sind eiweißhältig und daher hitzeempfindlich bei etwa 60 Grad Celsius.

8 falsch. Die spanische Hochsprache ist das Kastilische, gesprochen in der Provinz Kastilien rund um Madrid.

9 richtig.

10 falsch. Perlen lösen sich erst innerhalb von mindestens vierundzwanzig Stunden in Essig auf, wenn man sie darin beläßt.

11 richtig. Die Entfernung zwischen der Erde und dem Sternbild der Andromeda beträgt 720.000 Lichtjahre und wir sehen das Sternbild heute.

12 richtig. Aber es ist völlig unabhängig von dem, was vorher kam, die Wahrscheinlichkeit, daß eine bestimmte Zahl fällt, ist für alle sechs Zahlen immer 1:6.

126

1 Die Cassiopea geht nachts nie unter.

2 Die Guipurespitze liegt in der Normandie.

3 Das wichtigste Spurenelement im Blut ist Kobalt.

4 Wenn eine Biene ihre Königin sticht, ist es fast immer ihre Schwester.

5 Maghreb heißt das ägyptisch-arabische Obergewand.

6 Bernstein kann nicht mit Alkohol gewaschen werden, weil er als Harz löslich ist.

7 Eine Strontiumvergiftung läßt sich am Röntgenschirm nachweisen.

8 Es gibt nur einen Edelstein, der aus einem einzigen Element besteht.

9 Zugvögel können pro Tag bis zu 450 km weit fliegen.

10 Mudejar hieß jener Seldschuke, der die Janitscharen anführte.

11 Laotse hat etwa ein Dutzend Lehrbücher hinterlassen.

12 Die zwei Knöpfe hinten am Frack dienten seinerzeit, als die

Fräcke noch farbig waren, zum Aufhängen der Prunkschleppe bei feierlichen Anlässen.

Lösungen:	1 +	3 +	5 –	7 +	9 +	11 –
	2 –	4 +	6 –	8 +	10 –	12 –

Erklärungen:

1 richtig. Die Cassiopea ist ein Circumpolarstern, also einer von jenen Sternen, die den Süd- oder den Nordpol des Himmels so eng umkreisen, daß sie in einer Nacht den ganzen Kreis vollenden.

2 falsch. Die Guipurespitze (das „u" wird nicht ausgesprochen) ist eine Nadelspitzenart mit Ranken und Blüten.

3 richtig. Kobalt ist in den roten Blutkörperchen enthalten; ohne diese wäre das Atmen unmöglich. – Eisen ist infolge seiner großen Quantität kein Spurenelement mehr.

4 richtig. Im allgemeinen werden aus einer Generation Bieneneier, die von einer Königin stammen, sowohl die künftige Königin wie auch die übrigen Bienen gefüttert. Während die Königin mit Weiselfutter großgezogen wird, bekommen die anderen Bienen nur Arbeitsbienenfutter in ihre Zellen.

5 falsch. Maghreb heißt der arabisch-afrikanische Teil Nordafrikas.

6 falsch. Bernstein ist das einzige in Alkohol unlösliche Harz.

7 richtig. Das Isotop Strontium ist ein Bestandteil des Atommülls und tritt statt Calcium in die Knochen ein.

8 richtig. Der Diamant ist der einzige Edelstein, der nur aus einem Element, nämlich aus Kohlenstoff, besteht.

9 richtig.

10 falsch. Mudejar ist ein spanisch-maurischer Mischstil.

11 falsch. Laotse hat ein einziges Gedichtlehrbuch der Moral hinterlassen, den Tao-te-king.

12 falsch. Die Knöpfe dienten zum Hinaufknöpfen der Schöße bei der Jagd, bei der sie hinderlich gewesen wären.

127

1 Der Spiegel beim Rehwild zeigt an, daß es in Herden (Rudeln) lebt.

2 Borke heißt der aus Hornsubstanz bestehende Teil der Baumrinde.

3 Coffeinfreien Kaffee gewinnen wir durch eine mutative Kreuzung mit tropischen Kirschenarten.
4 Zwischen der Entdeckung des Weges nach Ost- und nach Westindien liegen nur sechs Jahre.
5 Galaktosen nennt man die Gesamtheit der Milchstraßen.
6 Die Brauerhefe enthält mehr Vitamine als die Bäckerhefe.
7 Es gibt auf der Erde nur zwei chemische Grundstoffe (Elemente), die unter normalen Bedingungen flüssig sind.
8 Die Zisterzienser heißen nach ihrem Gründer St. Zisterzius.
9 Das wichtigste Lehrbuch der Medizin vom 12. Jahrhundert bis nach dem Dreißigjährigen Krieg, also fast fünf Jahrhunderte lang, war das Buch „Kanun" des Persers Avicenna.
10 Wenn wir in einer Straßenbahn etwas finden, haben wir Anspruch auf Finderlohn.
11 Am 7. Oktober 1582 wurde kein einziger Knabe geboren.
12 Das Känguruh ist eines der intelligentesten Tiere.

Lösungen:	1 +	3 –	5 –	7 +	9 +	11 +
	2 –	4 +	6 +	8 –	10 –	12 –

Erklärungen:

1 richtig. Fluchttiere geben mit dem weißen Fleck rund um den After in der Dämmerung ihrem Nachfolger die Wegrichtung an.
2 falsch. Die Baumrinde besteht nicht aus Horn, sondern teilweise aus Kork, einer pflanzlichen Substanz.
3 falsch. Coffeinfreien Kaffee gewinnen wir durch chemische Extraktion der Kaffeebohne. Mutative Kreuzungen gibt es nicht.
4 richtig. Columbus fand den Weg nach Westindien 1492, Vasco da Gama unabhängig davon den Weg nach Ostindien 1498.
5 falsch. Galaktose ist Zucker, Milchzucker; die Milchstraßen heißen Galaxien.
6 richtig. Der B-Vitamin-Komplex ist konzentrierter in der Bierhefe.
7 richtig. Brom und Quecksilber sind die einzigen flüssigen Elemente, alle anderen (über hundert) sind entweder gasförmig oder fest. Unter normalen Bedingungen ist hier die Temperatur 0 bis 20 Grad gemeint, bei einem Barometerstand von 760 mm Quecksilbersäule. (Achtung: Wasser ist eine chemische Verbindung, *kein* Element!)

8 falsch. Die Zisterzienser haben den Namen nach dem ersten Kloster ihres Ordens in Citeaux (Mittelfrankreich) und leben nach der reformierten Benediktinerregel.

9 richtig. Avicenna ist die lateinische Form von Ibn Sina. Dieser lebte im 10. und 11. Jahrhundert.

10 falsch. In geschlossenen Räumen gilt das Verlorene als „zurückgelassen", der Finder bekommt nichts.

11 richtig. Bei der sogenannten gregorianischen Kalenderreform im Jahr 1582 wurden zehn Kalendertage einfach ausgeschaltet, darunter der 7. Oktober.

12 falsch. Das Känguruh ist eines der dümmsten Tiere, es erkennt auch nach Jahren seinen Wärter noch nicht.

128

1 Geranienöl verwendet man als billigeren Ersatz für Rosenöl.

2 Das echte Frotteegewebe hat aufgeschnittene Schlingen.

3 Fässer verfertigte man im alten Griechenland aus Pinienholz.

4 Das Vogelauge ist wimpernlos.

5 Die Frucht des Maiglöckchens ist eine rote Beere.

6 Die Insel Malta ist von Europa, Afrika und Asien gleich weit entfernt.

7 Das Männchen des Falken heißt Terzel, weil es um eine Terz höher zwitschert als das Weibchen.

8 Die meistbesungene Farbe in Japan ist das Rot des Ahornbaumes.

9 Der Feldherr Wallenstein aus dem Dreißigjährigen Krieg wäre heute ungarischer Staatsbürger.

10 Das kleine Hölzchen in den griechischen Mausefallen, durch dessen Umstoßen die Maus sich fing, hieß Schamane.

11 Das Hobby von Goethes Vater war die Seidenraupenzucht.

12 Die Murmeltiere bringen Affen zur Welt, wenn sie während ihrer Tragzeit erschreckt wurden.

Lösungen:	1 +	3 —	5 +	7 —	9 —	11 +
	2 +	4 +	6 —	8 +	10 —	12 —

Erklärungen:

1 richtig.

2 richtig. Die meist im Handel erhältlichen Textilien mit Schlingen statt aufgeschnittenem Flor sind billiger und heißen Frottier.

3 falsch. Man machte sie aus Ton.

4 richtig. Wimpern haben beispielsweise die Säugetiere.

5 richtig. Es ist eine rote Beere.

6 falsch. Die Insel Malta liegt Afrika viel näher. Gleich weit entfernt ist Kreta.

7 falsch. Das Männchen des Falken heißt deshalb Terzel, lat. ein Drittel, weil es nur ein Drittel so groß ist wie das Weibchen.

8 richtig. Sie kommt in zahlreichen japanischen Gedichten vor, so wie in der deutschen Romantik die Kombination Grün-Gold immer wieder auftaucht.

9 falsch. Wallenstein, in Eger geboren, wäre heute tschechoslowakischer Staatsbürger.

10 falsch. Es hieß Skandalon, also ein Wort, das wir für Skandal, anstoßerregend, verwenden. Ein Schamane ist ein heidnischer Priesterarzt.

11 richtig. Goethe mußte als Kind mit seiner Schwester die Seidenraupen betreuen und behielt für immer eine Abneigung gegen diese Tiere (siehe „Dichtung und Wahrheit").

12 falsch. Murmeljungen heißen nur „Affen". Das Wort entstand in der romanischen Schweiz durch Verballhornung des französischen Wortes „enfant".

Spiel 228, Bild 6:
Ist das ein historisch richtiges oder ein Scherzbild?
Antwort Seite 264

Dreierauswahl/Toto

Denkbeweglichkeit

Bei diesem Spiel werden in Anlehnung an das Sportwettspiel „Toto" zwölf Fragen gestellt und für jede Frage drei Antwort-Vorschläge gegeben: Tip eins, Tip zwei, Tip drei (x). Nur einer der drei Vorschläge darf richtig sein.

Beispiel:

Frage 1 Was versteht man unter Reif? Ist das

1 gefrorener Regen
2 gefrorener Nebel
3 gefrorener Tau *Antwort:* Tip 3, gefrorener Tau.

Hat der Spieler richtig geraten, so steht auf seinem Zettel neben der Frageziffer eins ein Dreier (Tip 3).

Wie beim Toto ist es aber erlaubt, auch eine zweite senkrechte Kolonne als zweite Lösungsmöglichkeit mitzuschreiben – ein Vorteil, wenn man beim Lösen unsicher ist.

Will man zwei Längskolonnen à zwölf Antworten tippen, dann stehen quer zwei Ziffern, je eine für eine Kolonne. Ist man bei einer Frage ganz sicher, daß man die richtige Antwort geben kann (was „Bank" heißt), dann kann man diese Ziffer zweimal nebeneinander schreiben. Ist man unsicher, schreibt man in die beiden Kolonnen die zwei am wahrscheinlichsten scheinenden Tipziffern.

Am Schluß des Spieles, wenn beide Kolonnen mit je zwölf Zahlen versehen sind und der Mittler die Lösungen angesagt hat, zählt jeder Spieler die Treffer zusammen; am besten ist es, er ringelt sie beim Ansagen ein. Die erste Kolonne hätte etwa vier richtige Treffer ergeben, die zweite Kolonne sechs richtige. Die „bessere" Kolonne zählt. Wer von der Spielrunde die höchste Trefferzahl hat, ist Sieger.

Wenn der Mittler die Fragen stellt, ist es günstig, er nennt zuerst die Fragenummer und sagt dann bei jedem Antwortvorschlag das Wort Tip dazu, also:

Welches der drei Tiere ist blind?

Tip 1 Maulwurf
Tip 2 Regenwurm
Tip 3 Hirschkäfer *Antwort:* Tip 2 Regenwurm.

Auch hier verlangen die Spieler nach Abschluß des Spieles fast stets lauthals vorerst die richtige Tipabfolge (wie bei Sporttotodurchsagen). Wir finden sie jeweils am Ende eines Spieles. Erst dann geht der Mittler näher auf die einzelnen Fragen ein. Hinweise für die drei Vorschläge findet er anschließend unter „Antworten".
Will jemand selbst solche Totos zusammenstellen, so kann er fast alle realen Begriffe nach drei Möglichkeiten aufspalten.

Beispiel:

Zum Thema Holz:

Welches Holz ist am leichtesten?

1 Balsa
2 Linde
3 Ebenholz *Antwort:* Tip 1 Balsa.

Zum Thema Edelstein:

Welches Schmuckmaterial ist pflanzlicher Herkunft?

1 Rubin
2 Bernstein
3 Perle *Antwort:* Tip 2 Bernstein.

Zum Thema Stein:

Welches Bauwerk ist nicht aus Stein?

1 Chinesische Mauer
2 Ägyptische Sphinx
3 Eiffelturm *Antwort:* Tip 3 Eiffelturm.

Bei diesem Spiel üben wir sowohl das Abschätzen von Wahrscheinlichkeit, wie auch beim Wiederholen die Merkfähigkeit und Assoziationsfülle.

SPIELE

129

1 Woraus verfertigt man meistens Kerzendochte?
  1 Baumwolle.
  2 Flachsfaser.
  3 Hanffaser.

2 An welchem Teil des Eies kriecht das Kücken aus?
  1 Stumpfe Seite.
  2 Spitze.
  3 Breitseite.

3 Was ist ein Radiator?
  1 Halbmesser eines Kreises.
  2 Wärmeabstrahlender Körper.
  3 Meßgerät für Radiumstrahlung.

4 Welches Gestirn gibt auf der nördlichen Halbkugel der Erde die Nordrichtung an?
  1 Kreuz des Nordens.
  2 Nordstern.
  3 Orion.

5 Bestimmte Tierfamilien haben je sechs, acht oder zehn Beine. Welches der drei folgenden Tiere hat zehn Beine?
  1 Spinnen.
  2 Krebse.
  3 Insekten.

6 Wie entstehen siamesische Zwillinge?
  1 Wenn zwei Samenzellen ein einziges Ei befruchten.
  2 Wenn sich eineiige Zwillinge im Mutterleib nicht ganz voneinander trennen.
  3 Wenn sie im Mutterleib durch Fruchtwassermangel teilweise wieder zusammenwachsen.

7 Welche der drei Samen sind für den Zuckerkranken diätetisch am wenigstens geeignet?
  1 Mandelkerne.
  2 Edelkastanie (Maroni).
  3 Nußkerne.

8 Wann entsteht der Donner in Bezug auf den Blitz?
1 Gleichzeitig.
2 Nachher.
3 Vorher.

9 Welches der drei Tiere ist taub?
1 Kobra.
2 Maulwurf.
3 Delphin.

10 Die Haupttypen der Lokomotiven sind durch ihre Antriebsenergie gekennzeichnet. Welche der Genannten wird als Verbrennungskraftmaschine betrieben?
1 Dampflok.
2 Elektrolok.
3 Diesellok.

11 Woraus besteht die Kaaba, das Hauptheiligtum des Islams?
1 Marmorblock.
2 Obsidianbauwerk.
3 Meteorit.

12 In welcher Technik ist das bekannte „Abendmahl" von Leonardo da Vinci hergestellt?
1 Mosaik.
2 Ölmalerei.
3 Fresko.

Lösungen:	1 – 1;	3 – 2;	5 – 2;	7 – 2;	9 – 1;	11 – 3;
	2 – 1;	4 – 2;	6 – 2;	8 – 1;	10 – 3;	12 – 3.

Antworten:

1 Baumwolle. Sie ist von den genannten drei Stoffen der saugfähigste, nimmt daher das geschmolzene Paraffin, Stearin oder Wachs am leichtesten auf und leitet es durch Kapillarität zur Flamme hinauf.
2 Stumpfe Seite. Hier ist das Luftreservoir, von dem das Kücken bei den ersten Atemzügen noch zehrt.

3 Wärmeabstrahlender Körper. Das lateinische Wort radiare heißt strahlen. – Halbmesser eines Kreises heißt Radius. – Meßgerät für Radiumstrahlung: Dosimeter.

4 Nordstern. Es ist der zweite Name für den Polarstern, der nahezu am Nordpol steht. – Kreuz des Nordens gibt es nicht. – Wintergestirn.

5 Krebse haben zehn Beine. – Spinnentiere (Zecken gehören zu ihnen) haben acht. – Insekten haben sechs Beine.

6 Wenn sich eineiige Zwillinge im Mutterleib nicht ganz trennen. – Überbefruchtung kommt sehr selten vor. – Das im Mutterleib Wieder-Zusammenwachsen gibt es praktisch nicht.

7 Die Edelkastanie (Maroni). Sie besteht zum Großteil aus Kohlehydraten (Stärkeart). – Sowohl Mandeln wie Nüsse enthalten rund die Hälfte ihres Gewichtes an Öl.

8 Gleichzeitig. Der Donner ist nur das Entladungsgeräusch des Blitzes, wenn sich die Elektrizitätsspannung ausgleicht. Wir hören ihn später, weil die Schallwellen sich langsamer fortpflanzen als die Lichterscheinung des Blitzes (330 m/sec gegenüber 300.000 km/sec).

9 Die Kobra. Besonders in Indien von Gauklern mittels Blasmusik scheinbar angefeuert, hat kein Hörorgan. Sie folgt beim sogenannten Tanz einfach den rhythmischen Bewegungen des Musikanten. – Der Maulwurf hat mittelgute Ohren, der Delphin ausgezeichnete. Sie haben eine sehr wortreiche Sprache, die in der jüngsten Zeit genau erforscht wurde.

10 Die Diesellok. Der Dieselmotor ist ein Verbrennungsmotor.

11 Der schwarze Meteor. Er wird als vom Himmel stammend verehrt und steht eingemauert in einem würfelförmigen Gebäude bei Mekka. Die Wallfahrt zu ihm heißt Haddsch. Jeder volljährige Mohammedaner sollte sie einmal in seinem Leben unternommen haben. – Obsidian ist ein zu glasartigem Schmelzfluß erstarrtes vulkanisches Gestein.

12 Fresko, dessen Farben direkt auf den Kalk der Wände aufgetragen werden; sie verblassen leider durch Witterungseinflüsse, da sie meist großflächig und oft an Außenwänden gemalt werden. – Mosaiks sind (von allen drei Techniken aus gesehen) am haltbarsten, so sind sie in Ravenna mehr als tausend Jahre alt. – Ölmalerei

würde an den Wänden abblättern, sie ist daher an Leinwand, Karton, Elfenbein und ähnliches gebunden.

130

1 Was ist ein Guru?
   1 Eine türkische Taubenart.
   2 Hügelkette in der Walachei.
   3 Lehrer des Joga.

2 Was bedeutet beim Kind Legasthenie?
   1 Leseschwäche: es sieht, liest und schreibt seitenverkehrt.
   2 Muskelschwäche.
   3 Mangel an Sozialeinsicht.

3 Woraus besteht der echte Seidenfaden?
   1 Aus Eiweiß wie die Muskelfaser.
   2 Aus Horn wie Chitin.
   3 Aus Kohlehydrat wie Zellulose.

4 Es gibt zahlreiche Augenformen. Welche von den drei Genannten hat die Spinne?
   1 Facettenaugen.
   2 Stielaugen.
   3 Linsenaugen.

5 Woher stammt das Ebenholz?
   1 Von einer Eichenart des Regenwaldes.
   2 Von einer Dattelpflaumenart Indiens.
   3 Von einer Abart der Mahagonibäume.

6 Wenn ein Australier zu Mittag die Sonne betrachten will, nach welcher Himmelsrichtung muß er sich drehen?
   1 Nach Norden.
   2 Nach Nordwesten.
   3 Nach Süden.

7 Der Titel eines Buches heißt: „Serengeti darf nicht sterben". Ist Serengeti
   1 der Name eines zum Opfer ausersehenen siamesischen Tempelmädchens.
   2 Eine afrikanische Landschaft.
   3 Ein australischer Zungenbeutler im Aussterben.

8 Welche Sprache sprach Jesus?
   1 Hebräisch.
   2 Aramäisch.
   3 Arabisch.

9 Wie hieß der Sultan, der während des dritten Kreuzzuges herrschte?
   1 Suleiman.
   2 Seldschuk.
   3 Saladin.

10 Was ist Moxa?
   1 Wunden setzen als Therapie.
   2 Ein äthiopischer Honigkrug.
   3 Ein Instrument, aus dem Oberkiefer der Okapi und anderer Antilopen, in Benin gefunden.

11 Wir kennen verschiedene Abhandlungen über Gesellschaftsformen, z. B. Platons „Der Staat" oder „Utopia" von Thomas Morus. Wer schrieb „Vom ewigen Frieden"?
   1 Augustinus.
   2 Papst Gregor.
   3 Immanuel Kant.

12 Drei weltbekannte Personen hatten Sinnesdefekte. Einer davon fehlten mehrere Sinnesorgane. Wer ist das?
   1 Homer.
   2 Dr. Helen Keller.
   3 Beethoven.

Lösungen:						
	1 – 3;	3 – 1;	5 – 2;	7 – 2;	9 – 3;	11 – 3;
	2 – 1;	4 – 3;	6 – 1;	8 – 2;	10 – 1;	12 – 2:

Antworten:

1 Jogalehrer. – Anklang an Taubengurren sowie an Gora, slawisches Wort für Berg.

2 Leseschwäche. Legasthenie wird erst seit wenigen Jahrzehnten erforscht. Sie ist häufiger als man annimmt und ist oft an den schlechten Schulerfolgen der Kinder schuld, weil man die fehlende Lese- und Schreibfertigkeit für Schwachsinn oder Minderbegabung hielt. Heute gibt es eigene Schulen für Legastheniker, deren Intellekt

durchaus normal ist. – Muskelschwäche heißt Myasthenie. – Asozialität.

3 Aus Eiweiß. Der eiweißhaltige Stoff, aus dem echte Seide besteht, heißt Fibroin. – Chitin: Insektenpanzer. – Zellulose: Pflanzengerüststoff.

4 Linsenaugen. Sie sind beweglich, kommen daher mit einer Linse aus wie Mensch, Tintenfisch, Raubtiere u. a. – Manche Insekten (z. B. Stubenfliegen) haben Facettenaugen, d. h. aus vielen kleinen Augenelementen zusammengesetzte Sehapparate, so daß sie ein relativ ausgedehntes Gesichtsfeld haben und mit „einem Blick" alles übersehen können. – Stielaugen (Schnecke) haben je eine von einander unabhängige, im Raum nach allen Richtungen schwenkbare Linse.

5 Von der Dattelpflaume.

6 Nach Norden. Die südliche Erdhalbkugel sieht mittags die Sonne stets im Norden.

7 Eine afrikanische Landschaft. Die Serengeti liegt in Tansania und ist heute Naturschutzgebiet, wozu das Buch von Prof. Grzimek wesentlich beigetragen hat. – 1 und 3 sind reine Phantasie.

8 Aramäisch, ein syrischer Dialekt, nahe verwandt dem Hebräischen. – Arabisch im heutigen Sinn gab es zu Jesu Zeiten nicht.

9 Saladin, 1138 bis 1193, schlug 1187 die Kreuzfahrer, eroberte Jerusalem und Akkon. – Suleiman II. der Große, um 1494 bis 1566, eroberte Ungarn, belagerte Wien 1529; unter ihm größte Ausdehnung des Türkenreiches. – Seldschuken sind ein kleinasiatisches Herrschergeschlecht des 11. und 12. Jahrhunderts.

10 Brennwunden setzen. Moxa ist eine aus dem Fernen Osten stammende medizinische Behandlungsweise, bei der man mit glühendem Eisen Hautverbrennungen setzt. Durch diesen Reiz werden Abwehr- und Heilkräfte aufgerufen. – 2 und 3 reine Phantasie.

11 Immanuel Kant. – Augustinus schrieb über den Gottesstaat. – Von Papst Gregor gibt es kein Werk dieses Titels.

12 Die Amerikanerin Helen Keller. Sie wurde als kleines Kind nach einer Infektionskrankheit taubstumm; dann erblindete sie. Dank ihrer aufopferungsvollen Betreuerin Ann Sullivan lernte sie sprechen, Blindenschrift lesen und schreiben. Sie konnte studieren, promovieren und wurde Schriftstellerin. – Homer soll blind gewesen sein. – Beethoven wurde mit zweiunddreißig Jahren taub.

131

1 Wenn in Italien Vollmond ist, welche Mondphase haben wir dann in Norwegen?
   1 Vollmond.
   2 Halbmond.
   3 Neumond.

2 Wie heißt das Mischlingskind von Indianern und Weißen?
   1 Mulatte.
   2 Mestize.
   3 Eurasier.

3 Welches ist der einzige bewegliche Knochen am menschlichen Kopf?
   1 Jochbein.
   2 Oberkiefer.
   3 Unterkiefer.

4 In welchem der drei genannten Werke spielt die Insel Masa la Tiera eine Rolle?
   1 „Kon-Tiki" von Thor Heyerdahl.
   2 „Der Graf von Monte Christo" von Dumas.
   3 „Robinson Crusoe" von Defoe.

5 Der Verdauungstrakt des Menschen ist für eine gemischte Kost gebaut. Die Bestandteile Fett, Eiweiß und Kohlehydrate sollen darin enthalten sein. Woher nehmen die Eskimos den Hauptteil der Kohlehydrate für ihre Nahrung?
   1 Fleisch der Beutetiere.
   2 Rentierflechte.
   3 Fett, Tran, Öl der Beutetiere.

6 Was wiegt eine gewöhnliche Stubenfliege?
   1 Rund ein Milligramm.
   2 Fünfzig Milligramm.
   3 Ein Gramm.

7 Welche der drei Städte führt den Beinamen „Die goldene"?
   1 Aachen.
   2 Prag.
   3 Babylon.

8 Wie nennt man die Zurichtung von Edelsteinen zwecks Schmuckerzeugung, die bis ins Mittelalter hinein üblich war?
1 Steinschneiden.
2 Mugeln.
3 Schleifen.

9 Sisal, aus dem Matten und anderes hergestellt wird, ist eine
1 Agavenfaser,
2 Hanffaser,
3 Seggenstrohart.

10 Welcher der drei genannten Seen enthält salzhältiges Wasser?
1 Bodensee.
2 See Genesareth.
3 Kaspisches Meer.

11 Was waren die sogenannten Zöllner der Bibel?
1 Mautner an Brücken.
2 Steuereinnehmer.
3 Unfreie Bauern, die ihrer Herrschaft Abgaben zollten.

12 Welcher der drei Berufe „füttert" den Computer mit Daten?
1 Locher.
2 Programmierer.
3 Operator.

Lösungen: 1 – 1; 3 – 3; 5 – 1; 7 – 2; 9 – 1; 11 – 2;
2 – 2; 4 – 3; 6 – 1; 8 – 2; 10 – 3; 12 – 3.

Antworten:

1 Die Mondphasen sind auf der ganzen Erde gleich, sie hängen nur vom Stand des Mondes der Sonne gegenüber ab.
2 Mestize. Er ist ein rot-weißer Mischling. – Mulatte: ein Mischling von Weiß und Schwarz. – Eurasier ist halb Asiate, halb Europäer.
3 Unterkiefer. Er ist mit zwei Scharniergelenken mit dem Schädel verbunden, um die Mundhöhle für verschieden große Bissen variabel zu halten. Alle anderen Gesichtsbewegungen sind solche der mimi-

schen Muskulatur. – Die Schädelknochen sind alle durch Gewebsbrücken, Nähte genannt, festgefügt. Zum Schutz des Gehirns muß die Hirnschale unbeweglich, also starr sein.

4 Robinson Crusoe. Masa la Tiera ist der Landungsort des Matrosen Selkirk, des Vorbildes von Robinson. – Die Kon-Tiki landete auf Raroia. – Monte Christo ist eine kleine Insel vor Elba.

Variation zu 4: Welche der drei Inseln suchte Thor Heyerdahl mit seinem Balsaholzfloß Kon-Tiki (Name des Inka-Sonnengottes) 1947 auf?

1 Raroia
2 Masa la Tiera
3 Monte Christo — Tip 1

5 Fleisch der Haus- und Beutetiere; aus dem Stärkeanteil ihrer Muskelfasern, Glykogen genannt, also ein Kohlehydrat. – Die pflanzlichen Stärkeanteile aus den Futterresten im Beutetiermagen oder aus Pflanzen gewonnen, spielen nur eine geringe Rolle, da ihr Stärkegehalt karg ist. – Im Fett ist überhaupt kein Kohlehydrat enthalten.

6 Eine Stubenfliege wiegt rund ein Milligramm.

7 Prag. Slata Praha bedeutet eigentlich „Goldene Schwelle".

8 Mugeln. Die Steine der Kaiserkronen sind alle noch mit einem jeweils anderen härteren Material, vornehmlich mit anderen Steinen, in halbkugeliger oder kugeliger Form abgeglättet, was man mugeln nennt. – Steinschneiden galt hauptsächlich für Halbedelsteine, also für Gemmen. – Schleifen, im besonderen Facettenschleifen, kann man erst heute, seit man harte Staubarten wie Korund- und Diamantenstaub kennt.

9 Agavenfaser. Die Sisalfaser ist äußerst fest und nahezu unangreifbar für Insekten.

10 Das Kaspische Meer. Es ist der größte Binnensee der Erde, gehört zur Sowjetunion und zu Persien, ist 1220 km lang, 450 km breit und bis 980 m tief.

11 Steuereinnehmer.

12 Der Operator. Er gibt dem Computer die Daten sachgemäß ein. – Die Locher stanzen in Kartonblätter (Karten) Löcher, die den Datenziffern zugeordnet sind. – Die Programmierer zerlegen Fragenkomplexe, also Aufgaben, in kleine Begriffsumfänge.

132

1 Warum kann man im allgemeinen in einem Mixer mit großen Umdrehungszahlen kein Schlagobers erzeugen?
1 Weil bei schneller Umdrehung die Restmolke ausgetrieben wird.
2 Weil die Sahne sauer wird.
3 Weil das Eiweißhäutchen um jedes Fettkügelchen zerrissen wird und diese zu Butter zusammensintern.

2 In welcher Stellung schläft die Fledermaus?
1 Im Stehen.
2 In der Rückenlage.
3 Hangend.

3 Welches der drei Instrumente ist ein Blasinstrument?
1 Xylophon.
2 Schalmei.
3 Kastagnette.

4 In welchem Staat ist der Kimono Nationaltracht?
1 Japan.
2 Altes Rom.
3 Indien.

5 Welcher der drei Genannten sendet Licht aus?
1 Sirius.
2 Mond.
3 Mastspitze von Schiffen.

6 Was ist ein Butterkrebs?
1 Eine mikroskopisch kleine Krebsart, die das Ranzigwerden der Butter hervorruft.
2 Ein Einsiedlerkrebs, der gerade die hüllende Schale verloren hat.
3 Ein Karzinom, und zwar ein Gallenblasenkrebs, der durch allzugroßen Fettgenuß hervorgerufen wurde.

7 Wer brachte die Birnen nach England?
  1 Lucullus.
  2 Cäsar.
  3 Drake.

8 Wie heißt das finnische Nationalepos?
  1 Ilias.
  2 Kalevala.
  3 Lusiaden.

9 Welches der drei Gewürze besteht aus Staubgefäßen?
  1 Safran.
  2 Vanille.
  3 Zimt.

10 Was ist ein Monopol?
  1 Die Inanspruchnahme der Verwertung einer Ware oder eines Stoffes durch eine einzige Institution, sei es Staat oder Firma.
  2 Ein Mineral, das in Kristallform vorkommt und Wasser nur an einem Pol anzieht.
  3 Der alte Name für Athen, das als wichtigste Stadt von Hellas gelten wollte und alle anderen Städtegründungen zu verbieten suchte (Monopolis hieß: Die einzige Stadt).

11 Wodurch werden die Bewegungen in den Pflanzen gesteuert?
  1 Nerven.
  2 Flüssigkeitsstrom.
  3 Hormone.

12 Mit welchem der drei Flüsse verbindet man volkstümlich keine Farbe?
  1 Rhein.
  2 Donau.
  3 Rhone.

Lösungen: 1 – 3; 3 – 2; 5 – 1; 7 – 2; 9 – 1; 11 – 3;
2 – 3; 4 – 1; 6 – 2; 8 – 2; 10 – 1; 12 – 3.

Antworten:

1 Weil das Eiweißhäutchen, das jedes Fettkügelchen umgibt, zerrissen wird und die Fettkügelchen zu Butter werden. – Die Restmolke bleibt im Schlaggut.

2 hangend – steht nie – die Rückenlage bietet einem möglichen Angreifer die ungeschützte Bauchseite dar.

3 Die Schalmei. Sie ist eine Rohrflöte. – Das Xylophon ist ein Schlaginstrument mit Querhölzern oder Metallstäben verschiedener Länge und wird mit Klöppeln geschlagen. – Kastagnetten sind ein von spanischen Tänzern in der Hand gehaltenes kastaniengroßes Instrument, mit dem der Rhythmus geknackt wird.

4 In Japan. – Im alten Rom wurde die Toga getragen. – In Indien ist der Sari zu Hause.

Variation: Welches ist das Nationalkostüm Indiens?

1 Sari
2 Kimono
3 Toga — Tip 1

5 Der Sirius, ein Fixstern, also eine Sonne. – Der Mond erhält sein Licht von der Sonne und reflektiert es. – Die elektrische Erscheinung „Lichthof" um Mastspitzen vor einem Gewitter nennt man St.-Elms-Feuer, dabei leuchtet aber die Mastspitze selbst nicht.

6 Der Einsiedlerkrebs. Er hat die Gewohnheit, seinen weichen Hinterleib zum Schutz gegen Feinde in Schnecken- oder Muschelschalen zu verstecken. Wird diese Schale durch das Wachsen des Krebses zu klein, so muß er sie immer wieder gegen eine größere austauschen. Die kurze Zeit, in der er ohne Schale im Wasser schwimmt und den weichen Hinterteil nicht verteidigen kann, heißt er Butterkrebs. – Tip 1 und 3 gibt es nicht.

7 Cäsar. – Lucullus brachte die Sauerkirsche nach Rom. – Drake die Kartoffel nach England.

8 Kalevala (alte finnische Heldenlieder), verfaßt von Elias Lönrod 1802 bis 1884. – Die Lusiaden von Luis Ramoes 1525 bis 1580 sind Portugals Nationalepos, portugiesische Taten unter Vasco da Gama, dem Afrika-Umschiffer, verbunden mit alter Sagenwelt. – Homers Ilias beschreibt den trojanischen Krieg.

9 Safran sind Staubgefäße mit gelben Pollen einer Krokusart. –

Vanille ist eine Orchidee, deren Schoten in Streifen geschnitten oder gemahlen verwendet werden. – Zimt ist gemahlene Baumrinde.

Variation: Welcher Teil einer Pflanze ist das Safrangewürz?

1 Schote
2 Rinde
3 Staubgefäße — Tip 3

10 Die Inanspruchnahme der Verwertung eines Stoffes oder einer Ware durch eine einzige Institution. – Tip 2 gibt es nicht. – Athen bezeichnete sich wohl als Monopolis, doch hat das mit dem gefragten Begriff nichts zu tun.

11 Durch pflanzliche Hormone, also Stoffe, die vom Pflanzenkörper selbst hergestellt werden und mittels der Säfte an den Ort der Berührung gebracht werden. – Die Pflanzen haben kein Nervengewebe. Wenn man von Blattnerven spricht, so ist das ein Mißverständnis, da es immer nur Leitungsbahnen für Säfte sind.

12 Die Rhone. – Blaue Donau – Grüner Rhein werden in vielen Liedern besungen, wenn auch die Farben leider nicht mehr stimmen.

133

1 Was ist die Zwiebel botanisch?
1 Unterirdische Blätter.
2 Wurzel.
3 Frucht der Zwiebelpflanze.

2 Welcher Herkunft ist Paraffinöl?
1 Tierischer.
2 Mineralischer.
3 Pflanzlicher.

3 Welche Farbe hat das Knochenmark des Rinderkälbchens?
1 Rot.
2 Weiß.
3 Das Kälbchen hat kein Knochenmark.

4 Welches ist das auf der Erde weitestverbreitete Nahrungsmittel?
1 Brotsorten.
2 Kartoffeln.
3 Reis.

5 Welche Damenfrisur ist für das Rokoko charakteristisch?
1 Gretchenfrisur.
2 Weiße Allongeperücke.
3 Bubikopf.

6 Wie heißt das Zwergenvolk in Gullivers Reisen?
1 Hottentotten.
2 Liliputaner.
3 Pygmäen.

7 Welcher der drei Brennstoffe liefert die meisten Wärmeeinheiten (Kalorien)?
1 Anthrazit.
2 Braunkohle.
3 Torf.

8 Warum heißt der Blinddarm so?
1 Weil man ihn nicht sehen kann.
2 Weil er als Dickdarmteil ein blind endigendes Säckchen bildet.
3 Weil er kleine verschluckte Körper, z. B. Obstkörner zurückbehält und durch Verwachsung abkapselt, der Name ist mißverstanden aus Binddarm.

9 Welcher der drei Schreibenden hat die größte Auflage seiner Werke?
1 Courths-Mahler.
2 Karl May.
3 Agatha Christie.

10 Nach rund 2200 Jahren wandert der Frühlingspunkt der Sonne in das nächste Tierkreiszeichen. Die Symbolik des Tierkreiszeichens findet bemerkenswerterweise ihren Niederschlag im kulturellen Sektor wie Bauten, Opfertiere, Religion. Wir befinden uns im Übergang zum Tierkreiszeichen Wassermann. Welches der drei Zeichen ging dem unseren voran?
1 Stier.
2 Widder.
3 Fische.

11 Was nennt man die Pasterze?
   1 Eine italienische, frisch gebackene Mehlspeise.
   2 Einen Tanz, der auf einem Dreiklang beruht.
   3 Gletscher des Großglockners in den Hohen Tauern.

12 Welche der drei Frauen wartet auf einen Per?
   1 Solveig.
   2 Penelope.
   3 Senta.

Lösungen:	1 – 1;	2 – 2;	3 – 1;	4 – 3;	5 – 2;	6 – 2;
	7 – 1;	8 – 2;	9 – 3;	10 – 3;	11 – 3;	12 – 1.

Antworten:

1 Blätter. Die sogenannten zahlreichen Zwiebelschalen sind nichts als eng aneinandergerückte Blätter ohne Blattgrün, weil sie eben nicht im Licht stehen, sondern unterirdisch wachsen. Sie speichern Nahrung für die nächste Generation. – Die Wurzeln sind am Fußende der Zwiebel kleine härchenartige Fasern. – Zwiebelgewächse haben meist oberirdische Beerenfrüchte.

2 Mineralischer. Es ist ein Produkt der Kohlenhydratdestillation. Während einige tierische und manche pflanzliche Fette auch in die Haut eindringen können, ist Paraffinöl bloß ein Oberflächenglätter. Es dient z. B. als Gleitmittel bei Darmverstopfung. Zur Wundheilung ist es nicht geeignet.

3 Rot. Junges Knochenmark, das noch rote Blutkörperchen bilden muß, ist immer rot. Später bei erwachsenen Menschen und Tieren wird das rote Knochenmark, also bei Oberschenkel, Unterschenkel, Oberarm gelbgrau. Es wird zum Fettmark, das keine roten Blutkörperchen mehr erzeugt.

4 Reis. Im Fernen Osten ist der Reisanbau seit Jahrtausenden üblich und liefert etwa einem Drittel der Menschheit die Grundnahrung. – Brot steht an zweiter Stelle. – Kartoffel nehmen die dritte Stelle ein.

5 Allongeperücke. Sie wurde allerdings nur von den sogenannten höheren Ständen getragen; das Volk trug Zopffrisuren. – Gretchenfrisur kennzeichnet das Biedermeier. – Bubikopf trug man nach dem ersten Weltkrieg.

6 Liliputaner. – Hottentotten, Pygmäen sind afrikanische echte Zwergvölker.

7 Anthrazit (7000 Kal/kg). – Braunkohle, Torf liefern nur Bruchteile davon.

8 Er heißt Blinddarm, weil er ein blind endigendes Darmstück bildet, das einen wurmartigen Fortsatz trägt. – 1 und 3 sind falsch interpretiert.

9 Agatha Christie nach der Bibel, Mao und Lenin an vierter Stelle.

10 Fische, seit Christi Geburt. Man denke an die christliche Fischsymbolik. – Am Beispiel Ägypten und Griechenland lassen sich die beiden vorhergehenden Epochen illustrieren: Stier als Apis dort heilig, Stierhornsymbolik in Kreta; vorher das Widderzeichen, Widderbilder, Schafbockopfer Abrahams. Der Frühlingspunkt ist der Zeitpunkt, an dem die Sonnenbahn den Himmelsäquator schneidet. Er liegt um den 21. März herum.

11 Großglockner-Gletscher. – Anklang an Pizza. – Wortspiel: Pas-terze, Pas = Schritt, Terz = Intervall.

12 Solveig wartet auf Per Gynt. – Penelope auf Odysseus. – Senta auf den Fliegenden Holländer.

Variation: In welcher der drei Opern kommt eine Senta als Hauptfigur vor?

1 Freischütz. 2 Fliegender Holländer. 3 Peer Gynt. – Tip 2.

Oder: Welche der drei Mädchenfiguren spielt in der Oper „Peer Gynt" von Grieg eine Rolle?

1 Senta. 2 Solveig. 3 Agathe. – Tip 2.

Agathe ist eine Gestalt in Webers „Freischütz".

134

1 Viele Länder haben eine Pflanze als Nationalsymbol. Welches der drei Länder hat den Klee gewählt?

1 Irland.
2 England.
3 Schottland.

2 Wie heißt ein Gemälde, auf dem nur leblose Objekte dargestellt werden?

1 Genrebild.
2 Stilleben.
3 Idylle.

3 Welcher von den drei bei uns gebräuchlichen Namen wird von einem Tier abgeleitet?

1 Agathe.
2 Melitta.
3 Irene.

4 Wo sitzt als Schädling die Reblaus?

1 An den Wurzelstöcken des Weinstocks.
2 An den Blättern.
3 An den Trauben bzw. Blüten der Trauben.

5 Welche Diamanten sind am kostbarsten?

1 Weiße.
2 Rosa.
3 Blaue.

6 Bei welchen Pflanzen verwendet man zum Teezubereiten die Wurzeln?

1 Baldrian.
2 Salbei.
3 Kamille.

7 Was ist ein Stupa?

1 Myrmidonenheld.
2 Römisches Irrenhaus.
3 Indischer Kultbau.

8 Welches gilt als das höchste Fest der Christen?

1 Weihnachten.
2 Ostern.
3 Pfingsten.

9 Welches der drei Spiele wird vom Zufall gesteuert?

1 Schach.
2 Halma.
3 Würfelspiel.

10 Was ist der Bienenhonig?

1 Blütensaft, der mit Bienensekreten versetzt, durch die Hinterleibsringe ausgeschwitzt wird.

2 Blütennektar, der nach dem Aufsaugen durch die Bienen wieder ausgewürgt wird.

3 Ein mit Körpersäften der Bienen durchmischter Saft, der durch den Darm entleert wird.

11 Wie viele Ölbilder von Michelangelo sind heute noch erhalten?

1 Drei.

2 Eines.

3 Keines.

12 Was ist das mechanische Gedächtnis?

1 Eine Maschine um Daten zu speichern.

2 Jene Art des Erinnerns, bei der auswendig Gelerntes leichter reproduziert wird als rein begrifflich Erfaßtes – z. B. vielstrophige Gedichte werden in richtiger Reihenfolge einfach heruntergeleiert.

3 Ein automatisch einsetzender Gedächtnisvorgang auf ein Stichwort hin.

Lösungen: 1 – 1; 3 – 2; 5 – 3; 7 – 3; 9 – 3; 11 – 3;
2 – 2; 4 – 1; 6 – 1; 8 – 2; 10 – 2; 12 – 2:

Antworten:

1 Irland. – Die Rose ist das Symbol Englands, die Distel das Symbol Schottlands.

Variation: Welche Pflanze hat Frankreich als Symbol gewählt?
1 Klee 2 Lilie 3 Distel Tip 2

Die Lilien sind die kennzeichnenden Blumen der Bourbonen, Sie wurden von Napoleon einfach um 180 Grad gedreht, so daß sie im Banner wie Bienen aussehen.

2 Stilleben. Im französischen „nature morte". – Ein Genrebild zeigt eine Szene, also ein Geschehen. – Eine Idylle (griechisch Bildchen) einen Zustand einfachen Lebens.

3 Melitta. Griechisch = Honigbiene. – Agathe = die Gute. – Irene = Friede.

4 Am Wurzelstock.

5 Weiß.

6 Baldrian. Die Wurzeln werden kalt zugestellt. – Beim Salbei verwendet man die Blätter, bei der Kamille die Blüten. Beide werden heiß überbrüht.

7 Stupa ist ein buddhistischer kuppelartiger Bau über einem Sokkel, umgeben von einem Zaun mit vier Toren. – Achilles ist der Fürst der Myrmidonen. – Die Römer kannten keine Irrenhäuser.

8 Ostern ist ein übernommenes Frühlingsfest. Die Juden feierten Passah zum Gedenken an ihre Befreiung aus Ägypten. – Weihnachten wurde ursprünglich am 6. Jänner gefeiert, dann 354 von Rom aus auf den 25. Dezember verlegt. Das römische Fest des Sol invictus (des nie besiegten Sonnengottes) wurde damit ersetzt und Jesus als Sol invictus gefeiert. – Pfingsten ist ein griechisches Wort, pentecoste, und bedeutet 50 Tage nach Ostern.

9 Das Würfelspiel wird nach rein mathematischer Wahrscheinlichkeit entschieden. Die Wahrscheinlichkeit, daß eine bestimmte Zahl gewürfelt wird, ist bei jedem Wurf 1:6. – Bei Schach und Halma sind die Ausgangspositionen für beide Partner völlig gleich.

10 Blütensaft, der mit Pollen und Sekreten vermengt, ausgewürgt wird. – Honig wird weder ausgeschwitzt noch durch den Darm entleert.

11 Michelangelo hat nur sehr wenige Ölbilder gemalt. Sie sind nicht mehr erhalten, im Gegensatz zu seinen Fresken und Plastiken.

12 Auswendiggelerntes herunterleiern. Es bedeutet oft nichts anderes als Wortabfolgen geschient, rein klangmäßig wiedergeben zu können, selbst wenn der Inhalt nicht erfaßt wurde. – Die Maschine zum Datenspeichern heißt Computer. – Der Gedächtnisvorgang auf ein Stichwort hin heißt assoziieren.

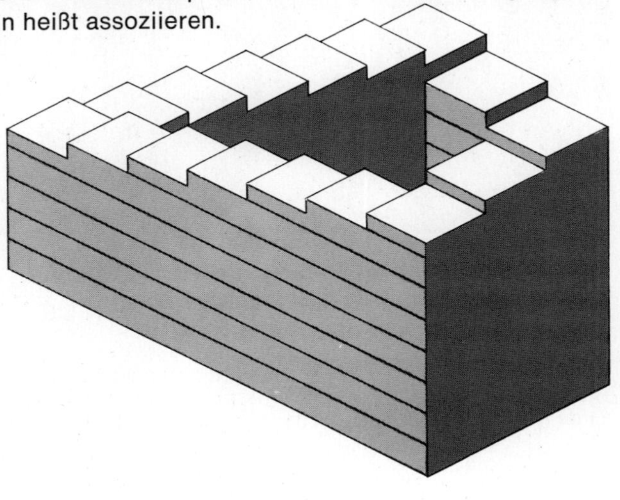

Spiel 230, Bild 2: Diese Zeichnung soll eine Treppe darstellen. Führen die Stufen hinauf, führen sie hinunter? Wo ist der Anfang, wo ist das Ende?

Antwort Seite 264

PERPETUUM MOBILE

Spiel 230, Bild 1: Links unten scheint des Bauwerks tiefster Punkt zu liegen. Betrachten wir das fließende Wasser; in welcher Richtung fließt es? Am Ende gar von unten nach rechts oben, also bergauf – oder?

Antwort Seite 264

SPIELE · II

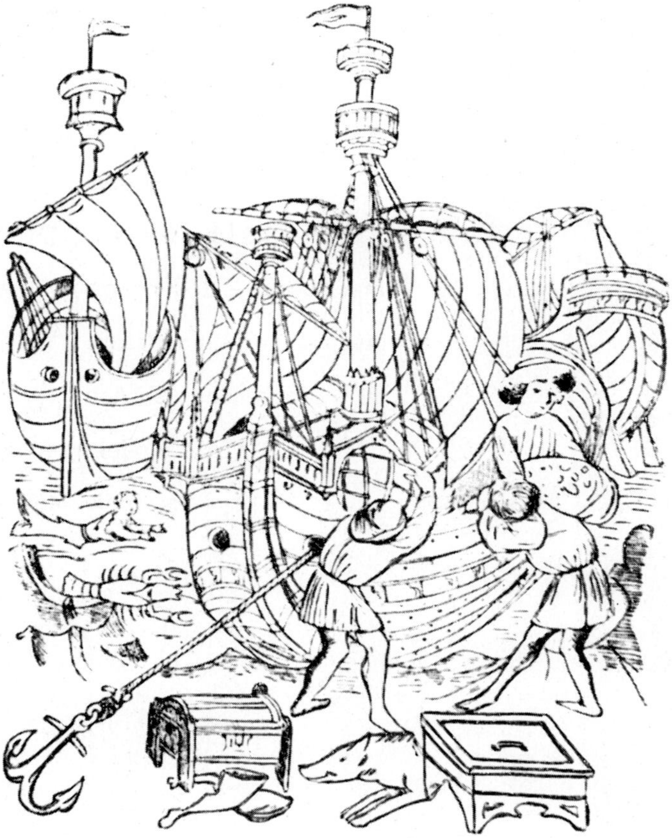

Spiel 230, Bild 3:

BELADEN EINES KAUFFAHRTEISCHIFFES

Der Zeichner hat sich hier wohl einige Fehler zuschulden kommen lassen. Von den vier im Bilde sichtbaren Fehlern zählen wir wenigstens einen auf.

Antwort Seite 264

Logika

Nachdenken – Überlegen – einen Schluß ziehen

Bei diesen Spielen in Form von Anekdoten und Kurzgeschichten geht es weniger um Wissen, sondern um Überlegen, Überdenken, Ordnen und Schlußfolgerungen ziehen. Wir üben hier außer der Logik selbst – besonders bei späterer Wiederholung – die Formulierungsfähigkeit. Die Merk- und Lernfähigkeit üben wir nebenbei. Nun könnte jemand einwenden, daß wir unseren Verstand und unser logisches Vermögen ja überall bei diesen Spielen einsetzen müssen. Man wird aber gleich sehen, daß es sich hier um spezielle logische Aufgaben handelt, die praktisch nur mit Logik allein, auch ohne Wissen, zu lösen sind.

135 *Die Strümpfe*

In der Tänzerinnengarderobe eines Theaters gibt es einen Elektrokurzschluß. Ein Ballett soll aufgeführt werden, in dem jede Tänzerin zwei gleiche Strümpfe tragen muß, entweder weiße oder schwarze. Ungeordnet liegt ein Haufen von weißen und schwarzen Strümpfen im Finstern durcheinander. Der Kurzschluß ist nicht so schnell zu beheben. Schon ruft der Inspizient: „Auf die Bühne!". Es bleibt also nichts anderes übrig, als daß jede Tänzerin im Dunkeln Strümpfe an sich rafft. Wie viele muß jede mindestens nehmen, damit sie auf jeden Fall zwei gleichfarbige erwischt?
Um eine Lösung zu finden, können wir uns langsam den Möglichkeiten entlang tasten, Wir können intuitiv, einfallsweise, oder aufs Geratewohl raten. Gehen wir kleinschrittweise logisch vor: Wenn eine Tänzerin nur einen Strumpf nimmt, ist es auf jeden Fall zu wenig, nimmt sie zwei, so kann es passieren, daß diese nicht gleichfarbig sind, nimmt sie drei – nun sie braucht ja für ihre beiden Beine nur zwei, und bei zwei Farben müssen unter drei Strümpfen auf jeden Fall zwei von der gleichen Farbe sein. Mit der *Antwort:* Drei ist das Minimum, ist die Frage gelöst.

Hat einer es nicht erraten oder kapituliert er und hört nun die Lösung, so findet er, daß die Sache eigentlich selbstverständlich und leicht zu erraten gewesen wäre. Lachen löst die Spannung und gerne produziert man sich später mit solchen kleinen Aufgaben in Gesellschaft, Familie und anderen Runden. Dort glänzt man dann als der gescheite Stimmungsmacher.
Gar mancher schreckt vor der strengen Logik zurück, als wären ihm solche Aufgaben fremd. Aber sowohl Mathematik wie auch Grammatik, das normale Sprechen, sind logische Gebiete, mit denen wir ununterbrochen zu tun haben. Logisches Verständnis ist eine angeborene Eigenschaft, die schon das dreijährige Kind besitzt.
Aufmerksamkeit und Konzentration, ja sogar Ausdauer sind Fähigkeiten, die mit diesen Spielen geübt werden. Das Suchen und Abwägen der Argumente macht Freude und eine gefundene Lösung macht geradezu stolz, weil man hierbei eine unbestreitbare, ja unbezweifelbare Überzeugung gewinnt. Die Formulierung einer logischen Aufgabe ist allerdings sprachlich schwierig und bedarf kritischer Überlegungen, damit sie widerspruchsfrei bleibt.
Logische Aufgaben eignen sich auch als Reproduktionsübung. Man läßt nach einiger Zeit eine Anekdote, wenn auch nicht im Wortlaut, sondern dem Inhalt nach, von Spielern oder Kursteilnehmern wiederholen. Hierbei kommt es vor allem darauf an, daß essentielle Kriterien nicht unterschlagen werden.

136 *Beide haben recht*

Ein Arzt wird nachts gerufen. Eine Männerstimme am Telefon sagt: „Ich bitte Sie, Herr Doktor, Sie kennen mich, ich bin XY. Meine Frau hat eine akute Blinddarmentzündung, ich bin genug versiert, das zu erkennen. Bitte, kommen sie schnellstens.“ Der Arzt, nicht sehr freundlich und nicht sehr entzückt, mitten in der Nacht aufgerufen worden zu sein, sagt am Telefon: „Unsinn, was Sie sich da einbilden. Ich habe Ihrer Frau vor fünf Jahren den Blinddarm herausgenommen und einen zweiten Blinddarm gibt es nicht.“
Unsere Behauptung lautet nun: „Beide haben recht.“ Wie ist das möglich?
Haben wir alle Kriterien der Geschichte überlegt, so lautet die *Antwort:* Der Anrufer hat eben eine zweite Frau geheiratet. Der scheinbare Widerspruch, daß beide Sprechenden recht haben und

doch Entgegengesetztes zu sagen scheinen, wird dadurch gelöst, daß der Ausdruck „meine Frau“ nicht die gleiche Person betrifft. Die hierbei wichtige Hirnfunktionsübung (Training des Gedächtnisses) führt dazu, Wesentliches zu behalten und wiedergeben zu können. Die üblichen, sogenannten logischen Aufgaben, z. B. das Lösen mathematischer Gleichungen, sind ein wenig abgenützt und für viele Spieler eine Art Horror.

137 *Der Würfelsechser*

Ich bin ein Fälscher von Natur und ein Würfelspieler. Ich möchte, daß meine Würfel möglichst oft den Sechser bringen. Was mache ich, damit das geschieht?
Ich muß den Würfel präparieren. Und nun überlege ich: Der Sechser soll so oft wie möglich oben sein, daher muß die Gegenseite, wo der Einser steht, schwerer sein. Denn nur, wenn der Schwerpunkt des Würfels tiefer liegt als im Mittelpunkt des Würfels, wird diese Seite öfter unten, der Sechser oben sein. Sehen darf man die Präparation natürlich nicht. Ich weiß schon! Ich muß ein kleines Stückchen Blei oder anderes schweres Metall in die Nähe des Einserauges bringen, aber so, daß man es von außen nicht sieht.

Umwandlung: Durch Assoziation läßt sich aus einem logischen Spiel leicht eine „Wissensfrage“ oder ein Teil eines „Totos“ formen; z. B. würde man im Anhang an eine Würfelaufgabe fragen: Welche Augenzahl steht auf einem üblichen Spielwürfel dem Dreier gegenüber?
Antwort: Vier, denn die beiden gegenüberliegenden Flächen haben immer die Augensumme sieben (1+6; 2+5; 3+4).
Für ein „Combi“ könnte man die Frage auch so formulieren: Welche Ziffer steht gegenüber der Drei auf der Würfelgegenseite?
Antwort: Vier. Das gibt für den Buchstaben „V“ bereits einen Vorrat.

138 *Der Nachtwächter*

Ein Großindustrieller soll zu einer Konferenz nach Amerika fliegen. Er will gerade mit seinem Auto zum Flugplatz fahren, da kommt aufgeregt sein Nachtwächter und sagt: „Herr Generaldirektor, bitte fahren Sie nicht, denn ich habe heute Nacht geträumt, daß das

Flugzeug, für das Sie gebucht haben, bombardiert wird und daß Sie abstürzen." Der Industrielle antwortet: „Ich muß aber zu dieser Konferenz." Er wird nachdenklich, nimmt ein anderes Flugzeug, erledigt seine Geschäfte und hört hinterher, daß das Flugzeug, für das er zuerst gebucht hatte, tasächlich abgestürzt ist. Er kommt nach Hause zurück, läßt den Nachtwächter rufen und sagt: „Das scheint wirklich ein prophetischer Traum gewesen zu sein. Hier haben Sie 10.000 Mark Belohnung, aber Sie haben mit Ihrer Entlassung zu rechnen."

Unsere *Frage* lautet: Warum verliert der Nachtwächter seinen Posten, obwohl er dem Generaldirektor das Leben gerettet hat? Nun setzt erfahrungsgemäß eine Gruppendiskussion ein, jeder bringt Argument und Gegenargument. Die meisten dieser gruppenbildenden und kontaktbildenden Diskussionen beginnen mit dem Argument: Aha, weil der Nachtwächter offensichtlich Komplize eines Komplottes war und ihn die Reue gepackt hat. Der Manager wiederum will keinen Intriganten in seinem Betrieb haben.

Diese Lösung ist aber nicht rein logisch, läßt auch beim Überlegen daran denken, daß der Industrielle abergläubisch oder übervorsichtig ist. Immerhin hat ihm die Vorsicht das Leben gerettet und deshalb belohnt er ja den Nachtwächter. Derlei Kombinationen gibt es zuhauf.

Die aus den Prämissen abgeleitete, also aus den Tatsachen der Story gewonnene Erkenntnis, führt zu der *Antwort:* Ein Nachtwächter, der in der Nacht schläft, ist für seinen Dienst nicht geeignet und wird deshalb entlassen. Der Unfall mit dem Flugzeug steht damit in keinerlei Zusammenhang.

Der Mittler muß gerade bei den logischen Spielen Geduld haben und solche Debatten direkt unterstützen. Nicht jeder denkt rasch, trotzdem kann er scharf denken. Auch das Vorlesen einer solchen Kurzgeschichte mit logisch aufzulösendem Kern muß langsam, eventuell sogar wiederholt, erfolgen. Wenn einer der Spieler die Geschichte kennt, erkennt er sie sofort wieder. Hier muß besonders darauf geachtet werden, daß keine vorschnellen Ausrufe die Spannung oder die Denkabläufe stören.

Jetzt wollen wir es einmal mit einer Art visueller Logikaufgabe versuchen:

139 *Spaziergang*

Ein Mann geht hinter zwei Frauen, ein Mann geht zwischen einer Frau und einem Mann; eine Frau geht vor zwei Männern und eine Frau geht zwischen einer Frau und einem Mann.
Frage: Wie viele Leute sind das mindestens?
Antwort: Vier Menschen, zwei Frauen vorne, zwei Männer hinten, im Gänsemarsch.

140 *Die Pullover*

Zwei Pulloverstrickerinnen stricken in zwei Tagen zusammen zwei Jumper. Wieviel Jumper stricken drei Pulloverstrickerinnen in drei Tagen? Hoppla! Achtung! Sich ja nicht ins Bockshorn jagen lassen! Diese Gedankenknäuel zu entwirren, bedarf es nicht etwa mathematischer Voraussetzungen oder besonderer Begabung, sondern der Fähigkeit, den leitenden Faden herauszuholen. Das ist Übungssache.
Die *Lösung* heißt: Viereinhalb Jumper.

Eine solche Aufgabe sollte von vornherein schrittweise gelöst werden und zwar am besten und einfachsten so, daß man einen einzigen Gesichtspunkt herausholt und den analysiert, d. h. also zu lösen versucht. Wenn zwei Strickerinnen für zwei Jumper zwei Tage brauchen, so braucht eine Strickerin für einen Jumper zwei Tage. Oder ich machs umgekehrt, so macht eine Strickerin in einem Tag einen halben Pullover. Also immer auf eine *Einheit* zurückführen, das ist die ganze Kunst des Auflösens. Wenn eine Strickerin für einen Pullover zwei Tage braucht, dann macht sie in drei Tagen eineinhalb Jumper und drei Strickerinnen machen in drei Tagen dreimal so viel, das sind viereinhalb Jumper.
Man kann eine solche Aufgabe natürlich beliebig variieren, und gerade hier ist die *Variation,* um das Denken zu üben und aus einer Wirrnis auf einen einheitlichen Faden zurückzuführen, ganz leicht. Wir können sagen: Drei Strickerinnen brauchen zu sechs Jumpern zwei Tage – wieviel machen dann fünf Strickerinnen in zehn Tagen?
Antwort: 50 Jumper. – Es spielt keine Rolle, was wir variieren. Am einfachsten ist es, wenn man gleiche Prämissen annimmt, also von

Jumperstrickerinnen nicht gleich auf etwas anderes umschaltet. Das Denken ist dadurch etwas vereinfacht.
Nun folgt eine Überlegungsfrage, selbstverständlich mit der logischen Kategorie allein.

141 *Großstadtproblem*

Warum baut man in Europa in den größeren Städten Industrieanlagen gewöhnlich am Ostende der Stadt?
Wir wollen hier bei der Lösung voraussetzen, daß die Umweltverschmutzung noch nicht völlig behoben ist.

Antwort:

In Europa sind West- und Südwestwinde die häufigsten, daher werden die Abgase und Rauchfahnen nach Osten abgetrieben, also von der Stadt weg.

Logik führt zu Schlußfolgerungen, die durchaus trügerisch sein können, wenn eine Geschichte darauf aufgebaut ist. Selbstverständlich muß, wie bei logischen Spielen immer, die Aufmerksamkeit und Konzentration dauernd angespannt bleiben, es ist also eine spezielle Art des Hirntrainings. Zur Erleichterung kann ein Mittler eine Gruppe darauf aufmerksam machen, daß es sich hierbei um eine Irreführung handle, die aufzufinden wäre. Bei solchen irreführenden Erzählungen muß die Geschichte fast immer zwei- bis dreimal vorgelesen oder erzählt werden.

142 *Dänemark*

Eine kleine Gruppe will in Dänemark einen Ausflug machen und zwar auf den höchsten Berg. Für je vierhundert Meter Höhenunterschied braucht dieser kleine Trupp zum Aufsteigen drei Stunden. Soweit ist in dieser Geschichte die Voraussetzung gegeben. Jetzt kommt die Geschichte selbst. Der Aufstieg dieser Truppe dauert mehr als drei Stunden. Dann werden sechzig Minuten Rast eingeschaltet, der Abstieg dauert zwei Stunden. Es handelt sich um einen 21. Juni, die Gruppe ist um vier Uhr früh aufgebrochen. Wann kommt sie zurück?
Das Um und Auf bei dem Aufbau solcher Geschichten ist das Verkleiden oder Vermummen der echt trugschlüssigen Gedanken-

folge. Die Frage müßte einfach lauten: Wie hoch ist der höchste Berg in Dänemark? Denn sonst bemüht sich jeder bei der scheinbar so banalen Erzählung nur die Stundenanzahl auszurechnen, was sich bei der Lösung dann als völlig irrelevant herausstellt. Der höchste Berg in Dänemark ist nämlich nur 450 m hoch. Also kann die Truppe nicht sechs Stunden gestiegen sein. Der Trugschluß liegt auf einer ganz anderen Linie oder Ebene und das ablenkende Manöver ist nur durchschaubar, wenn man jedes einzelne Faktum analysiert.

Bei solchen Aufgaben ist die Aufmerksamkeit, wenn sie hoch angespannt ist, nicht ganz zielführend. Hier handelt es sich darum, die Aufmerksamkeit – und zwar kurzfristig – in mehrere Richtungen hin zu verteilen (Distribution).

143 *Der Regenbogen*

Zwei Wanderer sind nach einem Regen bei Sonnenschein unterwegs. Da sagt der eine: „Schau doch, welch ein herrlicher Regenbogen." Der andere antwortet: „Ich kann nicht gut hinschauen, die Sonne blendet mich!" Was ist an der Geschichte falsch?

Zur Lösung ist hier Schulwissen nötig. Wir haben gelernt, daß ein Regenbogen nur dann sichtbar ist, wenn die Sonne hinter unserem Rücken steht und die Regenwand vor uns lichtbrechend bescheint. Das ist die Voraussetzung.

Der Zweite kann also nicht richtig beobachtet haben, denn vom Rücken her konnte ihn die Sonne ja nicht blenden.

Ein Umwandlungsvorschlag: Es handelt sich hiebei einmal nicht um eine reine Wissensfrage, die aus dem Gedächtnis und aus der Reproduktionsfähigkeit schöpft, sondern um eine, bei deren Lösung oder Beantwortung logisches Denken nötig ist.

Die Frage lautet: Warum ist der Regenbogen immer ein Bogen und nie ein Kreis? Die Antwort hieße: Die Fragestellung ist falsch, denn der Regenbogen ist tatsächlich ein Kreis. Je höher die Sonne über uns steht, desto kleiner ist der sichtbare Regenbogenteil. Befinden wir uns hoch genug, z. B. in einem Flugzeug oder auf einem Berggipfel, also genügend von der Erdoberfläche entfernt, so sehen wir den ganzen Kreis des sogenannten Regen„bogens".

Eine weitere, jetzt variierte „Wissensfrage" hieße: Gibt es für den Menschen eine Möglichkeit, den Regenbogen als Kreis zu beobachten? Wir haben sie bereits beantwortet. Doch hieße die *Antwort* in diesem Fall: Ja. Ein Flieger in großer Höhe würde den Regenbogen als Kreis sehen, vorausgesetzt, daß er die Sonne im Rücken hat.

Wir können weiter assoziieren und eine neue „Wissensfrage" stellen: Wo ist beim Regenbogen das Lila, außen oder innen? Die *Antwort* heißt: Lila ist beim ersten, dem deutlichen und hochfarbigen Regenbogen immer innen und das Rot außen. Aber wir wissen aus Beobachtungen, daß jeder Regenbogen fast immer einen schwächeren Nachbarn hat, manchmal sogar noch einen zweiten, beide konzentrisch zu dem ersten Regenbogen. Hier sind dann die Farben in der Reihenfolge ausgetauscht (statt Blauviolett – Blau – Grün – Gelb – Orange – Rot, umgekehrt). Sie entstehen durch Lichtbrechung an Wassertröpfchen.

Es läßt sich auch eine „Zweierauswahl" daraus formen. Ich behaupte: beim ersten bunten Regenbogen ist das Lila außen.

Antwort: falsch.

Die Antworten zu den folgenden Spielen finden sich auf Seite 206.

144 *Hero*

Hero wartete schon lange im Dunkel der Nacht auf ihren Leander. Ihr kleines Öllämpchen war am Erlöschen, sie merkte, daß der Docht das wenige Öl nicht mehr erreichte und zu erlöschen drohte. Ins Haus zurückzugehen, um Öl zu holen, wagte sie nicht, um das wegweisende Licht für den Schwimmer ja nicht einen Augenblick – vielleicht den entscheidenden – aussetzen zu lassen. Was tut sie?

145 *Durchschlag*

Man hat von einem wichtigen Manuskript den einzigen Durchschlag spiegelverkehrt getippt, weil man das Kohlepapier unter, statt zwischen Original und Durchschlag gelegt hatte. Man hat nicht mehr Zeit, den Text noch einmal zu schreiben, weil der Chef das Original verlangt, aber man braucht unbedingt eine Kopie. Was täten Sie in diesem Fall?

146 *Die Jagdgesellschaft*

Zwei Väter und zwei Söhne gehen auf die Jagd. Wie viele Menschen sind das mindestens?

147 *Die Schwerter*

Ein Antiquitätenhändler verkauft zwei ganz gleiche antike Eisenschwerter an zwei verschiedene Käufer. Das eine ist völlig vom Rost zerfressen, das andere blank. Der Lehrling packt beide getrennt in ganz gleiche Emballagen und vergißt die Reihenfolge. Ganz zerknirscht gesteht er das dem Chef, gewärtig, leider nochmals auspacken zu müssen. Da meint der Händler, das sei doch nicht nötig, der Lehrbursche könne auch so feststellen, welches das blanke Schwert sei. Wie macht er das?

148 *Napoleon*

Auf St. Helena sagt Napoleon an einem 25. Juli: „Gut, daß die Tage jetzt . . .“ – Was sagt er nun: länger oder kürzer werden?

149 *Die Räuber*

In einer Kurve warten drei Räuber auf den Zug. „Wir werden ihn zu spät sehen“, sagt der eine, „um noch die Bombe werfen zu können.“ Der andere sagt: „Ich weiß, wie wir ihn doch noch rechtzeitig wahrnehmen.“ Was tut er?

150 *Kohlensäure*

Gasbäder sind modern, man muß die Kleider nicht ablegen. Peter richtet sich ein privates Kohlensäurebassin für Partys her, hat aber etwas läuten gehört, daß Kohlensäure giftig ist und man daher wissen muß, wie hoch sie im Bassin steht, damit man den Kopf nicht zu tief senkt. Was also als Niveauanzeiger? Gustav schlägt eine Kerze vor, Fritz meint, das wäre zu gefährlich, weil da eine Gasexplosion erfolgen könnte. Max sagt: „Da nehmen wir lieber eine bestimmte Papiersorte.“ Was würden Sie zu diesen drei Vorschlägen sagen?

151 *Ein wenig übertrieben*

Ein Löwenjäger, Sammler für Zoos, hat einen Käfig mit. Ihm geht beim Schießen mit dem Narkosegewehr die Munition aus. Ringsum sind lauter Löwen, er hat keine Zeit zum Nachfüllen der „Munition“. Was macht er?

152 *Der Detektiv*

Ein Mann wird vormittags in seinem Zimmer tot aufgefunden und man stellt Blausäuregeruch in der Luft fest. Da die Fenster geschlossen sind, sind alle Lebewesen, inklusive Katze, Kanari und der Fliegen am Fenster, tot. Obwohl noch kein Arzt dagewesen war, der die Todesstunde anhand der Leichenstarre bestimmt hätte, behauptet einer der Nachbarn, ein kleiner Amateurdetektiv, daß der Tod des Mannes erst in den Morgenstunden erfolgt sein könne. Woraus schließt er das?

153 *Lüge und Wahrheit*

A sagt: „Ich lüge immer.“ B sagt: „Ich sage stets die Wahrheit.“ Wer von beiden hat recht?

154

Wie lange ist schätzungsweise der Weg, den eine Schallplattennadel zurücklegt, wenn sie einen Dreiminutenhit bei 33 U/min abspielt?

155

Gibt es mehr Söhne oder mehr Väter auf der Welt?

SPIELE ALS HEIMAUFGABEN

Da logische Aufgaben zur Lösung bisweilen ihre Zeit brauchen bzw. durch „Brüten“ Pausen entstehen, eignen sich die meisten logischen Aufgaben besser zu „Heimhörerfragen“. Sie lassen sich dann im Familienkreis ausdebattieren.

156 *Tombola*

In einer Gesellschaft wird eine Tombola ausgelost. 80 Lose sind vorhanden. Man sammelte so viele Tombolapreise, daß jedes vierte Los gewinnt. Wie viele Lose müßte einer kaufen, damit er absolut sicher mindestens *einen* Gewinn erzielt?

157 *Diagonale*

Ein Würfel von 1 cm Seitenlänge steht vor uns. Es soll der kürzeste Weg gefunden werden, der von einer Ecke in die diagonal gegenüberliegende Ecke führt; natürlich auf der Oberfläche des Würfels, nicht etwa durch den Würfel durch.

158 *– und Osten?*

Auf einem Punkt der Erdoberfläche, die wir uns als vollkommene Kugel vorstellen wollen, steht eine Person. Sie geht einen Kilometer nach Süden, einen Kilometer nach Westen, einen Kilometer nach Norden und steht wieder am Ausgangspunkt. Wie weit liegt der nächstgelegene Erdpol von dem Standpunkt der Person entfernt?

159 *Der Erdumfang – eine ernste Frage, unernst verpackt*

Die, allerdings nicht existierende, „Physikalische Weltunion" beschließt als Experiment, rund um die Erde, also 40.000 km lang, einen Platinstreifen zu legen, der hochelektrisch aufgeladen ist und ein Überschreiten der Hemisphäre auf der Erdoberfläche, sei es via Land oder via Wasser, unmöglich macht. Darob großes Geschrei bei den Tierschützlern: „Wieviel Kleingetier, das den Streifen nicht überhüpfen könnte, müßte dabei zugrunde gehen!" Also beschließt man, daß der Platinstreifen nicht direkt auf der Erdoberfläche verlegt würde, sondern 16 cm hoch darüber gespannt angebracht werde, damit kriechende Kleintiere noch darunter durchschlüpfen könnten. Darob wieder großes Geschrei bei den Steuerdemagogen: Was denn das wieder an Mehrkosten erfordern würde, koste doch der Platinstreifen pro Kilometer eine Million Dollar! Was meinen Sie zu dieser Rechenkunst?

ANTWORTEN

Zu Spiel 144:

Sie ging an den Strand und ließ ein wenig Wasser neben dem Docht in das Lämpchen rinnen; dieses sinkt nämlich auf den Lampenboden und das leichtere Öl steht wieder hoch genug, so daß der Docht es erreichen kann.

Zu Spiel 145:

Den spiegelverkehrten Durchschlag schnell einfetten. So wird das Blatt durchsichtig und läßt sich, auf eine weiße Unterlage gelegt, mühelos lesen. Notfalls kann man später durch Bügeln auf einer Unterlage aus Filterpapier, das mit einem Fettlösemittel getränkt ist, das Fett wieder herauslaugen.

Zu Spiel 146:

Drei. Großvater, Vater und Sohn.

Zu Spiel 147:

Er wägt die verpackten Schwerter ab. Das rostige ist schwerer, weil Rost eine Verbindung von Eisen mit Sauerstoff ist, daher das Gewicht um den Sauerstoffanteil größer sein muß.

Zu Spiel 148:

„Gut, daß die Tage jetzt länger werden." St. Helena liegt nämlich auf der südlichen Halbkugel.

Zu Spiel 149:

Er legt sein Ohr auf die Schiene. Der Schall pflanzt sich im Eisen schneller fort als in der Luft.

Zu Spiel 150:

Gustav schlägt eine Kerze vor, was richtig wäre, da sie im Kohlensäureniveau erlischt. Eine Gasexplosion, die Fritz befürchtet, ist bei Kohlensäure unmöglich. Als Papiersorte, wie Max anregt (etwa an einer Stange angebracht) käme Lackmuspapier in Betracht, das Säure anzeigt, indem es sich verfärbt.

Zu Spiel 151:

Er geht in den Käfig.

Zu Spiel 152:

Die Fliegen am Fenster sind tot; sie fliegen erst dahin, wenn es schon hell wird.

Zu Spiel 153:

B hat recht. Da er immer die Wahrheit sagt, hat er auch jetzt die Wahrheit gesprochen. A sagt „ich lüge immer“ – daher müßte er auch jetzt gelogen haben.

Zu Spiel 154:

Nur vier bis acht Zentimeter, je nach Abstand von der innersten bis zur äußersten Rille, da der Tonarm, der die Nadel trägt (heute verwendet man statt der früheren Stahlnadel eine Saphirspitze) die Platte unter sich weggleiten läßt.

Zu Spiel 155:

Mehr Söhne. Jeder Mann ist ein Sohn, aber nicht jeder ist Vater.

Antworten zu den Heimaufgaben

Zu Spiel 156:

Er müßte mindestens einundsechzig Lose kaufen, denn unter achtzig Losen sind zwanzig Preise. Kauft er sechzig Lose, könnte es das Mißgeschick wollen, daß alle sechzig Nieten sind. Erst das einundsechzigste Los muß unbedingt ein Treffer sein.

Zu Spiel 157:

Man veranschaulicht sich diese Möglichkeit, indem man das Netz des Würfels zeichnet, die beiden Punkte verbindet und dann das Netz wieder zu einem Würfel zusammenstellt. Dann sieht man, daß es keineswegs etwa eine Gerade ist, die auf der Fläche von einer Ecke zur anderen führt, sondern die Linie geht über eine Seitenkante zum Zielpunkt, wobei die Länge $\sqrt{1+4}$ ist, d. i. $\sqrt{5}$, also rund 2,25 cm.

Zu Spiel 158:

Sie steht bereits am nächtsgelegenen Pol, am Nordpol. Denn nur, wenn sie von dort ausgeht, kommt sie auf dem angegebenen Weg wieder zum Ausgangspunkt zurück.

Zu Spiel 159:

Die Mehrkosten würden sich insgesamt auf nicht mehr als eintausend Dollar stellen, da die Länge des Platinstreifens sich bloß um einen Meter vergrößert. (Der Umfang eines Kreises wird immer mit $2r\pi$ errechnet; wenn der Radius um 16 cm größer wird, wird der Umfang um $2 \times 16 \times \pi = 1$ m größer.)

Unter- und Überordnung

Unser Denken ordnen

Sollen wir Dinge, die uns umgeben, oder Begriffe in eine Ordnung bringen, können wir sie unter Oberbegriffen zusammenfassen. Der Oberbegriff für folgende vier Begriffe

Hase Rind Schwein Schaf

ist vorerst: Tiere. Dieser Oberbegriff läßt sich aber noch enger fassen. Aufgabe dieses Spieles ist es, den engsten, also deutlichsten, Oberbegriff zu suchen, nicht den weitesten. Die vier genannten Tiere lassen sich noch weiter präzisieren. Es sind: Fleischliefernde Tiere. Bei Beispiel

Lilie Krokus Schneeglöckchen Tulpe

wäre ein naheliegender Oberbegriff: Blumen, deutlicher: Frühlingsblumen. Praktisch kann man fast alle Begriffe unter einen Oberbegriff bringen.

Stellt man selbst so ein Spiel zusammen, erweist es sich als fruchtbar, den umgekehrten logischen Weg einzuschlagen, nämlich zuerst einen Sammelbegriff zu wählen, wie Fahrzeuge, und dann unter diesen Begriff fallende Elemente zu suchen, also

Schiff Flugzeug Unterseeboot Fahrrad.

Wir haben damit gleich den Mechanismus des Pendantspieles, nämlich das Unterordnungssuchen gelernt: Ein Oberbegriff wird in untergeordnete Begriffe zerlegt.

Beim Unterordnungsspiel werden zuerst Sammel- oder Gattungsnamen genannt. Die Aufgabe lautet: Vier (oder eine andere Anzahl) darunterfallende Begriffe sind zu suchen. Wir geben im folgenden getrennt Beispiele für Über- und Unterordnungen. Die Antworten finden wir am Ende der Spiele. Beide Spiele helfen Begriffe zu klären, ja zu erklären, und Zusammenhänge erkennbar zu machen. Bei Wiederholung drehen wir jeweils ein Unterordnungsspiel in ein

Überordnungsspiel um und umgekehrt, weil die Merkfähigkeit damit geübt wird.

Beispiel für ein Unterordnungsspiel:

Wir suchen vier Begriffe, die unter Kinderspiele fallen.

Antwort:

Federball Reifenspiel Blinde Kuh Schnurspringen.

Bei Wiederholung nach einiger Zeit hieße es: Zu welchem Oberbegriff gehören

Federball Reifenspiel Blinde Kuh Schnurspringen.

Antwort: Kinderspiele.

Beispiel für ein Überordnungsspiel:

Heft Bleistift Lineal Lesebuch.

Zu welchem Oberbegriff gehören die vier genannten Gegenstände?
Antwort: Schulrequisiten.

Es versteht sich von selbst, wie die Wiederholungs-Umkehrung lautet:

Man nenne vier Schulrequisiten. Erinnert man sich an alle, so lautet die Antwort:

Heft Bleistift Lineal Lesebuch.

Doch würden neue Einfälle durchaus gelten.

Die Spiele „Unterordnung" und „Überordnung" sind jeweils durch Umkehrung vertauschbar. Die Antworten für diese Spiele sind selbstverständlich nur Vorschläge, besonders was die Unterordnung anbelangt.

UNTERORDNUNGSSPIELE

Was fällt unter diesen Begriff?

160
1 Haushaltsgeräte
2 Handwerker
3 Obstsorten
4 Mittelmeerländer
5 Getränke
6 Haustiere

161
1 Drüsen
2 Stile
3 Käfer
4 Weingläser
5 Dessert
6 Propheten

162

1 Vier Flüsse mit „E" beginnend
2 Abenteuergeschichten
3 Namen für Signale
4 Horntragende Säugetiere
5 Textilien aus Baumwolle
6 Fleischgerichte, die einen Eigennamen haben

163

1 Pflanzenprodukte
2 Apostel
3 Edelsteine
4 männliche deutsche Vornamen
5 Evangelisten
6 Berühmte Brüderpaare

Lösung zu Spiel 160:

1 Staubsauger Besen Eimer Griller.
2 Schneider Tischler Uhrmacher Installateur.
3 Apfel Birne Kirsche Pflaume.
4 Italien Jugoslawien Tunesien Israel.
5 Bier Wein Wasser Fruchtsaft.
6 Hühner Pferde Ziegen Hunde.

Lösung zu Spiel 161:

1 Leber Schilddrüse Hirnanhang- (Hypophyse) Bauchspicheldrüse (Pankreas).
2 Gotik Barock Rokoko Jugendstil.
3 Hirschkäfer Maikäfer Pillendreher (Skarabäus) Rosenkäfer.
4 Römer Sektkelch Tulpenglas Stielgläser.
5 Torte Obstschnitte Pudding Eisbombe.
6 Elias Mohammed Jeremias Isaias.

Lösung zu Spiel 162:

1 Ebro Elbe Etsch Enns.
2 Schatzinsel Robinson Crusoe Alice im Wunderland Gullivers Reisen.
3 Halali Horrido Zapfenstreich Chamade.
4 Rind Ziege Schaf Steinbock.
5 Kattun Molino Barchent Flanell.
6 Kasseler Rippenspeer Wiener Schnitzel Bündner Fleisch Cordon Bleu.

Lösung zu Spiel 163:

1 Pech Harz Obst Bast.
2 Thomas Paulus Judas Petrus.
3 Rubin Smaragd Diamant Saphir.
4 Bruno Friedrich Volker Gernot.
5 Matthäus Markus Lukas Johannes.
6 Jakob + Esau Castor + Pollux Brüder Montgolfier Wilhelm + Jakob Grimm.

ÜBERORDNUNGSSPIELE

Wir suchen den engsten gemeinsamen Oberbegriff:

164

1 Carmen Aida Mignon Norma.
2 Haferflocken Weizengrieß Roggenmehl Gerstenmalz.
3 Eichel Buchecker Kastanie Haselnuß.
4 Collier Brasselet Diadem Siegelring.
5 Wotan Jupiter Zeus Ormudz (Iran).
6 Mona Lisa Nachtwache Sixtinische Madonna Guernica.

165

1 Rechen Schaufel Gießkanne Baumschere.
2 Seine Themse Aare Donau.
3 Orange Clementine Grapefruit Limone.
4 Bussard Gabelweihe Sperber Falke.
5 Ararat Nebo Sinai Horeb.
6 Java Sumatra Borneo Celebes.

166

1 Ambra Moschus Zibet Bibergeil.
2 Genever Kirschgeist Slibowitz Cherry.
3 Zimt Pfeffer Muskatnuß Ingwer.
4 Trompete Flöte Lure Posaune.
5 Smyrna Täbris Isfahan Bochara.
6 Speck Tran Butter Talg.

167

1 Stier Falke Mistkäfer Ibis.
2 Lungen Tracheen Kiemen Haut.
3 Fußnägel Hühneraugen Augenbrauen Hautoberschicht.
4 Henry Dunant Berta Suttner Martin Luther King Willy Brandt.
5 U Thant Hammarskjöld Trygve-Lie Waldheim.

Lösung zu Spiel 164:

1 Weibliche Operngestalten. 2 Einheimische Getreideprodukte. 3 Einheimische Baumsamen. 4 Schmuckstücke aus gemischtem Material. 5 Höchste Götter. 6 Berühmte Ölgemälde.

Lösung zu Spiel 165:

1 Gartengeräte. 2 Flüsse, an denen Landeshauptstädte liegen. 3 Zitrusfrüchte. 4 Greifvögel. 5 Berge aus der Bibel. 6 Die vier großen Sundainseln.

Lösung zu Spiel 166:

1 Tierduftstoffe. 2 Branntweine. 3 Auslandsgewürze. 4 Blasinstrumente. 5 Orientteppich-Orte. 6 Tierfette.

Lösung zu Spiel 167:

1 Heilige ägyptische Tiere. 2 Atmungsorgane. 3 Horngebilde. 4 Friedensnobelpreisträger. 5 UNO-Generalsekretäre.

Spiel 228, Bild 7:
Wir sehen einen Fechter. Wie heißt die Waffe, die er führt?

Antwort Seite 264

Unterschiede – Gegensätze

Begriffe klären

Um bei diesem Spiel auf Anhieb die richtige Antwort zu finden, müssen wir vorerst die Begriffe klären. Diese Klärung ist einer der wichtigsten „Reinigungsvorgänge" des Gehirns, die in keiner Gedächtniskategorie aufscheint. Sie gehört zu Assoziation und Konzentration.

Unterschiede

Die Frage nach dem Unterschied zwischen zwei Begriffen betrifft immer den wesentlichen Unterschied, das Essentielle, nicht etwa Farbe oder Geschmack, also Akzidentelles.

Ein Beispiel:

Was ist der Unterschied zwischen Baumwolle und Schafwolle?

Antwort: Baumwolle ist ein pflanzliches, Schafwolle ein tierisches Produkt. Mit einem Wort ausgedrückt könnte es heißen: Herkunft.

Diese Einwortunterschiede, die Formulierungskunst und Wortfindung beanspruchen, sind weit schwieriger zu finden, aber logisch sehr ergiebig. Es ist beides erlaubt.

SPIELE

Wir suchen den Unterschied zwischen

168

1 Jakob – Esau
2 Trockenmilch – Frischmilch
3 orangefarben – dottergelb
4 Weizenkeim – Weizenkorn
5 Botschafter – Gesandter
6 Pflanzensamen – Tiersamen

169

1 Jam – Marmelade
2 Kunstfaser – Naturfaser
3 Branntwein – Likör
4 Samt – Plüsch
5 Moor – Torf
6 Speisewagen – Bufettwagen

170

1	Ballast – Schlacke (in der Nahrung)	4	Ruß – Graphit
2	Geweih – Gehörn	5	Kruste – Rinde
3	Brillant – Diamant	6	Max – Moritz

Lösung zu Spiel 168:

1 Die Geburtsfolge: Esau war der Erstgeborene. 2 Der Wassergehalt: Frischmilch ist ein Naturprodukt, Trockenmilch wird künstlich hergestellt. 3 Die Rotmenge: Orange enthält eine stärkere Rotkomponente als Dottergelb. 4 Der Eiweißgehalt: Weizenkeime enthalten mehr Eiweiß und weniger Stärke als reifes Weizenkorn. 5 Die Vertretungsvollmacht: Der Botschafter vertritt sein Land, der Gesandte dessen Regierung. 6 Das Geschlecht: Der Pflanzensame ist weiblich, der Tiersame männlich.

Lösung zu Spiel 169:

1 Jam enthält ganze Früchte oder Teile davon unverkocht, während Marmelade ein Obstmus ist. 2 Die Herkunft: Die Naturfaser kommt von Tieren oder Pflanzen, während die Kunstfaser aus mineralischen oder chemischen Verbindungen künstlich gefügt wird. Synthese, ein griechisches Wort, das Zusammenfügen heißt. 3 Das Brennen (wenn man von der Zuckermenge im Likör absieht): Liköre werden nicht gebrannt, sie bestehen aus Alkohol, Zucker und Aromastoffen. 4 Die Florhöhe: Samt hat niedrigeren, Plüsch höheren Flor. Velours unterscheidet sich von beiden durch seinen Strich, das heißt, die Haare lassen sich nach einer Richtung streichen. 5 Das Alter: Moore sind jünger, oft noch flüssig oder halbflüssig. Torf ist abgestorbenes Moor; nach Millionen Jahren geht es in Braunkohle über. 6 Das Speisenangebot: Kalte Speisen und kleine Imbisse im Bufettwagen, Menüs im Speisewagen.

Lösung zu Spiel 170:

1 Ballast sind die unverdaulichen Nahrungsmittelreste (Spelzen, Zellulose); Schlacke die nicht mehr im Stoffwechsel verwendbaren Restbestandteile der Lebensmittel (Harnstoff). 2 Das Material: Geweih ist aus Knochensubstanz, Gehörn aus Horn. 3 Brillant und Diamant unterscheiden sich durch den Schliff. 4 Die Form: Ruß ist staubförmig, Graphit hat feste Form. 5 Der Fettgehalt: Rinde hat kein Fett. 6 Die Frisur: Max hat Mittelscheitel, Moritz Spitzschopf.

Gegensätze

Etwas anders in der Überlegung gelagert ist die Gruppe der Gegensätze.

Ein Beispiel:

kalt – warm
glatt – rauh
hart – weich
halbvoll – halbleer

SPIELE

Hier suchen wir den Gegensatz zu

171

1 düster
2 lustig
3 niedergeschlagen
4 verdrossen
5 trübselig
6 profan

172

1 jubeln
2 betrübt sein
3 Leid
4 Hoffnung
5 Anziehungskraft
6 Froschperspektive

Vorgeschlagene Lösungen

Spiel 171:

1 hell 2 traurig 3 hochgemut 4 zufrieden 5 fröhlich 6 sakral.

Spiel 172:

1 wehklagen 2 frohlocken 3 Freude 4 Verzweiflung 5 Fliehkraft 6 Vogelschau.

Die Antworten sind hier selten eindeutig. Wir müßten auch den Gegensatz traurig – fröhlich oder bei verdrossen sowohl zufrieden wie heiter gelten lassen, weil beides dem Sinn eines Gegensatzes entspricht.

Dieses Herausholen der Unterschiede und Gegensätze sollte von Zeit zu Zeit wiederholt werden. Es ist eine gute Übung für Wortfindung und Konzentration.

Außenseiter – Innenseiter

Hirntraining im Schlußfolgern

Es sind dies zwei parallele symmetrische Spiele. Beide Male ist es ein Hirntraining im Schlußfolgern. Aber es ist jeweils ein anderer Schluß zu ziehen.

Außenseiter

Hier suchen wir aus einer Gruppe von etwa vier Begriffen den einen heraus, der dort nicht hineinpaßt, also ein Außenseiter ist. Die anderen haben einen gemeinsamen Oberbegriff.

Beispiel: Napoleon Seneca Götz von Berlichingen Wallenstein. Wer paßt da nicht hinein? Wir müssen also zuerst den Oberbegriff suchen, der für drei von ihnen paßt. Hier sind drei Feldherren. Der Außenseiter ist dann zu definieren beziehungsweise zu formulieren. *Die Antwort* heißt somit: Seneca, denn er war Philosoph und kein Feldherr.

Beim Außenseiter sollen alle genannten Dinge der gleichen Kategorie angehören – hier sind es vier berühmte geschichtliche Persönlichkeiten. Oder es sind vier Großstädte:

Rom Wien Paris Chicago,

eine davon nicht in Europa. Oder vier Obstsorten:

Apfel Orange Dattel Banane,

eine davon ist keine Südfrucht.

Zur Erleichterung oder bei schwierigeren Beispielen nennen wir bei Außenseitern sowohl Kategorie wie Oberbegriff. Wir sagen: Welcher der folgenden vier Könige war kein Grieche?

Krösus Menelaos Achilles Odysseus.

Antwort: Krösus. Er war Lydier.

Außenseiter verlangen hohe Konzentration, logisches Einordnen unter Begriffe, Urteilsvermögen und ein Loslösen von fixen Assoziationen.

SPIELE

Was paßt nicht in die Gruppe?

173

1 Vier Sportgeräte – eines davon stammt aus der Neuen Welt.
Ski Fahrrad Gummiball Diskus.

2 Vier Gase – eines davon ist brennbar.
Kohlensäure Wasserstoff Sauerstoff Helium.

3 Vier Bäume – einer davon ist kein Nadelbaum.
Eibe Wacholder Pinie Eukalyptus.

4 Vier Komponisten – einer davon hat keine Opern geschrieben.
Beethoven Schumann Hugo Wolf Brahms.

5 Vier Frühlingsblumen – eine davon ist kein Zwiebelgewächs.
Maiglöckchen Leberblümchen
Schneeglöckchen Narzisse.

6 Vier Nationalsuppen – eine davon ist nicht südeuropäisch.
Bouillabaisse Minestra Ollapotrida Borschtsch.

Antworten:

1 Der Gummiball; Columbus sah bereits Indianer damit spielen. Gummi stammt vom mittelamerikanischen Kautschukbaum (latex).

2 Der Wasserstoff. Das Zeppelin-Luftschiff „Hindenburg" brannte binnen weniger Minuten aus, weil es mit Wasserstoff gefüllt war (Wasserstoff ist das leichteste Gas). Ab dieser Zeit wurde für die Luftschiffahrt das nächstschwerere Gas, Helium, verwendet, weil es nicht entflammbar ist.

3 Der Eukalyptus. Seine lanzettförmigen Blättchen stellen sich mit der Schmalseite (Rand) in die Sonnenrichtung, so daß nahezu kein Schatten entsteht. Dies ist ein Schutz gegen zu starke Wasserverdunstung. Die Blätter des Eukalyptusbaumes sind die einzige Nahrung des Koalabären (Beutelbär).

4 Johannes Brahms. Alle anderen haben eine einzige Oper geschrieben: Beethoven „Fidelio", Schumann „Genoveva", Hugo Wolf „Corregidor".

5 Das Leberblümchen. Je nach dem Niveau der Gruppe kann man hier unterschiedlich fragen. Mittelschwer: Eines davon hat keine ganzrandigen, parallelnervigen Blätter. Schwieriger: Eine davon ist

keine Monocotyledone (nicht einkeimblättrig). Die Antwort ist beidemal: Leberblümchen.
6 Der Borschtsch ist polnisch-russisch, Bouillabaisse französisch, Minestra italienisch, Ollapotrida spanisch.

174

1 Vier Naturheiler – einer davon war nicht für das Frieren.

Rikli Prießnitz Schroth Kneipp.

2 Vier Krankheiten – eine davon wird nicht durch Bakterien verursacht.

Lepra Diphtherie Masern Milzbrand.

4 Vier Tiere – eines davon bezeichnet nicht auch einen Gegenstand.

Wolf Hahn Bock Salamander.

4 Vier Maler – einer davon starb jung.

Tizian Tintoretto Raffael Picasso.

5 Vier Hauptstädte in Übersetzung – eine davon ist in Europa.

Frühlingshügel Neue Blume
Gute Luft Goldene Schwelle.

6 Vier berühmte Ehepaare – bei einem sind die Gatten von der gleichen Nation.

Pierre und Marie Curie Robert und Clara Schumann
Gracia Patricia und Rainier Grimaldi Napoleon III. und Eugenie

Antworten:

1 Schroth verwendete Warmwasser bei seinen Kuren.
2 Masern ist eine Viruserkrankung, Virus ist kein Bakterium.
3 Der Salamander. Fleischwolf, Wasserleitungshahn, Kutschbock.
4 Raffael. Er starb mit 37 Jahren. Picasso wurde über 90 Jahre alt, Tizian über 80, Tintoretto über 75.
5 Goldene Schwelle ist die Übersetzung von Slata Praha/CSR, Frühlingshügel ist Tel Aviv/Israel, Neue Blume Addis Abeba/Afrika, Gute Luft Buenos Aires/Argentinien, Südamerika.
6 Clara Wieck und Robert Schumann. Maria Sklodowska/Curie war Polin, er Franzose; Grace Kelly gebürtige Amerikanerin, Rainier Grimaldi Monegasse; Napoleon III. war Franzose, Eugenie Spanierin.

175

1 Welcher von den Vieren war nicht einäugig?

Odin Polyphem Nelson Götz.

2 Welche ist eine Insel, während die anderen Halbinseln sind?

Hela Istrien Kola Tasmanien.

3 Welches der vier Werke ist keine Ballade?

Das Glück von Edenhall Die Bürgschaft
Gott und die Bajadere
Der Sonnengesang des Franziskus.

4 Welcher von den vieren ist kein Apostel?

Simon Judas Thaddäus Malchus.

5 Welches der vier Genannten ist kein Werkzeug?

Fuchsschwanz Wolf Holländer Franzose.

6 Welches der vier Genannten ist kein Gemälde?

Letztes Aufgebot Guernica
Die Nachtwache Die Davidswache.

Antworten:

1 Götz von Berlichingen mit der eisernen Hand. Odin, der Germanengott; Polyphem, der Riese aus der Odyssee, und Nelson, der englische Admiral waren einäugig.
2 Tasmanien. Hela ist eine Ostseehalbinsel. Istrien, früher Küstenland genannt, ist Halbinsel. Kola ist eine russische Halbinsel.
3 Der Sonnengesang des hl. Franziskus.
4 Malchus, ein Knecht, dem Petrus das Ohr abhieb.
5 Holländer nennt man die Zerkleinerungsmaschine für Papier. Fuchsschwanz: kleine Handsäge; Wolf: Zerreißgerät; Franzose (auch Engländer) heißt ein Schraubenschlüssel mit verstellbarer Maulweite.
6 Die Davidswache. Sie ist ein Hamburger Polizeikommissariat. – „Letztes Aufgebot" von Defregger, „Guernica" von Picasso, „Die Nachtwache" von Rembrandt.

Innenseiter

Beim Innenseiter zähle ich vier voneinander verschiedene Begriffe auf, die ganz differenten Gebieten angehören.

Beispiel:

Godthop Surfing Wallenstein Einstein

und frage dann: Wer ist hier ein Feldherr?

Einer der vier Begriffe bekommt gewissermaßen ein Merkmal zugeordnet. Der gekennzeichnete Begriff wird gesucht. Hier handelt es sich um ein Auswählen und ein Ablehnen unbrauchbarer Assoziationen.

SPIEL

176

1 Senf Kamel Kaiserschnitt Bartflechte.
Eines davon ist nicht natürlich.

2 Grotte Nil Blume Tomate.
Eines davon wird nie mit Blau in Zusammenhang gebracht.

3 Uhr Pfau Waage Ring.
Eines davon hat nie etwas mit Federn zu tun.

4 Sieb Madeirastickerei Ofen Teller.
Eines davon hat kein Loch.

5 Luft Wasser Uran Schwefelsäure.
Eines davon ist ein Grundstoff.

6 Lessing Puschkin Dürer Nurejew.
Einer davon ist ein Negerabkömmling.

Antworten:

1 Der Kaiserschnitt. 2 Die Tomate. 3 Der Ring. 4 Der Teller. 5 Das Uran. Dieses ist ein chemisches Element, die anderen sind Gemische. 6 Puschkin. Er war mütterlicherseits ein Abkömmling des Mohren von Peter dem Großen.

Sowohl die Außenseiter wie die Innenseiter sind gegenüber den Denkspielen Promptspiele und beanspruchen nicht sehr viel Zeit. Sie können von den Spielern bald selbst ausgedacht und für das nächste Treffen mitgebracht werden.

Proportionen-Suchen

Logik und Entscheiden

Wir geben bei diesem Spiel drei Glieder an und suchen in Entsprechung und Korrespondenz dazu das vierte und zwar ähnlich einer mathematischen Proportion: a verhält sich zu b wie c zu d.

Beispiel: Es verhält sich

[a] Rom zum [b] Tiber wie [c] Köln zum [d] Rhein.
Große Städte und Flüsse, an denen sie liegen

[a] Mendel zur [b] Erblehre wie [c] Newton zur [d] Gravitation.
Entdecker und Entdecktes

Je drei Glieder, beliebig welche, werden genannt, das vierte muß erraten werden. Bei späterer Wiederholung wechseln wir das zu suchende Glied. Wir suchen anhand des gegebenen Verhältnisses zwischen zwei Begriffen (a und b) für ein weiteres, gleichartiges (c und d) den adäquaten Begriff (c oder d). Aber aus jeweils verschiedenen Bereichen!

[a] Mendel zu [b] Pflanzen wie [c] Linné zu [d] Pflanzen

ist nicht gemeint, das heißt, weder a noch b, c oder d dürfen sich wiederholen. Sonst wäre es nicht bunt im Sinn dieses Übens.

177 **SPIELE**

Es verhält sich:

1 Wasser zu Eis wie Tau zu ?
Stoffe und deren Zustand nach dem Gefrieren

2 Apfel zu ? wie Weintraube zu Most.
Obst und dessen Preßsaft

3 Katze und Maus wie ? zu Frosch.
Tiere und deren Beutetier

4 ? zu Rogen wie Henne zu Fisch.
Muttertier und Ei

5 Aristoteles zu ? wie Seneca zu Nero.
Lehrer und Schüler

6 Ilias zu Nibelungenlied wie ? zu deutsch.
Nationalepos und deren Sprache

178

1 Andreas Hofer zu Raffl wie ? zu Judas.
Verratene und deren Verräter

2 ? zu Polykrates wie Königin von Saba zu Salomon.
Im Ausland Besuche machende Herrscher

3 Castor zu ? wie Jakob zu Esau.
Zwillingsbrüder

4 ? zu Athen wie Frosch zu Sparta.
Städte und deren Symbol

5 Dornach zu Rudolf Steiner wie ? zu Richard Wagner.
Wirk- und Kultstätte berühmter Männer

6 Ludwig XV. zu Pompadour wie Leopold von Belgien zu ?
Herrscher und deren Geliebte

Bei dieser Übung wird sowohl an die Merkfähigkeit appelliert, wie auch an die Assoziation. Diese muß nicht immer eindeutig sein. Sagen wir: Es verhält sich

Franz Josef zu Elisabeth wie Albert v. Coburg zu Viktoria,

so ist das eindeutig. Sagen wir aber: es verhält sich

Franz Josef zu Elisabeth wie Napoleon zu ?,

so kann die Antwort sowohl heißen: Josephine Beauharnais, wie auch Marie Louise, denn beide waren seine Gattinnen.

Lösung zu Spiel 177: 1 Reif. 2 Zider. 3 Storch. 4 Hühnerei. 5 Alexander. 6 Griechisch.

Lösung zu Spiel 178: 1 Jesus. 2 Amasis (Ägyptenkönig). 3 Pollux. 4 Eule. 5 Bayreuth. 6 Cléo de Mérode.

Spiel 231, Bild 1: Vier Hutformen, nach der Mexiko-Olympiade en vogue a) Sombrero feminin. b) Bolero c) Texas d) Torero. Ordnen wir sie den Hutskizzen 1 bis 4 richtig zu!

Lösung Seite 264

Wer oder was bin ich?

Logisches Einkreisen der Begriffe – ein soziales Gruppenspiel

Es ist dies ein beliebtes, mündliches Gruppenspiel mit Wettkampfsituation. Anhand von Fragen wird eine Person, ein Gegenstand, ein Begriff, ein Ereignis immer mehr eingekreist, so daß die Lösung zum Schluß gleichsam herausfällt, wie Schokolade aus dem Automaten. Man kann auch zu zweit spielen, das ist aber nicht sehr unterhaltungsergiebig. Die Fragen sollen schnell aufeinanderfolgen, so daß auch der Langsamdenkende, während der andere etwas fragt, Zeit gewinnt, seine eigene Frage zu formulieren.
Wenn alle mitspielen und die ganze Gruppe den Sieg erringt, nicht ein einzelner, ist es auch ein „soziales" Gruppenspiel. Die Aufmerksamkeit muß sich verteilen – alle müssen gegenseitig aufpassen: „Was hast Du gefragt?, damit ich nicht das gleiche frage."
Nun bereitet aber gerade das Fragenstellen größere Schwierigkeiten als man erwarten würde. Die meisten Menschen sind beim Fragen gehemmt. Hat man es noch nie gespielt, wird man erstaunt sein, wie schwer man sich anfangs zurechtfindet. Das einfache Suchen aus einer milliardenfachen Möglichkeit ist sinnlos. Wir müssen Einengungen finden, die sich aus der Logik ergeben. Durch graduelles, immer stärkeres Einengen der Begriffskreise müssen wir eine Schiene bahnen, entlang derer wir uns zielsicher vortasten. Es geht also um eine gewisse Technik, die dabei erlernt werden muß! So liefert dieses Spiel auch die pädagogische Möglichkeit über den Mittler, der es mit Milde und Humor lenken kann, eben dieses Fragen zu erlernen. Es wird damit zu einem Ordnungsspiel, bei dem wir einzelne Begriffe – nicht ganze Themen wie etwa bei einem Kurzreferat – einordnen. In der Fragestellung lernen wir auch unsere Assoziationen ordnen und formulieren.
Die Fragen müssen so gestellt werden, daß jeweils mit einem einfachen „Ja" oder „Nein" geantwortet werden kann (Entscheidungsfragen). Der Mittler muß hier auf korrektes Formulieren (sprachliche Bahnung!) mit mildem, doch unnachsichtigem Ernst bestehen oder selber formulierend Muster geben.

Für das logische immer nähere Herangehen gibt es ein Grundschema: Man muß stets vom größeren Kreis dessen, was man erfragen will, allmählich in den kleineren gehen (deduzieren), nicht umgekehrt (induzieren), d. h. vom kleineren in den größeren gehen. Dieses System ist erlernbar und der beste Ordner des Denkens. Wie geht nun dieses Systemisieren vor sich? Die ersten ordnenden Fragen, sogenannte Grundfragen sind:

Ist das Gesuchte konkret? Ist es abstrakt?

Die Antworten können immer nur ja oder nein sein, daher können wir keine Doppelfragen stellen. Man kann nicht etwa fragen: Ist es konkret oder ist es abstrakt?, sondern nur das eine oder das andere. Der Mittler muß darauf dringen, daß solche Grundfragen stets an den Anfang des Ratens gestellt werden, weil sie die erste Schienung auf ein bestimmtes Ziel hin bilden.

Die nächste, das Gesuchte anpeilende Grundfrage (Begriffseinengung) wäre:

Ist es erdacht? Ist es existent?

Eine weitere Grundfrage wäre etwa eine Zeitangabe: Stammt es aus dem Altertum? Oder eine Frage nach dem Land, aus dem es stammt, besser gesagt aus dem Kontinent: Ist es in Europa? Bei diesen Fragen hängt es natürlich davon ab, was auf die ersten Grundfragen geantwortet wurde. Wir können hier nur Vorschläge machen, nicht etwa fixe Bedingungen setzen.

Nächste bewährte Grundfrage: Gehört es dem mineralischen Reich an? Gehört es dem pflanzlichen Reich an? Gehört es dem tierischen Reich an?

Nach den Grundfragen darf man schon auf detaillierte Fragen übergehen, soll aber nicht „schießen". Darunter verstehen wir im Spielerjargon das Nennen oder Hinausrufen eines Begriffes, der einem gerade einfällt, ohne daß eine logische Voraussetzung dazu berechtigen würde.

Hat man etwa die Zeit des Lebens einer gefragten Person und auch ihren Aufenthaltsort, Altertum oder Europa erraten, also „Ja" zur Antwort bekommen, kann man nach dem Kulturkreis fragen, z. B.: germanischer, slawischer, griechischer Kulturkreis? Man kann nach dem Beruf fragen, aber nicht nach dem Einzelberuf und jetzt etwa zweihundertfünfzig Berufe aufzählen. Diese Aufzählung ist zwar unterhaltend und vielleicht auch schöpferisch, aber keineswegs zielführend und dem Spiel nicht gemäß. Es würde sich wieder um Großbegriffsumfänge handeln. Man fragt also etwa: Ist es ein Herrscher? und fragt nicht: Ist es Karl V.? Man fragt: Ist es ein Gelehrter? und nicht: Ist es Einstein?

Handelt es sich bei der Frage etwa um einen Gegenstand und die Vorfragen hießen: Konkret? – Ja; mineralisch? Ja! so würde man als nächste herantastende Frage wählen: Wird es vom Menschen erzeugt? Ist es ein Naturgegenstand? Kam zur ersten Frage – vom Menschen erzeugt – Ja, würde die nächste Frage lauten: Ist es ein Kunstwerk? Ist es ein Bauwerk? In dieser Reihenfolge hat es sich wie gesagt vorschlagsmäßig bewährt.

Bei „Naturgegenstand" würde man sagen: gehört er zum mineralischen Bereich? – Ja. Ist es ein Metall? Nein. Da wir „mineralisch" und „nicht Metall" wissen, dürfen wir das Nichtmetallische heranziehen. Ist es flüssig? – Nein. Ist es fest? – Ja. Hier könnten wir etwa auch nach Gasförmigem gefragt haben, daher ist diese Frage nicht überflüssig. Bei festem Naturgegenstand könnte man weiterfragen: Ist es ein Erz? Ja. Ist es kristallisiert? Ja. – Ist es ein bei uns vorkommender Kristall? usw. Es handelt sich jetzt hier um das Heranrücken an das Ziel und schließlich erfährt man: Wasserhell? Ja. – In Drusen vorkommend? Ja. – Erst wenn alles nahezu klar ist, darf mit Recht der *Bergkristall* genannt werden. Nach dieser letzten Frage: Ist es wasserhell? erübrigt sich die Frage: Ist es durchsichtig?, denn das ist ja selbstverständlich.

Gegenstände z. B. werden langsam unterteilt in Luxusgegenstände, Kunstgegenstände, Haushaltsgegenstände, Geräte und Gegenstände, die man in der Hand halten kann usw.

Handelt es sich bei der Frage z. B. um etwas Erdachtes, dann fragt man zielgemäß: Stammt es aus Märchen, Sage, Literatur, Musik etc. Erdachte Begriffe, also z. B. eine Oper, der Titel einer Oper, ein Kunstwerk, eine Märchenfigur, die ja praktisch zu den abstrakten Begriffen gehören würden, nehmen wir hier vereinbarungsgemäß als konkret an, wie etwa Rotkäppchen, das im Märchen als konkrete Figur anzusehen ist. An diesem Übereinkommen sollte die Gruppe festhalten, weil dies überflüssige Fragen erspart. Im allgemeinen sind Konkreta leichter zu erraten, d. h. alles, was mit den

Sinnesorganen, nicht nur mit Verstand und Logik allein erfaßt werden kann. Also nicht Begriffe wie z. B. Freiheit, Güte, Geduld und andere Abstrakta. Man sollte sich sogar anfangs auf diese Beschränkung einigen und nur nach Konkretem fragen.
Um immer wiederkehrende Grundfragen zu erleichtern oder aus Zeitgründen kann man auch anfangs eine erweiterte Angabe über das Gesuchte machen. Der Mittler sagt z. B. nicht: „Wer bin ich?", sondern: „Ich bin eine erdachte Frau!", so daß sich die ersten zwei bis drei Grundfragen erübrigen.
Wie weit der Mittler mit dieser Einleitungsdefinition gehen will und wie weit er zeitsparend eingreifen soll, ergibt sich aus dem Gruppenniveau und auch dem Grad der Geübtheit der Gruppe. Im übrigen hat es sich immer erwiesen, daß ein kleinerer Begriffsumfang, also eine recht präzise Angabe, die Fragelust und den Frageﬂuß erleichtern. So löst z. B. die Frage: „Wer bin ich?", ohne weitere Angabe eine Flut von Grundfragen aus, die beinahe zur Routine erstarren können. Sagt man aber von Anfang an: „Ich bin eine männliche Märchenfigur", dann lösen sich die Spannungen und damit die Hemmungen viel leichter, als bei allzu abstrakter Anfangsfrage.

Keine überflüssigen Fragen stellen

Wir wiederholen, daß überflüssige Fragen zwar nicht gerügt aber mindestens vermieden werden sollten. Wenn z. B. etwas bereits als konkret bekannt ist oder bejaht wurde und als Lebewesen verneint wurde, kann es nur eine Sache sein. Die Frage nach einer Sache ist also bereits überflüssig. Wenn auf die Frage: Ist es erdacht? als Antwort „Ja" kam oder bei der Zeitangabe Altertum bejaht wurde, erübrigt sich die Frage: Lebt er noch? Heißt es bei einer Antwort auf: Ist es mineralisch? nein, dann sind alle Berge und Flüsse von vornherein ausgeschlossen.

Es gibt Teilnehmer, die Fragen nur so hervorsprudeln können, und es gibt stille Zuhörer. Gerade diesen fällt dann vielleicht nach sechs Fragen der anderen die richtige Stichfrage ein. Es gibt aber auch besonders gehemmte Menschen, die Fragen nur schwer formulieren. Bei diesen besteht die Gefahr, daß sie, um Zeit zu gewinnen, still für sich weiterdenken, sich dabei in eine fixe Assoziation einklemmen lassen, die sie vom Weg abbringt. Sie sind gesperrt, fühlen

das und geben einfach auf. Das ist ein grober Fehler, denn lieber banale Fragen stellen, als kapitulieren!
Während es bei einem Anfänger bis zu einem Vierteljahr dauern kann, bis er das Fragen erlernt, bürgern sich die ökonomischen Fragen bei den Geübteren bald ein. Weiß einer gar nicht, was er fragen soll, ist das auch kein Unglück. Er erfährt dann die Lösung vorerst als ein Zuhörer.
Zur Erleichterung gibt es außer der Antwort „Ja" oder „Nein" auch noch die Antwort: Ich passe. Das bedeutet „Ja" oder „Nein", sowohl als auch. Streng genommen sollte es diese dritte Möglichkeit nicht geben. Aber es ist eine Hilfe, damit ein zu strenges „Nein" nicht in die Irre führe.
Hat sich die Fragefreudigkeit erschöpft oder ist die Gruppe auf eine ganz falsche Fährte geraten, darf der Mittler auch einmal „vermitteln", indem er wenigstens die Richtung korrigiert. Bei der bejahten Frage: Vierfüßig?, verrannten sich alle in die Zoologie. Da darf der Mittler eingreifen: „Es ist kein Tier. Fragen Sie nach einem Gebrauchsgegenstand!" (Man kommt auf den Tisch.)

Nichts Unerratbares ins Spiel bringen

Unerratbares, dem normalen Denkvermögen zu ferne Liegendes muß von vornherein ausgeschlossen werden. Es soll das, was herauskommt, eine gewisse Beziehung zu den Fragenden haben. „Das Staubtuch der Marylin Monroe" oder „den verlorenen Schuhriemen des Mahatma Ghandi" zu suchen, ist sinnlos. Auch die Zahl Zwanzigtausend kann kaum erraten werden.
Will der Mittler gleichzeitig die Merkfähigkeit testen, dann lasse er nach einem Begriff suchen, den er beispielsweise die Woche zuvor in einem der anderen Fragespiele schon gebraucht oder als Bild „gezeigt" hat.
Man kann allerdings auch dieses Spiel noch „anheben", die Konzentration höher schrauben und für Geübte ein sehr belebendes Spiel daraus machen, indem man es ausnahmweise einmal „auf Zeit" spielt, also etwa ein „Neunzig-Sekunden-Spiel" daraus macht; neunzig Sekunden ist die Zeit innerhalb derer die Aufgabe gelöst sein muß. Oder man beschränkt die Fragen auf eine gewisse Anzahl, etwa auf zwanzig positive oder negative, nach denen das Spiel abgebrochen wird, falls das Gesuchte nicht erraten wurde.

Es bedarf zusätzlicher Konzentration, um mit zwanzig Fragen ans Ziel zu kommen; man muß sich die Trächtigsten wohl überlegen.
Bei gutgewachsenen Gruppen macht die Lösung allen Freude, nicht nur dem, der das letzte Wort oder das Stichwort bringt, denn der Gruppenstolz erlaubt dann die Feststellung: Das haben *wir* gut gemacht!
Bei kleinen Gruppen bis zu sechs Personen kann das Spiel auch als Wettkampf (Agon) gespielt werden, wenn wir unsere Gruppe in zwei Teile – eine rechte und eine linke Hälfte – teilen. Die linke Gruppe stellt das Fragespiel, die rechte beantwortet es und umgekehrt. Das kann man mit Punkten und Prämien bewerten, kann es auf Unterhaltung spielen.
Der Mittler sieht sich vorher die Fragen beider Gruppen an, damit sie gleichwertig sind. Sie sollen ganz einfach sein, damit nicht allzulang geraten werden muß, da sonst die *antwortende* Gruppe zu wenig aktiv ist. Der „Taktstock von Toscanini" und „Friedrich der Große" sind zum Suchen nicht gleichwertig; „Taktstock" ist schwieriger erratbar.

Wenn zwei Gruppen oder Gruppenhälften gegeneinander spielen, entwickelt sich Gruppenehrgeiz. Dieser holt dann selbst säumige Leute herbei. „Du hast eine wehe Zehe? Komm trotzdem – wir brauchen Dich! Du bist ein guter Frager!"

Achtung: Manche Fragen sind nicht zielend! Der Mittler muß bei logischen Fehlern sanft, nicht schroff korrigieren, aber auch nicht darüber hinweggehen. Es bedarf hoher Konzentration des Mittlers, damit sein „Ja", „Nein" oder „Passe" gerecht und richtig ist. Hat er sich einmal in der Antwort geirrt, soll er es lachend zugeben und sich berichtigen lassen. Seine Autorität bleibt so weit besser erhalten, als wenn er starr Falsches verteidigt. Fühlt er sich in einem Gebiet seiner Aufgabenstellung nicht sattelfest, sollte er strittige Manöver lieber vermeiden.

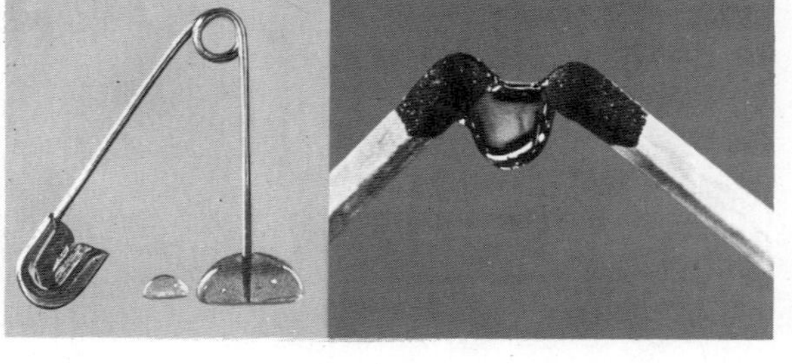

Spiel 228, Bild 8:
Wie heißt die Kraft, die das Zerreißen der Flüssigkeit (Bild rechts) und die Deformierung des Tropfens (Bild links) verhindert?
Antwort Seite 264

Vier Köpfe

Assoziationen bilden – ein Turnierspiel

Dieses Spiel ist ein Gruppenspiel. Da es aber im Team – etwa wie bei einem Bridgeturnier – gespielt wird, ist auch das Lösen leichter. Mehreren zusammen fällt eher etwas ein, als wenn man allein nachdenken muß.
Wir formieren uns also zuerst zu Gruppen von vier bis sechs Personen, die jeweils ein Team bilden. Die einzelnen Gruppen spielen dann gegeneinander.
Jede Gruppe bekommt als Aufgabe drei Stichwörter: ein Hauptwort, ein Zeitwort, ein Eigenschaftswort – alle Gruppen die gleichen. Die Aufgabe lautet: Zu jedem der gegebenen Stichwörter sind pro Gruppe vier Personen zu suchen, die wirklich leben oder gelebt haben, also nicht erdacht sind wie etwa Märchen- oder Sagengestalten. Diese vier Personen müssen zu dem Stichwort in irgendeiner Beziehung stehen, also assoziativ verknüpft sein.

Beispiel:

Wir suchen vier Personen zu den Stichwörtern:

Hauptwort	*Zeitwort*	*Eigenschaftswort*
Blume	schneiden	gelb

Es könnten dies sein:

zu Blume: Breughel (Blumen-Breughel, Blumenbilder) – Mozart („Das Veilchen") – Novalis (Blaue Blume) – Linné (natürliches System der Pflanzen).

zu schneiden: Sauerbruch (Chirurg) – Dior (Modeschöpfer, Modeschneider) – Brüder Grimm („Tapferes Schneiderlein") – Dürer (Holzschnitte).

zu gelb: Mao (gelbe Rasse) – Van Gogh (Sonnenblumen) – Puccini („Butterfly" oder „Turandot" – eine Doppellösung, die durchaus erlaubt ist) – Lehar („Land des Lächelns", heißt auch „Gelbe Jacke").

Pro Gruppe sind also insgesamt zwölf Personen zu suchen, je vier für ein Stichwort. Diese Köpfe können sogar identisch sein, d. h. sie können sich bei den einzelnen Stichwörtern wiederholen. Das ist aber nur ein Notbehelf, denn je bunter es ist, desto anregender wird das Spiel.

Während die Teams ihre Personen suchen (mehrere Minuten lang) hat der Mittler, der bei den meisten Spielen dauernd im Einsatz ist, eine Atempause.

Nun werden die gefundenen Personen vorgelesen. Was ist Gruppe eins zu dem Stichwort: „Blume" eingefallen? Kommt in der zweiten oder dritten Gruppe der gleiche Name vor, müssen alle drei Gruppen diesen Namen streichen. Oft bleibt einer Gruppe dann nur eine von ihren vier gesuchten und gefundenen Personen. Es bleiben eben bloß die „Raritäten" über. Zu dem zweiten Stichwort: „schneiden" sind jedem Team wiederum vier Personen eingefallen. Auch hier wiederholt sich der Vorgang; doppelt oder mehrfach genannte Personen sind zu streichen. Hat eine Gruppe eine Person zu Unrecht an einen Tisch gesetzt, weil sie der Meinung war, sie gehöre dorthin, so bekommt sie einen Minuspunkt.

Der Vorgang beim Suchen der Personen innerhalb der Gruppe selbst hängt von der Begabung, Geistesgegenwart und Blickweite der jeweiligen Mitspieler ab. Es gibt Experten, denen zu jedem Hauptwort eine Person einfällt; andere wiederum erinnern sich leichter bei Zeitwörtern an damit zusammenhängende Personen. Diese Gruppentalente ergänzen das Team dann zu einer Arbeitsgemeinschaft, die wirkungsvoller arbeitet, als wenn jeder einzelne für sich zwölf Personen hätte finden müssen. Daher ist dies ein Gruppenspiel, das sich, psychologisch gesehen, um so mehr für die Lösung einer Aufgabe eignet, als die Gruppenteilnehmer einander nicht nur anfeuern, sondern auch zu neuen Assoziationen verhelfen.

Schließlich gibt der Mittler an, wieviel jedem Team von ihren zwölf gefundenen Personen übriggeblieben sind. Wer die meisten „Raritäten" behalten konnte, ist Turniersieger.

Ein zusätzlicher Reiz des Spieles besteht in seiner Fortsetzung. Nach dem Vorlesen des ersten Namens, der auf ein Stichwort hin genannt wird, müssen jetzt die gegnerischen Teams erraten, warum beispielsweise Gruppe eins Mozart zu „Blume" gesetzt hat. Erraten sie es nicht, bekommen sie einen Minuspunkt. Entweder ist der Mittler selbst zugleich der Registrator, oder einer aus der Gruppe meldet sich zum Schreiben, zu einer Art „Buchhaltung". Das geht sehr schnell und bedarf keiner zusätzlichen Mühe. Dieses Erratenlassen, eine erweiterte Spielform, ist zwar schwieriger, aber in gewisser Weise anregender, als das bloße Verlesen. Selbstverständlich kann man die gesamte Punkteverrechnung auch ausschalten und einfach „spielen", ohne Wettkampfsituation.

SPIELE

Was fällt uns dazu ein? Die Stichwörter lauten:

179	Glas	laufen	mutig
180	Löwe	warten	klein
181	Stein	reiten	gut

Was den Teams einfiel (Personen mit Assoziationshinweisen – vielleicht fällt Ihnen dazu etwas ganz anderes ein):

Spiel 179:

Zu Glas: Straß (Erfinder der Straßsteine – Brillanten aus Wien). – Hermann Hesse („Das Glasperlenspiel"). – Sir Joseph Paxton (Erbauer des berühmten Glaspalastes „Crystalpalace" in Sydenham/London 1854). – Tennessee Williams („Die Glasmenagerie").

Zu laufen: Nurmi (Olympiasieger). – Goethe („Die wandelnde Glocke", das Kind läuft davon). – Miltiades (Marathonlauf). – Ganghofer („Laufender Berg").

Zu mutig: Lindbergh (Ozeanüberquerung im Alleinflug). – Schiller („Der Kampf mit dem Drachen", „Mut zeiget auch der Mameluk"). – David (Kampf mit dem Riesen Goliath). – Jungfrau von Orleans (Mutig ihre Aussage vor Gericht, da sie wußte, was ihr drohte).

Spiel 180:

Zu Löwe: Markus (der Evangelist, sein Symbol ist der Löwe). – Richard I. von England (Richard Löwenherz). – Bernhard Shaw („Androklus und der Löwe"). – Haile Selassie (Löwe von Juda).

Zu warten: Edward Grieg (Solveig). – Goethe („Warte nur, balde ruhest du auch"). – Zarah Leander („Ich stehe im Regen und warte auf dich"). – Samuel Beckett („Warten auf Godot").

Zu klein: Andersen („Das kleine Mädchen mit den Schwefelhölzern"). – Wilhelm Hauff („Zwerg Nase"). – Robert Stolz („Adieu, mein kleiner Gardeoffizier"). – Mozart („Die kleine Nachtmusik").

Spiel 181:

Zu Stein: Champollion (Stein von Rosette). – Raimund („Der Diamant des Geisterkönigs"). – Mozart (Der steinerne Gast in „Don Giovanni"). – Frau von Stein (Freundin Goethes).

Zu reiten: Uhland („Der Reiter über den Bodensee"). – Storm („Der Schimmelreiter"). – Mörike („Der Feuerreiter"). – Goethe („Der Erlkönig": „Wer reitet so spät durch Nacht und Wind").

Zu gut: Brecht („Der gute Mensch von Sezuan"). – Pearl S. Buck („Die gute Erde"). – Brahms („Guten Abend, gut' Nacht"). – Coster („Lamme Goedzak"; Gutsack, der Begleiter von Till Eulenspiegel).

DAMENWAHL

Spiel 230, Bild 4:

Betrachten wir die Zeichnung links genau. Sehen wir eine junge Dame mit einem wallenden Schleier oder eine alte Frau mit Kopftuch?

Antwort Seite 264

SPIELE · III

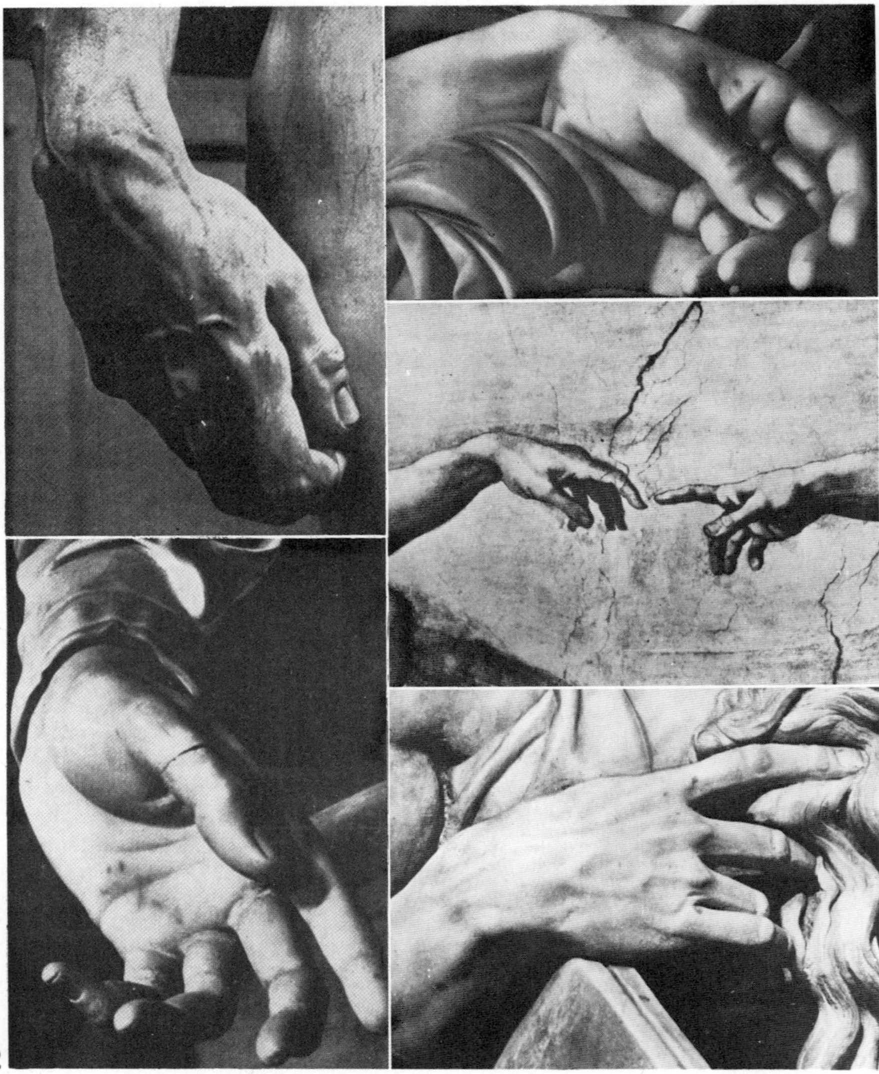

1 3 4 2 5

DIE HÄNDE

Spiel 231, Bild 2: Fünf berühmte Hände, von Michelangelo geschaffen: *a* Madonna der Pietà *b* „Die Nacht aus dem Mediceergrab“ *c* Moses *d* Adam und Gottvater *e* David. Welche Hand ist welchem Werk zuzuordnen? (Ziffern und Buchstaben zuordnen.)

Lösung Seite 264

Summenrätsel

Begriffe suchen, die eine vorgegebene Bedingung erfüllen

Für fortgeschrittenere Gruppen und wenn wir selbst schon etwas Übung haben, ist dieses Spiel anregend, weil es sowohl an die Wortfindung und Merkfähigkeit wie an Konzentration, Assoziation und Reproduktion Ansprüche stellt.
Es erinnert an das „Unterordnung-Suchen", ist aber feiner und differenzierter. Wir suchen dabei möglichst viele Begriffe oder Begriffsgruppen unter bestimmten Bedingungen, die angegeben werden.

Beispiel:

Wir suchen berühmte Menschen, deren Namen mit „S" beginnen.

Vorgeschlagene Lösung:

Sappho, Sibelius, Sauerbruch, Siemens, Solschenizyn, Spitzweg, Smetana, Shaw, Sand (George), Solon, Shakespeare, Savonarola, Salten, Sachs (Hans), Seidel (Ina), Salomon, Solowjew, Sagan, Scrjabin, Sinatra.

Es ist dies ein Suchen mit konzentriertem Hinweis auf „S". Wollen wir es leichter machen, suchen wir beispielsweise „ausländisches Obst". Oder wir suchen „Sagen und Märchen, in denen Riesen vorkommen", oder möglichst viele Worte, die mit „Bro" anfangen (Brot, Brosamen, Brombeere, Bromberg etc.). Bei dieser Variation aber keine zusammengesetzten Wörter wie etwa Brotlaib, Brotkorb usw. nehmen!

SPIELE

Wir suchen:

182 Berühmte Straßen, die jeder kennt.

183 Verschiedene Verschlußarten für Kleider.

184

Opern- und Bühnenwerke, in deren Titel ein Herrscher namentlich oder mit einem Titel vorkommt (jeder Name gilt nur einmal).

185

Erfindungen, die dem Haushalt zugute kommen.

186

Wörter, in denen ein Tiername vorkommt, ohne daß sie selbst Tiere bezeichnen.

187

Bekannte deutsche Volkslieder.

Wir können unsere Phantasie, unsere Assoziation schweifen lassen – sogenannte pendelnde oder witternde Assoziation. Es ist dies ein Spiel, das man am besten in kleinen Gruppen spielt – bei älteren Menschen nicht unter Zeitdruck! Wer die meisten Lösungen (Punkte) gefunden hat, ist Sieger. Beim Verlesen der Lösungen werden jene ausgeschieden, die von mehreren Spielern gefunden wurden; so bleiben die rareren übrig.

Neben diesen *offenen* Summen, wo viele Möglichkeiten bestehen, gibt es auch *begrenzte* Summen, bei denen eine bestimmte Menge nicht überschritten werden kann.

Beispiel:

Die Bundesländer und deren Hauptstädte in Deutschland und Österreich, oder die Kantone in der Schweiz – die Erdteile – die Evangelisten und deren Symbole – die Apostel.

Hier geht der Mittler auf Nummer sicher. Bei den *offenen* ist er entweder angewiesen auf seine eigenen Kenntnisse oder auf die Glaubwürdigkeit des jeweils Vorbringenden. Im Zweifelsfall ist aber auch das später klärbar und das Verwechseln oder der Mutwille müssen der Gruppe gegenüber einbekannt werden.

Der Mittler muß das Summenrätsel nicht unbedingt gesondert inszenieren. Es eignet sich vorzüglich, um – anknüpfend an ein eben besprochenes Geschehnis – assoziativ ein anderes Spiel einzuleiten. Ist zum Beispiel die Rede von der Ermordung Wallensteins, so kann er die Frage nach weiteren berühmten Ermordeten einwerfen. Da kommt dann alles von Abraham Lincoln über die Kaiserin Elisabeth bis zu John F. Kennedy.

Vorgeschlagene Lösungen:

Zu Spiel 182:

Sunset Boulevard, Champs Elysées, Kurfürstendamm, Oxford Street, Kärntnerstraße, Via Appia, Wallstreet etc.

Zu Spiel 183:

Schnallen, Schleifen, Knöpfe, Reißverschlüsse etc.

Zu Spiel 184:

Richard, Heinrich, Maria Stuart, Zar und Zimmermann, Antonius und Kleopatra, Alpenkönig und Menschenfeind, Boris Godunow, König Ödipus, Demetrius, Penthesilea, Kaiser von Amerika etc.

Zu Spiel 185:

Staubsauger, Waschmaschine, Mixer, Spülmaschine, Druckkochtopf, Teflonpfanne etc.

Zu Spiel 186:

Katafalk, Laufkatze, Rabenstein, Grubenhund etc.

Zu Spiel 187:

Weißt du wieviel Sternlein stehen. – Alle Vögel sind schon da. – Sah ein Knab' ein Röslein steh'n. – Ein Sträußchen am Hute. – Ein Männlein steht im Walde. – Wem Gott will rechte Gunst erweisen. – Es klappert die Mühle am rauschenden Bach. – Es tanzt ein Butzemann. – O du lieber Augustin. – Schlaf Kindchen, schlaf! – Backe backe Kuchen. – Wenn ich ein Vöglein wär'. – etc.

Spiel 228, Bild 9: Wir sehen zwei verschiedene Formen von Teppichschlaufen. Wie heißen mit dem Sammelnamen Teppiche mit aufgeschnittenen und solche mit geschlossenen Fäden?
Antwort Seite 264

Zuordnen / Parallelogramm

Zusammenhang-Denken und Kombination

Mit diesem Spiel üben wir Kombination und Konzentration. Alle Angaben sind gegeben. Es muß nur die jeweilige Zuordnung gefunden werden. Es geht also um gedankliches Ordnen, um Zusammenhang-Denken. Nehmen wir zum Beispiel zehn Handwerker und deren Tätigkeiten. Wir schreiben die Handwerker untereinander, numerieren sie und notieren daneben die zugehörige Tätigkeit. Dann mischen wir die rechte Seite durcheinander und geben dieser neuen Reihenfolge die Buchstaben des Alphabets. Nun müssen wir Ziffern und Buchstaben in den richtigen Zusammenhang bringen. Wir machen das am besten schriftlich. Wer zuerst fertig ist oder die meisten Zuordnungen fand, hat gewonnen, falls auf Wettkampf gespielt wird.

Beispiel:

Handwerker und ihre Tätigkeiten

1	Tischler	stärken	a
2	Tapezierer	schablonieren	b
3	Plakatierer	Schiffchen führen	c
4	Schmied	kleben	d
5	Schuster	blanchieren	e
6	Anstreicher	makulieren	f
7	Schneider	hämmern	g
8	Bügler	leimen	h
9	Köchin	anmessen	j
10	Weber	pfriemen	k

Lösung: 1/h – 2/f – 3/d – 4/g – 5/k – 6/b – 7/j– 8/a – 9/e – 10 c.

SPIELE

188 *Tiere und ihre symbolischen Eigenschaften*

1	Kuckuck	stolz	a
2	Fuchs	schmeichlerisch	b
3	Eule	töricht	c
4	Löwe	scheu	d
5	Hund	prophetisch	e
6	Schwan	schlau	f
7	Katze	diebisch	g
8	Esel	weise	h
9	Elster	mutig	j
10	Reh	treu	k

189 *Gegenstände und ihre Teile*

1	Schiff	Linse	a
2	Lokomotive	Hals	b
3	Motor	Kufe	c
4	Orgel	Schiffchen	d
5	Mikrophon	Holm	e
6	Flasche	Schraube	f
7	Webstuhl	Membran	g
8	Leiter	Tender	h
9	Schlitten	Anlasser	j
10	Mikroskop	Blasebalg	k

190 *Pflanzen und ihre Symbole*

1	Rose	Glück	a
2	Veilchen	Zauber	b
3	Lorbeer	Häuslichkeit	c
4	Kornblume	Reinheit	d
5	Mohn	Ewigkeit	e
6	Immergrün	Treue	f
7	Lilie	Traum und Schlaf	g
8	Flachs	Ruhm	h
9	Alraune	Bescheidenheit	j
10	Vierblättriger Klee	Schweigen	k

191 *Tiere und ihre Laute*

1	Hähne	klappern	a
2	Hennen	zwitschern	b
3	Nachtigallen	krächzen	c
4	Lerchen	schreien	d
5	Spatzen	kollern	e
6	Schwalben	gackern	f
7	Raben	trillern (singen)	g
8	Störche	schlagen	h
9	Pfauen	schilpen	j
10	Truthähne	krähen	k

192 *Künstler und ihre Tätigkeiten*

1	Schnitzer	pirouettieren	a
2	Radierer	modulieren	b
3	Bildhauer	reimen	c
4	Maler	stechen	d
5	Schauspieler	grundieren	e
6	Dichter	stimmen	f
7	Sänger	wortlos agieren	g
8	Geiger	darstellen	h
9	Pantomime	formen	j
10	Tänzer	kerben	k

193 *Zeitgenossen*

1	Napoleon	Mussolini	a
2	Cäsar	Aristoteles	b
3	Salomon	Michelangelo	c
4	Haile Selassie	Königin von Saba	d
5	Ludwig XIV.	Beethoven	e
6	Jesus	Roland	f
7	Leonardo	Moliere	g
8	Karl der Große	Przemysl Ottokar	h
9	Rudolf von Habsburg	Kleopatra	j
10	Alexander der Große	Kaiser Augustus	k

194 *Tiere und ihre Doppelnamen*

1	Hase	Ringelnatz	a
2	Stier	Hindin	b
3	Ameise	Imme	c
4	Enterich	Sperling	d
5	Biene	Erpel	e
6	Spatz	Emse	f
7	Rehgeiß	Schafbock	g
8	Skunk	Rammler	h
9	Widder	Bulle	j
10	Seepferdchen	Stinktier	k

Lösungen zu

Spiel 188: 1/e – 2/f – 3/h – 4/j – 5/k – 6/a – 7/b – 8/c – 9/g – 10/d.

Spiel 189: 1/f – 2/h – 3/j – 4/k – 5/g – 6/b – 7/d – 8/e – 9/c – 10/a.

Spiel 190: 1/k – 2/j – 3/h – 4/f – 5/g – 6/e – 7/d – 8/c – 9/b – 10/a.

Spiel 191: 1/k – 2/f – 3/h – 4/g – 5/j – 6/b – 7/c – 8/a – 9/d – 10/e.

Spiel 192: 1/k – 2/d – 3/j – 4/e – 5/h – 6/c – 7/b – 8/f – 9/g – 10/a.

Spiel 193: 1/e (18. Jh.) – 2/j (1. Jh. v. Chr.) – 3/d (um 1000 v. Chr.) – 4/a (20. Jh.) – 5/g (17. Jh.) – 6/k (1. Jh.) – 7/c (15. Jh.) – 8/f (8. und 9. Jh.) – 9/h (13. Jh.) – 10/b (4. Jh. v. Chr.).

Spiel 194: 1/h – 2/j – 3/f – 4/e – 5/c – 6/d – 7/b – 8/k – 9/g – 10/a (Ringelnatz ist die deutsche volkstümliche Bezeichnung für den Fisch Seepferdchen. Der Dichter Joachim Ringelnatz, eigentlich Hans Bötticher, 1883 – 1934, Malerdichter, nahm dieses Pseudonym an).

195

Autoren und ihre Zitate

1	Walther von der Vogelweide, Liebeslied	Rose oh reiner Widerspruch, Lust niemandes Schlaf zu sein unter so viel Lidern.	a
2	Bibel, Psalm	Ich weiß, daß ohne mich Gott nicht ein Nu kann leben.	b
3	Morgenstern, Galgenlieder	Ihres Lebens schönster Traum hängt an diesem Apfelbaum.	c
4	Friedrich Schiller, Die Jungfrau von Orleans	Des Kranichs Schwärme, die fernhin nach des Südens Wärme in graulichtem Geschwader ziehn.	d
5	Nietzsche, Menschliches, allzu Menschliches	Kann ich Armeen aus der Erde stampfen, wächst mir ein Kornfeld auf der flachen Hand?	e
6	A. Silesius, Spruch	Er sah ihn fallen, trinken und sinken tief ins Meer.	f
7	Wilhelm Busch, Max und Moritz	Ein Knie ging einsam durch die Welt, es war ein Knie, sonst nichts.	g
8	J. W. Goethe, König in Thule	Und hätte ich Flügel der Morgenröte und flöge ans äußerste Meer.	h
9	Friedrich Schiller, Die Kraniche des Ibykus	Nicht fort, hinauf sollt ihr euch pflanzen.	j
10	R. M. Rilke, Grabspruch	Under den Linden an der Heide, da unser zweier Bette was.	k

Lösung: 1/k – 2/h – 3/g – 4/e – 5/j – 6/b – 7/c – 8/f – 9/d – 10/a.

Dieses Spiel läßt sich auch variieren. Wir können Autoren parallel zu ihren Werken einsetzen oder als eine dritte Längskolonne Autoren, Werk und Zitate getrennt anführen, also ein dreifaches Parallelogramm daraus machen.

Wortpaare und Sprichwörter

Gedächtniskramen – leicht und locker

Im Deutschen, aber auch in den anderen Sprachen, gibt es eine große Zahl von Wortpaaren, die noch aus der Zeit der Stabreime stammen: Kind und Kegel; Bausch und Bogen; frisch, fromm, fröhlich, frei – hier sind es sogar vier Wörter.
Man gibt das erste Wort an und das Paar soll ergänzt werden. Wortpaare, die zu Phrasen geworden sind, drängen sich gleichsam auf. Das geht geschwind und ist ein lustiges, lockerndes Spiel, das keine Vorbildung voraussetzt, folglich mit jeder Gruppe gespielt werden kann. Die fixen Redensarten kennt jeder und die Wortfindung macht Freude, besonders wenn das vorangegangene Spiel vielleicht etwas schwieriger war und man den Mut verloren hat. Man kann einmal auch ein Wort heranziehen, zu dem es noch keine feste Gedankenverbindung gibt und eine dazu schaffen lassen. (Ähnliches betreibt manch moderner Werbedesigner: „kuschelweich", „wilde Frische".)

SPIELE

Wir geben nun einige solche, leicht ergänzbare, Wortpaaranfänge an:

196

1 Hammer und . . .
2 Mann und . . .
3 Leier und . . .
4 Ohne Rast und . . .
5 In Schnee und . . .
6 In Saus und . . .

197

1 Mit Rat und . . .
2 Außer Rand und . . .
3 Mit Stumpf und . . .
4 Himmel und . . .
5 Über Stock und . . .
6 Mit Pfeil und . . .

Lösungen zu Spiel

196: 1 Sichel oder Amboß. 2 Maus. 3 Schwert. 4 Ruh. 5 Eis oder Wind. 6 Braus.

197: 1 Tat. 2 Band. 3 Stiel. 4 Hölle. 5 Stein. 6 Bogen.

Hier kann man beim Zusammenstellen ruhig auch einmal das Wörterbuch zur Hand nehmen und der Reihe nach die Worte durchgehen und überlegen, wo einem etwas einfällt. Der freie Einfall, der wichtig ist für das Gehirn, wird dadurch nicht ausgeschaltet, da man die ganze Phrase im Wörterbuch kaum finden wird. Wir üben damit nicht nur Wortfindung, sondern auch Assoziation, besonders die Klang-Assoziation.
Statt der freien Redensarten können wir auch Sprichwörter, die ebenfalls jeder kennt, ergänzen, den ersten Teil angeben und den zweiten erraten lassen:

Frisch gewagt – (ist halb gewonnen).
Morgenstund' – (hat Gold im Mund).

Hier können wir aber auch zuerst den zweiten Teil nennen (halb gewonnen) und den ersten ergänzen lassen.

Spiel 231, *Bild 3:* Aus Wilhelm Busch's „Tieralphabet".
Die Namen der zwei Tiere auf jedem Bild beginnen mit dem gleichen Buchstaben. Setzen wir in folgenden Versen diese Tiernamen ein:

1 Am . . . . wimmelt es
der . . . frißt nichts Verschimmeltes
2 Der . . . . ist possierlich
der . . . . benimmt sich unmanierlich
3 Den . . . . . . man gern betrachtet
das . . . . man ohne weiteres schlachtet.

1

3

2

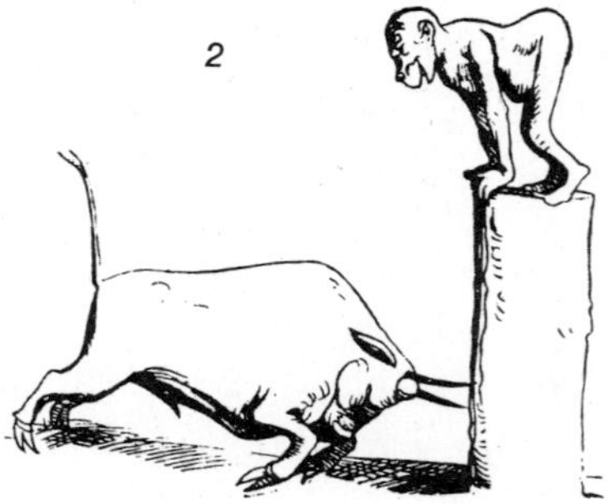

Dreieck

Verhältnis dreier Begriffe klarstellen

Bis jetzt hatten wir Formulierungsübungen versteckt in einer Reihe von Spielen und deren Abwandlung. Hier ist einmal eine Formulierungsübung a priori.

Gegeben sind drei freie Begriffe, drei Stichwörter, in einem durchschaubaren Zusammenhang. Diese sollen nun in einem sinnvollen Satz zusammengefaßt werden.

Beispiele:

Damaskus Strickleiter Paulus.

Vorgeschlagene Antwort: In Damaskus benützte Paulus eine Strickleiter um zu entfliehen, Es könnte auch eine andere Formulierung gefunden werden. Die Formulierung ist offen und frei.

Napoleon Neapel Murat

kann heißen: Napoleon ernannte Murat zum König von Neapel. Es kann aber auch lauten: Murat, der Schwager Napoleons, wurde zum König von Neapel ernannt. Oder noch anders: Neapel hatte einmal einen französischen König, nämlich Murat, der von Napoleon ernannt worden war.

SPIELE

Bringen wir die folgenden Begriffe in einen sinnvollen Zusammenhang:

198

1	Hefe	Teig	porös
2	Augen	groß	Dämmerung
3	Unfall	Pannendreieck	Straße

199

1	Haiti	Hispaniola	Kolumbus
2	Brion	Goethe	Friederike
3	Gandhi	Leinwand	Autarkie

Vorgeschlagene Antworten zu Spiel 198:

1 Um den Teig porös zu machen, verwendet man häufig als Fermentierer die Hefe.

2 Tiere mit großen Augen sind meist Jäger in der Dämmerung. – Oder: In der Dämmerung müssen Tieraugen wegen des geringen Lichteinfalles groß sein.

3 Bei Unfall oder Panne muß der Lenker eines Kraftfahrzeuges, um weitere Unfälle zu vermeiden, ein Pannendreieck aufstellen.

Vorgeschlagene Antworten zu Spiel 199:

1 Kolumbus nannte die Insel Haiti zu Ehren seines Förderungslandes Hispaniola.

2 Friederike, die mit dem Familiennamen Brion hieß, war eine Geliebte Goethes. – Oder: Goethe und Friederike Brion sind die Hauptfiguren einer Operette. – Um aufzulockern, könnte man hier die Frage einflechten: Was wäre Friederike heute für eine Staatsangehörige? *Antwort:* Französin, denn Sesenheim liegt im Elsaß.

3 Um vom Ausland in der Produktion unabhängig zu werden, also die Autarkie zu stärken, belebte Gandhi die alte Heimkultur „Spinnen" als Voraussetzung für das Weben von Leinwand.

Ein dem Dreieck verwandtes Spiel war bereits in der Antike bekannt. Zwei beliebige Wörter mußten spätestens im zweiten Satz mit einer logischen Kette verbunden werden. Manchmal geht dies sogar bereits im ersten, z. B. Goethe und Wurstbrot: Wir wissen nicht, ob Goethe abends ein Wurstbrot aß.

Diese gedankliche Turnübung ist hier aber nicht gemeint! Hier soll eine tatsächlich bestehende Verbindung erfaßt, in eine Ordnung gebracht und artikuliert werden. Falls es uns nicht selbst einfällt, finden wir reichlich Stoff in Steckern, Totos u. a. Nur aufpassen: Über- und Unterordnungen (Seite 208) werden hier nicht gesucht! Wir können unserer Gruppe auch sagen: Ich gebe Euch hier ein Beispiel – es wäre schön, es brächte jeder das nächste Mal so ein Dreieck mit!

Anagramm und Katagramm

Wortbilder entflechten und aufbauen

Nehmen wir ein beliebiges Wort mit vier bis sechs Buchstaben, z. B. das Wort „Gras“. Schreiben wir es groß vor uns auf ein Blatt Papier. Und betrachten wir es einmal in aller Ruhe. Lassen wir die Buchstaben sich aus dem Verband lösen, selbständig werden, Reihenfolge und Rang tauschen. Versuchen wir das Wort umzudrehen, durcheinander zu würfeln und notieren wir jedes Wort. Wir werden staunen, was da alles in dem einen unscheinbaren Wort versteckt schlummert! Die Freude am Entdecken immer neuer Wortgebilde ist ein Erlebnis eigener Art und belebt das Gehirn. Zehn bis zwanzig neue Wörter bekommen wir durchschnittlich aus fünf Buchstaben eines deutschen Wortes, neun bis zehn Wörter aus einem Vierbuchstabenwort.

Beispiel:

Versuchen wir es einmal. Nehmen wir gleich das Wort *Gras.*
Gras – Sarg – gar – Gas – sag! – Ra – Ras – arg –

Wir können das Wort aus einem Buch „stechen lassen“, wir können aber auch Eigennamen nehmen. Im Klub, wenn alle einmal ausruhen wollen von zu vielem „Wissen“, ist es eine Abwechslung. Die Entdeckerfreude bei vier Buchstaben ist so groß, daß die Gruppe damit friedlich wird.

Aber auch zu Hause, wenn wir allein sind und uns die Zeit lang wird, als Abwechslung zu Kreuzworträtsel oder Patience, wird uns dieses Spiel Freude machen. Da können wir auch einmal ein langes Wort nehmen.

200

Aus „Weinstein“ z. B. bekommen wir sogar siebenundfünfzig Wörter. Notieren wir uns unsere Versuche in ein Heft.

Das Pseudoanagramm

Nun gibt es bei diesem Spiel eine Variation – quasi ein Pseudoanagramm. Das wären zusammengesetzte Wörter, wo man – diesmal ohne die Reihenfolge der Buchstaben zu ändern – viele neue Wörter herausholen kann. Einzahl und Mehrzahl eines Wortes, auch die verschiedenen Fälle, gelten gesondert.
Nehmen wir z. B. das Wort „Wasserüberlauf" und sehen wir, was wir alles herausbekommen:

Was, Wasser, Asse, Ass, aß (imperf. von essen), er, Rübe, über, Erl (Ort in Tirol), la (Note), Eber, Erlau, Erlauf (Fluß), lau, Lauf, lauf! Au, au! auf! auf = 20 Wörter!

201

Versuchen wir es nun mit dem Wort „Eiderentennestern".

Falsche Teilung

202

Bei dieser Variation bilden wir, ohne etwas vertauschen zu müssen, nur durch eine andere Abteilung aus den folgenden fünfzehn Wörtern sechs neue. Die Anfangsbuchstaben ergeben ein Ding, wo man Sachen hineintun kann:
Kran – Kap – Fels – Ines – taub – Sau – Gerte – le – Gram – mein – Wand – er – Erna – Sen – Spitze.

203

Oder wir zerlegen bei unveränderter Reihenfolge folgende Buchstabenreihe in sieben Wörter:

Baumaterialtomatenadelheiderosion.

Lassen wir uns dabei nicht durch scheinbar richtige Wortbilder täuschen!

Das Katagramm

Eine Umkehrung des Anagrammes ergibt sich aus einsilbigen Wörtern, die wir beim Lösen eines Anagrammes gefunden haben; oder wir schreiben einfach einsilbige Kurzwörter der Reihe nach auf – drei bis vier genügen als Anfang.

Beispiel: gar – arg – ran –ar.

Aus diesen vier einsilbigen Wörtern nehmen wir die Buchstaben und versuchen ein oder mehrere neue Wörter zu finden, die alle Buchstaben dieser vier Silben enthalten. Gar und ran enthalten gemeinsam das a und das r – g und n kommen je einmal vor. Können wir alle vier Buchstaben zusammenfügen, erhalten wir ein „Hüllenwort": *Garn.* Wir können dieses Wort auch noch in sich umstellen zu *Rang* und *Gran.*

Ein solches Vorgehen des *Aufbauens* von Wörtern aus kurzen Silben oder Silbenwörtern nennen wir im Gegensatz zum Anagramm, bei dem ein Wort zerlegt wird, Katagramm, nach dem griechischen Wort kata = von oben herunter, gegenüber ana = von unten hinauf.

Um nicht allzu lange nachdenken zu müssen, zerlegen wir am besten irgendein Wort, z. B.: *Maus.* Dieses ergibt Mau (Volksstamm) – au! – Au (Landschaft) – aus – Mus – Saum – USA usw. Nun stellen wir die Aufgabe:

Aus den Silben Mau, au, aus, Mus, Saum, USA füge man als Katagramm ein umhüllendes Wort. Die Spieler schreiben zuerst alle Buchstaben heraus, die das zu bildende Wort enthalten soll: a – u – m – s. Aus diesen vier Buchstaben formen sie dann das Wort: *Maus.*

Lösung zu Spiel 200:

Inn, sei, Set, Enns, eins, Iwein, Sten, seit, nieten, Ei, ein, einst, in, ins, Wein, weinst, Einstein, eine, eint, Tenne, Stine, wie, sie, Sinn, sinnt, Wesen, West, Weste, Wiese, Stew, Eis, Nest, nisten, nie, nein, sine, ist, Weite, Seite, Ines, Tennis, Noete, Eisen, Esten, Wisent, weist, Nini, Este, Tine, Wien, wenn, Seni, seine, Sein, inne, Ente, Niete = 57 Wörter.

Lösung zu Spiel 201:

Eid, der, deren, Rente, Renten, Ente, Enten, Tenne, Stern, Nester, Nestern, Eide, Nest, er, Ren, Este (ital. Geschlecht) = 16 Wörter.

Lösung zu Spiel 202:

Krank, Apfelsine, Staubsauger, Telegramm, Einwanderer, Nasenspitze. Die Anfangsbuchstaben ergeben das Wort „Kasten".

Lösung zu Spiel 203:

Bau, Mate, Rial (iranische Münze), Tomaten, Adelheid, Eros, Jon.

Das Homonym

Ein Wort für mehrere Begriffe – Was fällt uns zuerst ein?

Wir sind ihm sicher schon oft im Leben begegnet: dem gleichen Wort für mehrere Begriffe. Die Spiele, die man daraus machen kann, sind nicht ganz leicht. Sie verlangen eine gewisse sprachliche Kenntnis und Wendigkeit.

Beispiel:

Wenn wir fragen: „Was bedeutet das Wort ‚Mandarine'?", so wird jeder sofort „Zitrusfrucht" sagen. Die zweite Antwort ist schon schwieriger; es bedeutet auch „Chinesische Würdenträger".
Bei dem Wort „Rosenstock" denkt jeder vorerst an den „Strauch, der Rosen trägt"; es ist aber auch die „Ansatzstelle des Geweihs".
Einige Wörter wie Blatt, Stoß etc. haben bis zu fünf Bedeutungen. Wir können sie als Formulierungsübung benützen, indem wir die Bedeutungen einzeln definieren lassen. Was kann Blatt, Stoß, Ton alles bedeuten?
Aus den ergiebigsten können wir einen Steckbrief machen mit fünf Hinweisen (Seite 80). Um die Merkfähigkeit zu trainieren, kann man es das nächstemal in eine „Wissensfrage" oder in ein „Combi" einkleiden.
Gut umschriebene, eindeutige Fragen kann man als *Heimaufgabe* geben, über die in Ruhe nachgedacht werden kann. Wir finden solche in jedem Rätselbuch, handelt es sich beim Homonym ja um das bekannte alte „Teekesselspiel".

SPIELE

Homonyme für Wortfindung und Formulierung:

	204		205		206		207
1	Reif	1	Blatt	1	Fächer	1	Schöpfer
2	Schnecke	2	Bart	2	Stärke	2	Mandel
3	Strauß	3	Ton	3	Stift	3	Abfall
4	Linse	4	Grillen	4	Stoß	4	Linie

Lösung zu Spiel 204:

1	Reif:	gefrorener Tau; im Haar getragen; Spielgerät.
2	Schnecke:	Tier; an Geigen oben als Griff; Mehlspeise; Lockenfrisur; Gehörschnecke.
3	Strauß:	Blumen; Vogel; Kampf.
4	Linse:	in Augen; Gemüse; optisches Gerät.

Lösung zu Spiel 205:

1	Blatt:	am Baum; Kartenspiel; Zeitung; Schreibblatt.
2	Bart:	Haartracht; Schlüsselbart.
3	Ton:	in Musik; Töpfermaterial; Farbton.
4	Grillen:	Tier; Launen; schnell abbraten.

Lösung zu Spiel 206:

1	Fächer:	Studien an der Universität; Möbelteile; Luftfächer.
2	Stärke:	Kraft; Stärkemehl; Dicke eines Buches.
3	Stift:	Bleistift; Damenstift; junger Laufbursche.
4	Stoß:	verbotenes Spiel; Geschlichtetes; Angriffsart; Eigenname: Veit Stoß.

Lösung zu Spiel 207:

1	Schöpfer:	Küchengerät; Kreator.
2	Mandel:	Same; Halsorgan; 15 Stück (alte Bezeichnung).
3	Abfall:	Loslösung; Küchenabfall.
4	Linie	Straßenbahn; Geometrie; Figur (schlanke Linie).

Das umschriebene Homonym

Will man eine umschriebene Homonymfrage innerhalb der Gruppe lösen, empfiehlt sich folgender Vorgang:
Der Mittler stellt zuerst die Frage.

Beispiel: Des Menschen Höchstes ist es masculin
Sieht man sich vor, dann ist man auf dem Feminin.

Nun versuchen die Mitspieler durch Fragen das Gebiet oder die Gebiete, in denen sich das Homonym finden wird, einzuengen. Man

fragt nicht wild drauflos, sondern logisch in Begriffsumfängen, ähnlich dem Spiel „Wer oder was bin ich?" (Seite 223).
Bei diesem etwas zeitraubenden Homonym-Auflösen darf der Mittler ruhig nachhelfen, indem er die Fragenden anweist, sie mögen angeben, auf welchen Hinweis sie jetzt hinsteuern: auf „Masculin" oder auf „Feminin"; sonst kommt man beim Assoziieren in das falsche Fahrwasser. Die Einengungsfragen, die bei „Wer oder was bin ich?" deutlich erläutert wurden, sind die gleichen. Man umfaßt zuerst die großen Kategorien, engt dann das Zielgebiet allmählich ein, ohne ziellos zu „schießen", eine Methode, die systematisch geübt werden sollte; ordnet sie doch wirre Gedankengänge!
Beim Homonym kann man die dabei verwendeten Wörter als Assoziationspunkt benützen. Bei „Des Menschen Höchstes" ist die Frage „Ist es erdacht" weniger zweckmäßig als „Meint man unter ‚Höchstem' etwas Seelisches?" Nein. – „Also etwas Konkretes?" Ja.
Will man nun nach dem „Feminin" fragen: „Sieht man sich vor . . .", müßte die zielsichere Frage lauten: „Meint man hier Vorsicht üben?" oder „Meint man, vor sich her sehen'?" Da nur eine „Ja"- oder „Nein"-Antwort möglich ist, muß hier zweimal gefragt werden. Wenn man „Vorsicht" meint, so ist man dem Lösungswort Hut, „auf der Hut sein", viel näher als wenn man auf das wörtliche „vor sich her" sehen getippt hatte.

208 Oberflächlich reparieren
und vorbei das Auto führen.

209 Ein Fan, ein Schmuck, ein zweiter Wagen
lassen sich mit gleichem Worte sagen.

210

Was tu ich, wenn ich Großpapa überhol' mit meinem Wagen?
Ein Homonym, das eine groß, das andere klein wird's sagen.

211

Hat man ihn, so will man wieder einmal was beginnen.
Und beginnt er auf dem Land, rüsten sich die Sennerinnen.
Der Hellene einst, im Wasser drinnen,
hatte ihn und konnte sein Prinzip ersinnen.

212 Herren und Damen bleiben vor mir stehen,
Kinder glauben in mir was Besonderes zu sehen.
Daß sich ein Geizhals stürzt in mich
ist wohl noch nie geschehen.

Lösungen:

Spiel 208: überholen. – *Spiel 209:* Anhänger. – *Spiel 210:* Vorfahren vorfahren. – *Spiel 211:* Auftrieb. – *Spiel 212:* Auslagen (Schaufenster; Ausgaben).

213 – *und etwas vom Vogel*

Zum Schluß ein Spiel, bei dem sechs Homonyme zusammengefaßt sind unter dem Titel: „Und etwas vom Vogel!" Es ist fast ein Analogon zum „Stecker".

Die sechs gesuchten Wörter müssen also etwas mit dem Begriff „Vogel" zu tun haben.

1 Gesucht wird: a) eine deutsche Stadt – b) Wehe wenn in der Schiffahrt das Gesuchte zuoberst statt zuunterst liegt – und c) etwas vom Vogel!

2 a) Es ist im Gegensatz zur Mitte des Parlaments – b) es ist ein Instrument, das die anderen ebenso martert, wie es selbst gemartert wird – und c) etwas vom Vogel!

3 a) Es ist im Innern der Menschen, aber es ist keine Innerei – b) es ist eine innere Angelegenheit im Fußballsport – und c) etwas vom Vogel!

4 a) Gesucht wird eine ehemals deutsche, jetzt polnische Stadt – b) beim Kinderspiel nimmt man das Gesuchte ein – und c) etwas vom Vogel!

5 a) eine mineralische Falschmeldung – b) ein Ängstlicher hat sie – und c) etwas vom Vogel!

6 a) Etwas, was nur zum Zweck einer Feier ausgehängt wird – b) zieht hinter einem Betrunkenen her – und c) etwas vom Vogel!

Lösung:

1 Kiel (Schiffskiel, Federkiel) 2 Flügel (Klavier) 3 Seele (des Menschen; des Fußballs; durchsichtiges Häutchen im Kiel der Vogelfeder) 4 Posen (gekünstelte Stellung; Kiel der Feder) 5 Feder (Schreibfeder, die keine mehr ist; Angst haben) 6 Fahne (Seitenteile der Feder).

Homophthong

Ein gleiches Wortgerüst

Vielleicht haben wir schon einmal gehört, daß in den semitischen Sprachen nur die Konsonanten aufgezeichnet werden. Aus dem Sinn ergibt sich der richtige Vokal. Die Konsonanten sind das Gerüst.

Bei unserem Spiel ist so ein Wortgerüst gegeben. Aus diesem sind, unter Verwendung des „Fleisches“, der Vokale, möglichst viele Wörter zu bilden.

Beispiel:

Nehmen wir die beiden Konsonanten B und R. Versuchen wir unter Verwendung sämtlicher möglicher Vokale daraus Wörter zu bilden. Wir können die Vokale vor-, nach- oder dazwischensetzen. Es darf nur kein zusätzlicher Konsonant dazukommen – auch keine Verdoppelung der Gegebenen – und ihre Reihenfolge muß gewahrt bleiben. Trotzdem wird man staunen, was man aus diesem kleinen Wortgerüst alles machen kann!

Zuerst denken wir bei B-R vielleicht an Bar, bar, Bär, Bier, Bora, dann fallen uns ein: Beere, Brei, Bauer, Büro, Ebro, Ober, aber, Eber, über, Braue, Bräu, Brie, Bure, Bari, Bor, Ibero, obere, Bayer – das sind 23 Wörter! Vielleicht findet jemand sogar noch zusätzlich ein Wort!

SPIELE

Wir suchen möglichst viele Wörter mit folgenden Konsonanten:

214
1 R-N
2 T-R
3 S-N
4 M-M
5 M-S
6 R-M

215
1 B-R-N
2 M-R-N
3 P-R-S
4 S-T-N
5 L-T-N
6 Sch-L-F

Im Durchschnitt bekommen wir aus einem Wortgerüst zehn bis zwanzig Begriffe. Anfänglich nehmen wir am besten zwei Konsonanten; drei Konsonanten ergeben schöne, aber schwierige Lösungen.

Lösung zu Spiel 214:

1 R-N: Urne Arno Erna Irina Reni Renée Arena Ren raune Rune Uran rein Oran Iran Urin

2 T-R: Tier Tor Teer treu Treue Euter Autor Tiara Taro Tour traue Trio.

3 S-N: Eisen Asien Sauna Sinai sein Sein seine seien Seni äsen Ösen Saone Sion Seen Asen Siena säen.

4 M-M: Mumie Mime Amme Imme Miami Myom Mume Emma.

5 M-S: Mais Maus Moos mies Maos Maas Moas.

6 R-M: Rom Riem Reim Armee räume reime.

Lösung zu Spiel 215:

1 B-R-N: braun Baron Birne Bräune Bruno Bern Born Beeren Bayern Bären Bauern Burana Baronie auburn eburnea Brion Brioni Bryan Baranyi.

2 M-R-N: Maroni Marion Merino Morene Mauren Muräne Moräne Myron Marne Amarna Murano Merano Mauern Marine Meiereien Mooren Marian Emiren Marien Meeren Muren.

3 P-R-S: Preis Paris Prosa Piräus Parse porös Persia Prise Epirus Parias.

4 S-T-N: Stein Saaten Asiaten Seiten Saiten Satin Satan säten ästen Osten staune Esten.

5 L-T-N: Altan Litanei Eleaten Aleuten lauten Lutin Lotion.

6 Sch-L-F: Schlaf Schleife Schilf Schelf Schläfe Schlaufe Schilauf.

Es ist dies ein angenehmes, leichtes Spiel, in der Schwierigkeit mit dem „Anagramm“ zu vergleichen. Es wird gerne als Füllsel gemacht und übt Wortfindung und Assoziation.

Wenn wir es während eines Treffens spielen und nur wenig Zeit haben, ist es besser, wir spielen auf Qualität statt auf Quantität. Erstere wird prämiert. Nach einer vereinbarten Zeit oder sobald der erste eine bestimmte Anzahl von Worten gefunden hat, schaltet der Mittler ab und man vergleicht nun innerhalb der Gruppe. Die gleichen Wörter werden wiederum gestrichen.

Umstellen auf Formulierung

Steht noch genügend Zeit zur Verfügung, so lassen wir die gefundenen Homophthogene erklären und machen gleich eine Formulierungsübung daraus. Ein zusätzlicher Reiz ergibt sich, wenn man auf Schönheit der Wortdefinition achtet.
Beim Wortskelett L-L würde das etwa lauten:
Allee: Doppelreihe von Bäumen; Elle: altes Maß; lila: Mischfarbe aus rot und blau; alle: Summe; Lala: persischer Prinzenerzieher; Lalo: französischer Komponist; Lalé: richtiger türkischer Name für Tulpe; weiters: Lola, Lulu, Ulla, da wird der eine nur „Namen" sagen, der andere bei Lola: Tänzerin Lola Montez, bei Lulu: Schauspiel von Wedekind, bei Ulla: nordischer Name und bei Lilie nicht nur: Blume, sondern Zwiebelgewächs (vielleicht sogar Monocotyledone). Die Antworten werden je nach den Kenntnissen der Mitspieler verschieden ausfallen.

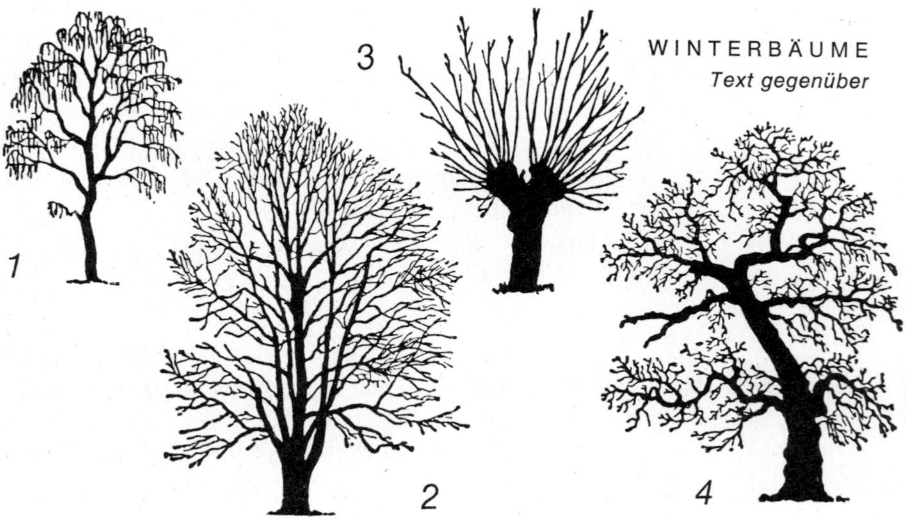

WINTERBÄUME
Text gegenüber

Umstellen auf Fragespiel

Um die Merkfähigkeit zu prüfen, kann man zu einem späteren Zeitpunkt das Homophthong auch umdrehen und ein Fragespiel daraus machen. Man fragt jetzt:

Wie heißt eine Doppelreihe von Bäumen?

und, ähnlich dem „Combi", wo als Leitfaden der Anfangsbuchstabe gleich ist, ist es hier das Wortgerüst.

Diese Umkehrung ist ebenfalls sehr beliebt. Fragen wir nach einer Heeresgruppe, nach der Hauptstadt von Italien und dem Flughafen von München, ist es ganz leicht. Mit Freude wird schon beim zweiten Raten das Homophthong R-M gefunden.

Hier können wir in der Formulierung der Fragestellung je nach dem Niveau der Gruppe variieren. Suchen wir z. B. im Wortgerüst B-R das Wort Beere, so können wir es nach der Angabe „Strauchfrucht" leicht, unter „Obst" mittelschwer und unter der weitläufigen Bezeichnung „Frucht" nur schwer finden. Dieses Spiel regt sehr bald zum Selberherstellen an, es wird im Familien- und Freundeskreis weitergetragen und von den Mitspielern zum nächsten Treffen mitgebracht.

Spiel 231, Bild 4: Wir sehen hier die winterlichen Silhouetten von vier Laubbäumen (1 Birke, 2 Ahorn, 3 Weide, 4 Eiche) und die zugehörigen Einzelblätter. Ordnen wir die passenden Blätter den Bäumen zu (Ziffern und Buchstaben zuordnen).

Lösungen Seite 264

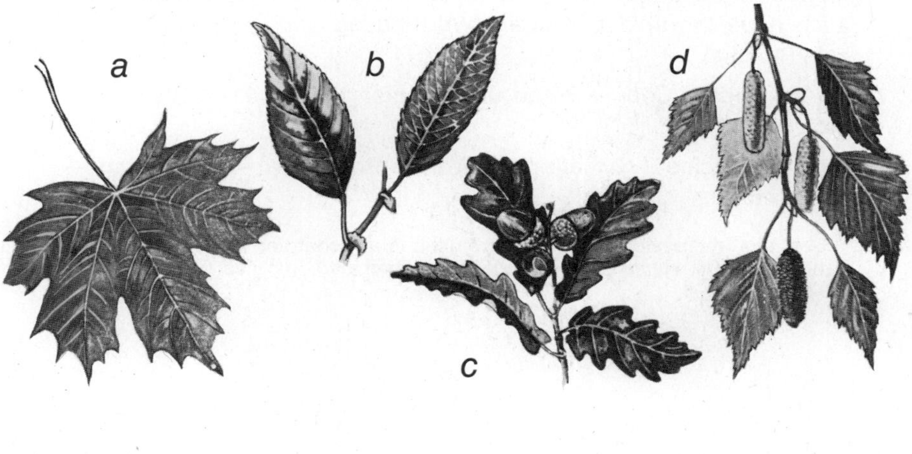

Wortakrobatik

mit sprachlich-sachlich-gebräuchlichen Assoziationen

Es ist dies ein Wortfindungs- und Assoziationsspiel, nicht ganz leicht, kann aber nach einiger Vorbereitungszeit versucht werden. Der Mittler liest vor, die Gruppe sucht gemeinsam. Eine Reihe von Begriffen wird genannt und wir suchen dazu das assoziativ passende Zeit- oder Eigenschaftswort.

Beispiel: Brot Gesichter Stoffe Kurve.

Denken wir einmal nach! Welches Zeitwort paßt zu den vier Wörtern?
Antwort: schneiden.

Nun suchen wir nach einem Eigenschaftswort. Welches paßt zu
Abende Farben Trachten Reihe?
Die *Antwort* lautet: bunt.

Beim nächsten Treffen drehen wir das Spiel um. Wir geben das Zeit- oder Eigenschaftswort an und lassen die dazugehörigen Begriffe suchen. Wir fragen also:

Was alles kann man schneiden?
Was alles ist bunt?

Es müssen hier nicht die gleichen Wörter wie beim Endspiel kommen. Man kann sie sich gemerkt haben (Merkfähigkeit), man kann auch neue Worte dazu finden (Wortfindung und Assoziation), wie zum Beispiel

für schneiden: Cour – einen unliebsamen Menschen – Diamanten etc.;

für bunt: Steine – Schatten* – Welt – Phantasie – Nachmittag – Reihe etc.

* Seit die Impressionisten die Farbigkeit der Schatten, im Gegensatz zu den früher nur als grau empfundenen, entdeckten, gibt es „bunte Schatten".

Haben wir eine noch ungeübte Gruppe, so drehen wir das Spiel besser von Anfang an um und fragen gleich: Was können wir schlagen? – Was alles ist bunt?
Wichtig ist, daß hier nur Kategorien, nicht Einzelbegriffe aufgezählt werden, also etwa bei dem Zeitwort „füttern" nicht alle zu fütternden „Tiere", sondern nur „Tiere". Ebenso hüte man sich vor banalen Verbindungen wie: *rote* Tomaten, *rote* Blumen; Kaffee *machen,* Kleider *machen.*
Der Gewinn bei diesen Spielen ist das Auffinden von meist unbewußt gebrauchten „Zwei-Wort-Begriffen". Konzentration, Wortfindung, Assoziation werden beansprucht, Sprachgefühl wird geweckt.

SPIELE

Wir suchen je ein Zeitwort zu folgenden Wörtern:

216

1	Schrift	Durst	Hypothek	Brand
2	Schaum	Bälle	Alarm	Rad
3	Unfug	Räder	Schafe	Luxus
4	Schuh	Magen	Schulden	Gewissen

217

1	Schlüsse	Wagen	Pflanzen	Bilanzen
2	Beine	Rosen	Brot	Versprechen
3	Stimme	Hand	Becher	Vorwurf
4	Segel	Garn	Butter	Saiten

218

1	Wasser	Luft	Hoffnung	Büttenpapier
2	Kind	Last	Trauer	Schuld
3	Haar	Flachs	Schaf	sich um etwas
4	Aufgaben	Ferien	große Sprünge	Schwierigkeiten

Wir suchen je ein Eigenschaftswort zu folgenden Wörtern:

219

1	Witze	Zunge	Messer	Zähne
2	Fieber	Rasse	Gefahr	Blätter
3	Tinte	Meer	Hahn	Tuch
4	Miene	Trauben	Arbeit	Böden

220

1	Nadel	Kegel	Turm	Bleistift
2	Humor	Kehle	Fuß	Auge
3	Lektüre	Kost	Beute	Kleider
4	Wetter	Fall	Wasser	Richtlinien

221

1	Wahl	Rede	Blick	Eintritt
2	Zeiten	Zunge	Sorgen	Brocken
3	Worte	Magelone	Augen	Bescherung
4	Krone	Besen	Hand	Kanzler

Lösung:

Spiel 216:	1	löschen	2	schlagen	3	treiben	4	drücken *
Spiel 217:	1	ziehen	2	brechen	3	erheben	4	streichen
Spiel 218:	1	schöpfen	2	tragen	3	scheren	4	machen
Spiel 219:	1	scharf	2	gelb	3	rot	4	sauer
Spiel 220:	1	spitz	2	trocken	3	leicht	4	klar
Spiel 221:	1	frei	2	schwer	3	schön	4	eisern

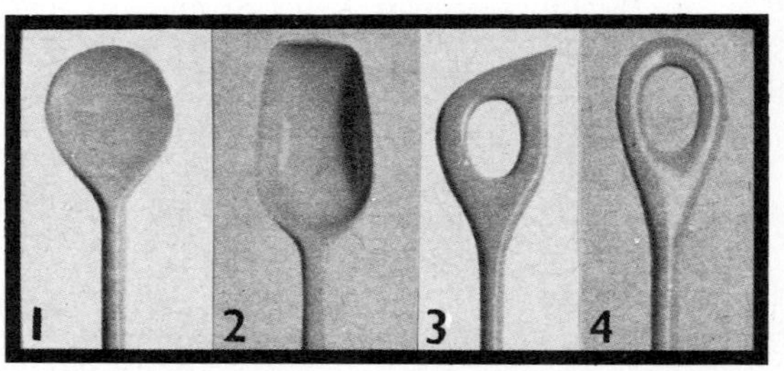

Spiel 231, Bild 5: Vier Löffel, jeder funktionsgerecht geformt. Welcher hat jeweils folgende Aufgabe? a) festen Teig oder Pürree umrühren, b) dickliche Massen mit der Spitze ablösen, c) Bodenbelag in der Kasserolle zur Gänze aufrühren, d) Suppen umrühren. *Antwort Seite 264*

* Zeitwörter können entweder ein Objekt im vierten Fall erfordern, oder wie „drücken" intransitiv sein.

Vier W-Fragen

Zusammenhänge erfassen und erinnern

Wer sagt zu Wem Wo Was?
Wer hat Wann Wo Was getan?

Es sind dies die berühmten kriminalistischen 7-„W"-Fragen, hier auf vier reduziert. Vier auf diese Weise umrissene Hinweise ergeben im allgemeinen bereits eine eindeutige Antwort. Das ist wichtig. Es darf auf die gestellte Frage keine zweite Antwort möglich sein.

Beispiel:

Wer sprach zum Volk auf dem Berg der Sieben Seligkeiten das erste Vaterunser? – *Antwort:* Jesus.

Ein, zwei oder drei W-Hinweise gibt der Mittler, die restlichen sollen von den Spielern ergänzt werden. Wir geben hier alle vier „W"-Hinweise, der Mittler wählt selber aus, welche er ausläßt und welche er fragt.

SPIELE

222 *Geschehnisse:*

WER		WAS	WANN	WO
1	Napoleon	krönte sich selbst	1804	in Paris.
2	Noah	landete	nach der Sintflut	auf dem Berg Ararat.
3	J. F. Kennedy	wurde ermordet	1963	in Dallas.
4	Pilatus	gab Barnabas statt Jesus frei	im Passionsjahr	in Jerusalem.
5	Armstrong	landete	1969	auf dem Mond.
6	Beethoven	schrieb das Heiligenstädter Testament	in seinem 33. Lebensjahr (1802)	in Wien.

223 *Zitate:*

WER	WO	WAS	WEM
1 Gretchen	nach der Messe vor dem Dom	„Bin weder Fräulein, weder schön"	zu Faust.
2 Archimedes	in Syrakus in der Badewanne	„Heureka"	zu sich selbst.
3 Julia	in Verona am Balkon	„Die Lerche ist's und nicht die Nachtigall"	zu Romeo.
4 Cäsar	im Kapitol in Rom	„Kai sy teknon" – „Auch du mein Sohn"	zu Brutus.
5 Tyrann Dionysos	in Syrakus	„Was wolltest du mit dem Dolche, sprich"	zu Mörus.
6 Ägypterkönig Amasis	in Samos	„Fort eil ich, nicht mit dir zu sterben"	zu Polykrates.

Erklärungen zu Spiel 222:

1 Napoleon. Er nahm dem Papst die Krone aus der Hand und setzte sie sich selbst auf. 5 Armstrongs beide Kameraden waren Aldrin und Collins. Ein von den dreien auf die Erde mitgebrachtes Mondgestein erhielt ihnen zu Ehren den Namen Armalcolit, aus den Anfängen der drei Namen gebildet. 6 Beethoven wurde ab seinem 25. Lebensjahr langsam taub. Mit dem Heiligenstädter Testament nahm er gewissermaßen Abschied von der Mitwelt. Keineswegs war es ein Testament im Sinn einer letzten Verfügung.

Erklärungen zu Spiel 223:

1 Aus Goethes „Faust". 2 Archimedes saß in der Badewanne, als ihm intuitiv die Erklärung des Auftriebes einfiel. Ein Körper verliert in Flüssigkeiten soviel an Gewicht, wie das von ihm verdrängte Volumen ausmacht. 3 Aus Shakespeares „Romeo und Julia". 4 Im Jahr 44 wurde Cäsar von seinem Adoptivsohn Brutus und dessen Komplizen ermordet. Er sagte mehr erstaunt als erschrokken, aber erschüttert: „Auch du Kind, mein Sohn Brutus" (er sprach griechisch, da das zu seiner Zeit die Sprache der Vornehmen war). 5 Aus Schillers Ballade „Die Bürgschaft". 6 Aus der Ballade „Der Ring des Polykrates" von Schiller. Amasis ist der im Gedicht nicht genannte Name des ägyptischen Freundes.

SPIELE · IV

DAS SINNESKONZERT

Lösungen zu den Schwarzweißbildern

Spiel 228: (Seite 20, 36, 38, 131, 160, 170, 212, 228, 237, 324)

1 Die Jungfräulichkeit und die Reinheit. 2 Dies ist ein Vorläufer unserer heutigen Kardanischen Aufhängung, eine Vorrichtung, die bewirkt, daß eine im Inneren befindliche Person oder ein Gegenstand bei Lageänderung des Ganzen ihre natürliche Lage beibehalten. 3 Ärzte, oft nach Universitäten uniformiert. 4 Keine. Es ist ein Phantasiegebilde. 5 Bei Drehung des Bildes um 180 Grad sieht man, daß es nichts anderes ist als ein „Stern" (österr. Sprechweise). 6 Es ist ein ägyptisches Ballspiel vor nachweislich 4000 Jahren, bereits ähnlich gespielt wie heute. 7 Rapier, eine Degenart mit gerader Klinge und Handschutz. 8 Oberflächenspannung. 9 Mit aufgeschnittenen Fäden heißen sie Veloursteppiche, mit geschlossenen Bouclé. 10 a Einen bis wenige Tage; wird wegen ihrer Kurzlebigkeit Eintagsfliege genannt. b 55 — 60 Tage. Die Honigbiene übt während dieser Zeit mehrere Berufe aus: Maurer (Wabenbau, Wachsausschwitzen), Stubenmädchen (Stockreinigen), Wächterdienst am Flugloch, Rohstoffbeschaffung (Pollensammeln), Produktion (Honigauswürgen).

Spiel 229: Homonym (Seite 322)

1 Ein Puppenheim. Es ist der Untertitel von Ibsens Drama „Nora". Die Abbildung zeigt das Puppenhaus der Petronella Brandt im Rijksmuseum, Amsterdam.

Spiel 230: Logika (Seite 192, 191, 194, 232)

1 Dieses täuschend gezeichnete Bild ist eine visuelle Denkaufgabe, jedoch in die Realität nicht umsetzbar. – Man könnte sich das Mühlrad links unten als Schaufelrad denken, welches das Wasser vom herabfallenden Wasserfall weg nach rechts hinauf schöpft, was jedoch von der Konstruktion des Rades her unmöglich ist. 2 Die Aufgabe ist unlösbar. Die Zeichnung stellt ein Raumgebilde dar, das es nicht geben kann. 3 a Die beiden Flaggen zeigen verschiedene Windrichtungen an. b Der Anker liegt frei in der Luft, c das Tier rechts vorne ist nur halb gezeichnet und d der Fisch in der Mitte links versucht, einen Menschen zu fressen, der viel größer ist als er selber. 4 Beide Deutungen sind möglich (s. S. 290). Einige sehen zuerst im Linksprofil die junge Dame mit dem Stupsnäschen, die anderen die großnasige alte Frau mit dem vorstehenden Kinn, das bei der jungen Frau das Dekolleté bildet (siehe rechte kleine Lösungsskizze).

Spiel 231: Zuordnen/Parallelogramm (Seite 222, 234, 244, 257, 260)

1 1/c – 2/d – 3/a – 4/b 2 1/e – 2/a – 3/b – 4/d – 5/c
3 Ameishaufen, Affe – Orang-Utan, Ochs – Kakadu, Kalb
4 1/d – 2/a – 3/b – 4/c 5 1/d – 2/c – 3/b – 4/a.

Spiel 232: Allzuwörtlich (Seite 304, 315)

1 Schach-Zug, Schachzug 2 Boxer-auf-Stand, Boxeraufstand (Revolte in China, 1900) 3 Auto-Service, Autoservice.

Das Sinneskonzert

Jedes Sinnesorgan ist auch gedächtnismäßig verankert; die Empfindungen prägen sich in den verschiedenen Hirnbezirken ein und hinterlassen dort Engramme (Einschreibungen). Deshalb können solche Erinnerungen auch reproduziert werden; ja die meisten der sogenannten primitiveren Sinne wie Schmecken, Riechen, Tasten sind erinnerungsträchtiger als die differenzierten. Es mag sonderbar klingen, aber Erinnerungsbilder aus diesem Sinnesbereich sind getreuer und fast unauslöschlich. Dieses sinnesbedingte Gedächtnis läßt sich ebenfalls üben und die folgenden Spiele bringen Stoff für ein solches Training.

Anhand der beiden Fernsinne, die nicht an die Körperoberfläche gebunden sind, unterscheiden wir die beiden Haupttypen auditiv und visuell, wobei das visuelle Gedächtnis, also die Erinnerung im Zusammenhang mit Gesehenem, häufiger ansprechbar ist, als das auditive. Die moderne Pädagogik nimmt sich beider Sinnesleistungen in Form von audiovisuellen Medien an. Bei den folgenden Spielen jeder der genannten Sinneskategorien geht es vornehmlich um das Wiedererkennen einer früher erlebten Empfindung oder eines Gefühls.

Selbstverständlich werden bei solchen Spielen mit Sinnesempfindungen normalerweise mehrere Sinnesorgane gleichzeitig in Tätigkeit gesetzt. So essen wir zum Beispiel zu gleicher Zeit „mit dem Auge", mit dem Geschmacks- und dem Geruchssinn. Wird nur ein einzelnes Sinnesorgan beansprucht, so werden wir sehen, welch sonderbaren Täuschungen ein solch isoliertes Empfinden ausgesetzt ist. Darin liegt dann die Würze eines Spieles, daß der Spieler sich überzeugt – und zwar überrascht überzeugt –, daß er sich auf ein vertrautes und ihm sicher scheinendes Urteil über seine Empfindungen nicht verlassen kann. Mag dabei auch ein wenig Selbstsicherheit verlorengehen, so ist doch der Erlebniseffekt „Mein Geschmackssinn täuscht mich" des Spielens wert.

Übt man diese Sinnesempfindungen getrennt, so gewinnt man an Sicherheit und Qualität der Sinnesempfindung, indem man differenzieren, also Unterschiede bemerken lernt, die man früher nicht registriert hatte. Jeder Wein- und Teekoster lernt nicht bloß Geschmacks-, sondern auch geruchsmäßig mehrere tausend Nuancen unterscheiden, die er vor seiner Ausbildung nicht hätte unterscheiden können.

Das Geschmackskonzert

Nicht alle Menschen besitzen gleich starke Empfindungen im Geschmacksbereich; das heißt nicht, daß sie die vier Qualitäten: süß, sauer, bitter und salzig nicht unterscheiden könnten, sondern daß eine ganze Reihe von Menschen zum Beispiel etwas als stark bitter empfindet, das andere als schwach bitter, ja sogar als süß bezeichnen. Das hat nicht allein mit dem Alter zu tun – denn alternde Sinnesorgane erleiden Leistungsminderungen –, sondern man könnte analag den Blutgruppen auch Geschmacksgruppen unterscheiden. Bei diesem Spiel wird es daher verschiedene Geschmacksurteile geben; das Spiel als solches ist aber nicht darauf abgestellt, sondern auf das Identifizieren der Spielobjekte.
Beim ersten Mal muß der Mittler die Geschmacksproben beistellen. Bei der Wiederholung kann schon die ganze Runde, Familie oder Gruppe das Mitbringen übernehmen.

224 *Das Spiel*

Wichtig bei der Vorbereitung zu diesem Spiel ist das Unkenntlichmachen der Proben; das Erkennen mittels des Auges oder des Tastsinnes soll ausgeschaltet werden. Kleine Apfelstücke ohne Schalen, kleine Würfel oder Scheiben halbgekochter Kartoffeln, eine Messerspitze Senf, Selleriestückchen oder Rübenschnitzel sind richtige Muster.
Fleisch oder Butter sind im allgemeinen als Geschmack zu leicht zu identifizieren; sie eignen sich also nicht für dieses Spiel. Topfen, Geleebonbons, Birnen, Brot, Käse sind weitere geeignete Objekte;

an Flüssigem kämen Pfefferminztee, Milch, Mineralwasser oder ähnliche Flüssigkeiten in Betracht.
Man kann die Proben in kleinen Dosen, Säckchen oder Fläschchen mitbringen und an die Spieler verteilen. Selbstverständlich muß der Mittler diese numerieren oder sonst irgendwie kennzeichnen, sonst kann er bei Unstimmigkeiten innerhalb der Gruppe nicht Richter sein. Die Spieler sollen durch Kauen, Schlucken oder Schmecken die Proben identifizieren. Entweder schreiben sie die Lösung auf oder es wird auf Zuruf gespielt. Die Technik des Spieles ist offen und der jeweiligen Gruppe und dem Mittler in der Durchführung frei überlassen.
Gerade dieses Geschmackskonzert regt manche Spieler an, beim nächsten Treffen mit weiteren Proben aufzutauchen. Um Diätfehler zu vermeiden, müßte sich der Mittler aus Vorsichtsgründen vor dem Austeilen von der Harmlosigkeit der Proben überzeugen. Besonders lustig wird das Spiel, wenn wir es mit verbundenen Augen durchführen.

Das Geruchsgedächtnis

Hand aufs Herz – wer von uns prüft schon seinen Geruchssinn? Wer übt ihn schon? Isoliert spielt er im Leben des Menschen keine allzu große Rolle; fast immer erleben wir ihn in Verbindung mit dem Geschmack, ja sogar mit dem Tastsinn und dem Auge. Während der Geschmackssinn darauf angewiesen ist, in der Mundhöhle Gelöstes zu empfinden, reagiert der Geruchssinn (die oberhalb der Nasenwurzel im Inneren des Schädels gelegenen Sinneszellen) auf gasförmige Stoffe. Ein einziges Molekül genügt, um eine solche Sinneszelle zu reizen und diesen chemisch-physikalischen Reiz in eine Empfindung, Wahrnehmung und schließlich in ein gefühlsbetontes Erlebnis umzuwandeln. Welch unerklärbares Wunder!
Aromatisierte Flüssigkeiten geben Duftmoleküle in Gasform ab. Es gibt Tausende von Gerüchen und Geruchskombinationen und bei vielen Stoffen, die man für reine Geruchsobjekte hält, spielen andere Sinnesorgane mit eine Rolle. Bei Salmiak beispielsweise ist neben seinen Geruchseigenschaften noch deutlich das Stechende, also die die Schleimhaut reizende Tastempfindung, mitinbegriffen.

225 *Das Spiel*

Die Voraussetzungen sind die gleichen wie beim vorangegangenen Spiel. Der Mittler bringt wiederum vier oder fünf Fläschchen Geruchsproben mit. Die Zahl ist an und für sich nicht beschränkt. Das Spiel soll aber aus zeitökonomischen Gründen nicht allzu lange ausgedehnt werden, weil sowohl der Geruchs- wie auch der Geschmackssinn rasch ermüden und dann falsche Urteile liefern.
Falls die Gruppe nicht zu groß ist, werden die Fläschchen in der Runde herumgereicht; sonst müßten jeweils mehrere Fläschchen mitgebracht werden. Die Lösung, welchen Stoff man vor sich habe, erfolgt wieder schriftlich oder mündlich, auf Zuruf oder nach gemeinsamer Beratung innerhalb der Gruppe. Als Geruchsproben eignen sich Essig, Salmiak, Benzin, Petroleum, Rum, Aceton etc.
Außer Flüssigem können selbstverständlich auch feste oder halbflüssige Stoffe mitgebracht werden, wie: Hautcreme, Seife, Gewürze. Wesentlich bei solchen Proben ist, daß sie nach außenhin nicht etwa durch Farbe oder Aussehen visuell identifiziert werden können. Offene Röhrchen sind zu vermeiden, weil der Inhalt häufig verschüttet wird. Numerierung oder Etikettierung unverräterischer Art ist bei den Proben selbstverständlich.
Noch überraschender als etwa bei einem „Geschmacks"spiel ist hier das Resultat: Man wundert sich, daß man aus dem Alltagsleben wohlbekannte Gerüche nicht wiedererkennt, wenn man sie in ungewohnter Form präsentiert bekommt. Es sei dies besonders hervorgehoben, weil das Verwechseln von Gerüchen so häufig zu Unfällen führt, wenn etwa Benzin mit Petroleum oder Himbeergeruch mit Lauge verwechselt werden.
Man kann dieses Spiel wiederum schriftlich wie mündlich spielen lassen. Hier ist keine Vorschrift nötig.
Es hat sich als praktisch erwiesen, daß auch nach dem Spiel noch einige Muster der mitgebrachten Objekte vorrätig sind, damit ein Ungläubiger, der sich irrte, sich aber darauf versteift, richtig geurteilt zu haben, durch nochmalige Wiederholung überzeugt werden kann. An dieses Beurteilen knüpfen sich fast immer rege Debatten bzw. Gelächter und Staunen. Wird das Spiel nach einiger Zeit variiert oder mit den gleichen Objekten wiederholt, so sind fast alle Teilnehmer überrascht, um wieviel sicherer sie nunmehr früher Strittiges richtig beurteilen können.

Das Tastspiel

Der Tastsinn als der älteste aller Sinne in der Welt der Organismen ist beim Menschen sehr komplex ausgestattet: Sowohl Muskel- wie Tiefenempfinden, Gleichgewichts-, Schmerz- und Temperatursinn – all das wird unter Tastempfinden verstanden. Bei unserem Gruppenspiel wird hauptsächlich die Oberflächensensibilität (Rauhheit und Glätte, Weichheit und Festigkeit), zum Teil auch der Temperatursinn (gute oder schlechte Leitfähigkeit des Objektes entsprechend seinem Material: Metall, Holz) und die Tiefensensibilität (Gewicht in Relation zum Volumen) geprüft.
Der Tastsinn ist leicht übbar und kann, wie wir von Blinden wissen, sogar das Auge weitgehend ersetzen.

226 *Die Spiele*

Auch hier muß der Mittler wiederum das Material vorbereiten und mitbringen. Es genügen undurchsichtige Papier- oder Stoffsäckchen, in die man einzelne, zu tastende Objekte hineingibt. Diese geschlossenen Säckchen machen die Runde in der Gruppe, und durch Abtasten sollen die Objekte erraten und das Ergebnis entweder schriftlich oder mündlich mitgeteilt werden. Macht das Herstellen oder Verteilen der Säckchen Schwierigkeiten, kann man das Spiel auch auf einem Tisch spielen, wobei die Gegenstände, von einem Tuch bedeckt, von Hand zu Hand wandern. Lustig wird es, wenn das Spiel auf Wettkampf gespielt wird: Wer die meisten Objekte erraten konnte, ist Gruppensieger.
Als Spielobjekt eignen sich besonders kleine Gegenstände, die mit der Hand ergriffen, umfaßt und abgetastet werden können. Man hüte sich davor, spitze oder zerbrechliche, also mit einem Wort verletzende Gegenstände zu verwenden, da manchmal fest zugegriffen wird. Täuschende Objekte sollten ausgeschaltet werden. Es handelt sich hier vor allem um die Identifikation der Gestaltform, nicht so sehr um das Material, aus dem die Gegenstände bestehen. Dies kann manchmal durch den dabei mitgeübten Muskelsinn erraten werden. Ist z. B. im Probesäckchen ein kubikzentimetergroßer Spielwürfel aus Holz gleichzeitig mit einem ebenso großen Metall-

würfel enthalten, so kann auch das Tastgefühl – in diesem Fall die Tiefensensibilität – mittels des Gewichtes feststellen, aus welchem Stoff der Würfel besteht. Klebrige, abfärbende oder erschreckende Juxartikel mögen bei diesem Spiel nicht ohne vorherige Ansage verwendet werden. (In Faschingslaune ist wohl manches erlaubt.)
Als Spielgegenstände eignen sich erfahrungsgemäß: Kleine Löffel, Fläschchen, Bieröffner, Kugeln, Fingerhüte, Schlüssel, Vogelfedern, Kinderschnuller, Radiergummi, Kinderpfeiferln, Ringe, kleine Ketten, Zwirnspulen, Brillen, kleine Uhren, manche Obstsorten, wie z. B. Orangen, Äpfel, Nüsse; weiters Eierbecher, Eicheln, Münzen, Wattestückchen, Dominosteine, Spielwürfel, Knöpfe etc.
Will man das Spiel auf Merkfähigkeit hin wiederholen, so ist es günstig, neben einigen neuen Elementen jene Objekte wieder zu benützen, die beim ersten Spiel selten oder überhaupt nicht identifiziert wurden. Haben alle Teilnehmer ihre Lösungen genannt und darüber diskutiert, so werden die einzelnen Stücke aufgelegt und wieder wird der Sieger ermittelt, der die meisten Proben identifizieren konnte. Bleibt man bei einfachen Objekten, wie die aufgezählten, so ist die Trefferzahl im allgemeinen groß. Es gibt dies den Mitspielern Selbstsicherheit und sogar Selbstachtung: Man hat etwas geleistet!

Bilder-Erraten

Schauen lernen und benennen

Das visuelle Gedächtnis ist an ein bestimmtes Hirnareal, das Sehhirn, geknüpft; dieses liegt in der hinteren Schädelgrube. Grundsätzlich ist jedes Wiedererkennen, eine mit dem Sprachgedächtnis verknüpfte Benennung, eine Namensgebung. Auch Abläufe von Situationen, also Geschehnisse, werden mit Hilfe des visuellen Gedächtnisses erinnerungsfähig. Während bei Wissensfragen Sprache und Sprachgedächtnis dominieren, handelt es sich beim Bilder-Erraten um Assoziationen zu visuellen Eindrücken und deren Deutung. Bei unseren Bild-Spielen schließlich, wo nicht nur ein einzelnes Bild gezeigt wird, sondern die Bilder zu verschiedenartigen Spielen zusammengefaßt sind, geht es um Wiedererkennen, um Überlegen,

um Wortfindung und Reproduktion. Bei Wiederholung solcher visueller Eindrücke spielen des weiteren die Merk- bzw. Lernfähigkeit eine wichtige Rolle.
Soll dieses Spiel in größeren Gruppen durchgenommen werden, sind einige technische Voraussetzungen zu beachten. Für die Wiedergabe von Bildern eignet sich am besten die Projektion mittels Epidiaskop oder moderner Bildwerfer. An die Möglichkeit einer Abdunkelung sollte dabei immer gedacht werden. Will der Mittler oder ein Mitspieler Diapositive als Bilder-Spiel projizieren (s. Bildspielkombination S. 292), wäre ein Diaprojektor nötig. Nicht jede Gruppe kann sich aber derartige optische Hilfsmittel leisten; in Kleingruppen oder bei Familienabenden werden die einzelnen Bilder einfach herumgereicht. Die Mitspieler bekommen sie dann rundenweise, und jeder legt seine Lösung schriftlich nieder.

227 Die Farbbilder

Die hier gebrachte Bildspiel-Serie in Farbe zur Übung des Sehgedächtnisses besteht aus praktischen Gründen aus sechzehn Bildern, die aus ganz verschiedenen Wissens- und Erfahrungsgebieten stammen, damit die Spielpalette so bunt wie möglich ist. Es ist keineswegs nötig, bei einem Treffen alle sechzehn Bilder durchzuspielen; es bleibt jeweils dem Mittler überlassen, auch eine kürzere Abfolge zu wählen, oder ein anderes Spiel durch Einzelbilder aufzulockern.
Der Spielleiter kann die Fragen selbstverständlich variieren, besonders wenn bei Wiederholung des Spieles die Merkfähigkeit auch in einer anderen Facette angesprochen werden soll. Bei den Fragen geht es keineswegs nur um die Benennung eines Bildinhaltes. Um die Vielfalt der Spielmöglichkeiten zu demonstrieren, sind diese jeweils auf Zusammenhänge ausgerichtet.
Bei der Projektion der Bilder stellt man die dazugehörige Frage und läßt die Antwort entweder schriftlich oder auf besonderen Zuruf geben. Es kann aber auch als Gruppenspiel gespielt werden; dann bespricht sich die Gruppe untereinander und einigt sich auf eine bestimmte Lösung.
Nach Beendigung der Bildfolge (wenn also das Spiel mit sechzehn oder weniger Bildern gezeigt wurde), bespricht der Mittler die Bilder

Lösungen zu Spiel 227 (8 bis 16)

Die Antworten zu den 16 Bildseiten wurden, damit man an den Lösungen nicht nasche, bewußt so geteilt, daß die Antworten 1 bis 7 *nach* dem Bildteil und die Antworten 8 bis 16 hier gebracht werden.

8 Toast. Die herabfließende Käsemasse weist darauf hin, daß es sich nicht um kalte Sandwiches handelt. Das im Hintergrund befindliche Gerät ist ein Toaster (S. 280). *Zusatzfrage:* Woraus mag der rote Tupfen bestehen? – Aus Tomatenketchup.

9 Manuale, nach dem lateinischen Wort manus, die Hand; also Handtastatur (S. 281).

10 Er ist Glasbläser und zwar Mundglasbläser. Viele heikle Glasgegenstände werden auch heute noch auf diese Weise hergestellt (S. 282). *Zusatzfrage:* Welcher Krankheit setzt er sich aus, wenn er mit so vollen Backen bläst? – Einer Lungenbläschenerweiterung, griech. Emphysem genannt, eine typische Gewerbekrankheit sowohl von Glasbläsern wie von Blasmusikern.

11 Es gibt kein Geleise (S. 283).

12 Kolibri. – Bis zu 50 Flügelschlägen pro Sekunde (!) erlauben ihm dieses schwirrende Schweben. – Hibiskus ist eine nahe Verwandte des Eibisch, eine Malvenart (S. 284).

13 a Tip 3 — Ein Krake. Dies ist ein Meerestier, an dessen acht Armen sich die charakteristischen Saugnäpfe befinden, mit denen die Beute festgehalten wird (S. 285).

13 b Tip 2 – Ein tropischer Igelfisch. Bei Gefahr bläst sich dieser auf, um dem Angreifer zu imponieren und nicht gefressen zu werden.

14 Sessellift (hier auf den Patscherkofel bei Innsbruck) – (S. 286).

15 Allee (S. 287). *Zusatzfrage:* Welche Bäume zeigt diese romantische Allee in Schloß Laxenburg bei Wien? – Pappeln.

16 St. Florian, Nothelfer bei Feuersbrunst (S. 288). *Zusatzfrage:* Wie nennt man diese Art von Malerei? – Hinterglasmalerei, eine volkstümliche Darstellungsweise.

273 Sitzender Kauz, darunter das um 180 Grad gedrehte Bild eines ruhenden Falters. Wie nennt man solche große Hinterflügelflecken? – Antwort Seite 289

Spiel 227, Bild 1

Weshalb nahm man früher ganze Fässer solcher Früchte auf eine weite Seefahrt mit? – Antwort Seite 289

Spiel 227, Bild 2

275 Wie viele Monate alt mag das Baby sein? – Antwort Seite 289

Spiel 227, Bild 3

Wie nennt man ein solches Eisgebilde? – Antwort Seite 289

Spiel 227, Bild 4

277 Wir sehen hier die Eruption des italienischen Inselvulkans Stromboli, auch „Leuchtturm des Mittelmeers“ genannt. Wie heißt die Öffnung, aus der die Feuergarbe entspringt? – Antwort Seite 289

Spiel 227, Bild 5

Wo steht dieses Bauwerk mit den vier „abgekiefelten" Maiskolben? – Antwort Seite 289

Spiel 227, Bild 6

279 Welches Fest feiert hier die Gesellschaft? – Antwort Seite 289

Spiel 227, Bild 7

Mit welchem Fremdwort bezeichnet man ein solches Gericht? – Antwort Seite 272

Spiel 227, Bild 8

281 Wie nennt man die Tastatur, auf der der Musiker seine Hände hält? – Antwort Seite 272

Spiel 227, Bild 9

Was tut der junge Mann mit den aufgeblasenen Backen? – Antwort Seite 272

Spiel 227, Bild 10

283 Was macht den Herrn auf dem Bahnsteig so nervös? Haben wir genau geschaut? Antwort Seite 272

Spiel 227, Bild 11

Wie heißt dieser kleine Gast, der im Schwirrflug den Nektar aus der Hibiskusblüte nascht? Antwort Seite 272

Spiel 227, Bild 12

Was sehen wir hier?

Oben:

a) Seestern
b) Majolika-Keramik von Picasso
c) Krake

Rechts:

a) Edelkastanienfrucht
b) Aufgeblasener Igelfisch
c) Moderner Leuchtkörper für den Garten

Antworten Seite 272

Spiel 227, Bild 13

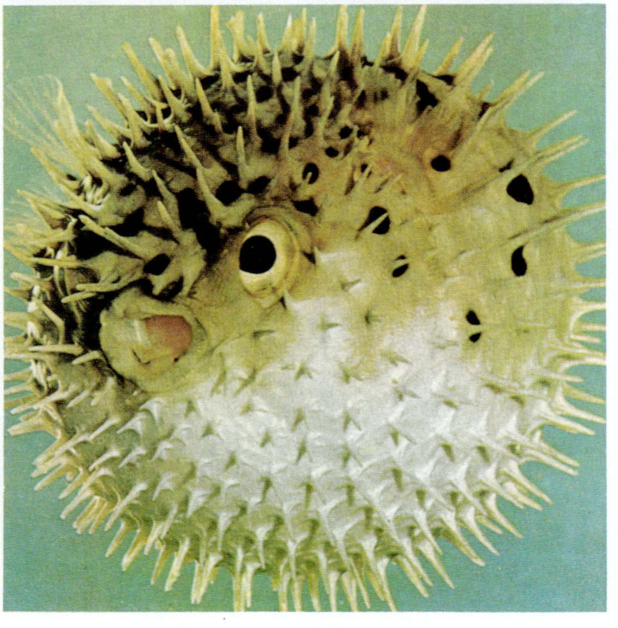

Wie nennt man so ein Transportmittel für den Wintersport? –
Antwort Seite 272

Spiel 227, Spiel 14

287 Wie heißt eine solche Baumreihe? – Antwort Seite 272

Spiel 227, Bild 15

Wer ist hier dargestellt? – Antwort Seite 272

Spiel 227, Bild 16

Lösungen zu Spiel 227 (1 bis 7)

Die Antworten zu den 16 Bildseiten wurden (um nicht an den Lösungen vorzeitig zu naschen) bewußt so geteilt, daß die Anworten 8 bis 16 *vor* dem Bildteil und die Antworten 1 bis 7 hier gebracht werden.

1 Augen, so genannt wegen ihrer Ähnlichkeit mit Dämmerlichtaugen. – Feinde sollen dadurch getäuscht werden und den wehrlosen Falter für ein großes Tier halten, mit dem man sich besser nicht einläßt (S. 273). *Zusatzfrage:* Wie heißt diese natürliche Schutzeinrichtung? – Schreckfärbung.

2 Zitrusfrüchte führte man als Proviant mit, um den gefürchteten C-Vitaminmangel zu vermeiden, der als Skorbut häufig die Mannschaft dezimierte (S. 274).

3 Sieben bis zwölf Monate. – Da es noch keine Zähne hat, müßte es normalerweise jünger als ein Jahr sein; dem Sitzen und dem Halten des Löffels nach jedoch älter als ein halbes Jahr (S. 275).

4 Eisberg oder Packeis. – Eisberge schwimmen auf dem Wasser, weil sie spezifisch weniger dicht sind als das flüssige Wasser. Nur ein Zehntel ihrer tatsächlichen Größe ragt aus dem Wasser heraus. Da sich die Form des unter Wasser befindlichen Teiles nicht erkennen läßt, sind Eisberge für die Schiffahrt so gefährlich (S. 276). *Zusatzfrage:* Wie hoch schätzen Sie ist der abgebildete Block? – Rund 20 m hoch.

5 Krater. – Schmelzbasalt und andere Gesteinsbrocken werden hochgeschleudert (S. 277). *Zusatzfrage:* Wie hoch ungefähr werden die Massen geschleudert? – Über 100 m hoch.

6 In Barcelona. – Architekt Gaudi erbaute die Kirche „Sagrada familia" (heilige Familie); da sich kein Nachfolger fand, blieb das Gebäude unvollendet (S. 278). „Abgekiefelt" ist der süddeutsche Ausdruck für abgenagt.

7 Eine Bauernhochzeit. – Es ist ein berühmtes Bild des sogenannten Bauernbreughel im Kunsthistorischen Museum, Wien (S. 279). *Zusatzfrage:* Dieses Bild zeigt einen „Fehler", den man dem Maler sehr angekreidet hat und über den schon viel dissertiert und promoviert wurde. Welcher ist es? – Der Träger hat einen Fuß zuviel.

kurz mit der Gruppe. Es hat sich dabei in der Praxis als günstig erwiesen, die Bilder mitsamt der richtigen Lösung und Erklärung nochmals zu projizieren. So mancher, der die Lösung nicht wußte, erkennt jetzt bei der Wiederholung die Zusammenhänge, die er vorher vielleicht übersehen hatte.

Die Schwarzweiß-Bilder

Diese finden sich im Buch verstreut. Einige sind als Spielgrundlage neuartig (Homonym, Zuordnen, Allzuwörtlich). Die Antworten sind auf Seite 264 zusammengefaßt.

228

betrifft die Bilder S. 29, 36, 38, 160, 170, 190, 212, 222, 237, 324.

229 *Homonym,* S. 322

230 *Logika*

Bei den zu Gruppen zusammengefaßten Bildern ist es günstig, je ein Beispiel samt Antwort und Erläuterungen voranzusetzen. In dieser Gruppe (Bilder S. 192, 191, 194, 232) wird das logische Denken angepeilt. Hier projiziere man als Beispiel das Bild „Perpetuum mobile“ (S. 192) und gebe gleich die Antwort, damit die Gruppe erfährt, wie eine solche visuelle Aufgabe gelöst wird.

231 *Zuordnen*

Als Beispiel für diese Gruppe (Bilder S. 228, 234, 244, 256/257) wähle man das Spiel „Bäume und ihre Blätter“ (S. 256/257).

232 *Allzuwörtlich*

Das als Wortspiel (S. 316) beliebte „Allzuwörtlich“ kann auch durch Bilder illustriert werden, falls man bereits weiß, worauf es bei diesem Spiel ankommt. Als Beispiel eignet sich das Bild „Schachzug“ (S. 304).

In die Gruppe logisches Denken gehören auch die Täuschungs- und Überlegungsbilder, hier vertreten durch das Bild „Damenwahl“ (S. 232). Bekanntlich unterliegt – aus Sehgewohnheiten heraus – unser Auge leicht visuellen Täuschungen. Viele lassen sich nur schwer von der mehrfachen Deutbarkeit einer solch täuschenden Zeichnung überzeugen. Im Fall „Damenwahl" haben beide Gruppen recht. Der Mittler kann erläuternd hinzufügen, daß es hier immer wieder individuelle Unterschiede, etwa wie bei Blutgruppen, geben wird.

Auswahlkriterien

Das Zusammenstellen solcher Spiele erfordert in besonderem Maß die Mitarbeit der Gruppenteilnehmer. Das Sammeln von brauchbaren Bildfolgen ist bald das Hobby des einen oder anderen Mitspielers und nicht Aufgabe des Mittlers allein. Die Auswahl von projizierbaren Bildern, die sich für alt und jung eignen, ist aber an bestimmte Kriterien gebunden, damit nicht durch Bilder mit unklaren Darstellungen oder solchen, die schlecht zu reproduzieren sind, Lösungsschwierigkeiten entstehen. Die technischen Voraussetzungen sind daher hier besonders zu beachten.
Die Auswahl von Bildthemen ist grundsätzlich nicht beschränkt; je mehr Fächer und Sparten angepeilt werden, desto bunter und anregender wir das Spiel. Auch hier gilt der Grundsatz, daß visuelle Eindrücke, wenn sie gleichzeitig das Emotionelle anrühren, besser gemerkt werden, das Erlebnishafte betonen und Zusammenhänge stärker einprägen als das bloße Wort. Das Aussprechen von Benennungen, das Erklären von Bildgeschehen hilft auch auditiv. Bei Wiederholung können die Bildfolgen sowohl für das Üben der Wortfindung wie der Reproduktionsfähigkeit herangezogen werden.
Bald zeigt sich, daß wir nach solchen Spielen die Straße, durch die wir gehen, das eigene Heim, illustrierte Zeitschriften, Bücher, Bilder, Denkmäler anders sehen als bisher. Wir haben „schauen" gelernt, registrieren Einzelheiten, an denen wir früher vorbeigesehen haben, und können solche „Bilder" jetzt auch mit Worten reproduzieren (Formulierungsfähigkeit).

Bilder, die wir sammeln, sollten folgende Eigenschaften aufweisen:
deutliche Konturen

Farbkontraste (falls es sich um Farbbilder handelt)

keine Objekte, die nur Fachleuten bekannt sein können

nicht allzu viele Details auf einem Bild (zerstreut die Aufmerksamkeit, statt sie zu sammeln) nicht aggressiv gegen Religion, Politik oder Menschentum.

Allzu kritische oder strittige Probleme sind zu vermeiden, damit man nicht ins Debattieren gerät und damit Zeit verschwende,

keine allzulangen Erklärungen, da solche bald ablenken und langweilig wirken.

Aktuelle Bilder, die auf Tagesereignisse anspielen, haben nur beschränkten Wert, weil sie sehr bald veralten. Trotzdem sind sie jeweils für eine aktuelle Serie brauchbar. Günstig sind Bilder, auf denen etwas „geschieht", also nicht rein statische Bilder, bei denen fast immer nur Fragen nach einer Benennung, also nach reinem Wissen, gestellt werden.

Die Fragen notieren wir uns als Zusammensteller am besten auf den Bildern selbst, wir können sie auch jeweils variieren, was besonders bei Wiederholungen die Merkfähigkeit beflügelt. Die Fragen sollten nicht nur auf Benennung ausgerichtet sein, da sie sonst meist Wissens- und nicht Zusammenhangsfragen sind. Ehe man das Bild in die Serie bringt, überlege man, ob die Fragen, die sich daran knüpfen, auch ohne Bild gestellt werden könnten. Gewöhnlich ist es dann eine verkappte Wissensfrage, bei der das Bild nur eine Nebenrolle spielt, was dem Geist des Bild-Spieles widerspräche.

Beispiel:

Zeigen wir den Eiffelturm im Bild und fragen: „Was ist hier dargestellt?", so ist das im allgemeinen eine zu einfache, ja banale Frage, da fast jeder den Eiffelturm kennt. Fragen wir aber nicht nach dem Gegenstand selbst, sondern stellen etwa die Frage: „Wo steht dieses Gebäude?", so ist das schon eine komplexere Zusammenhangsfrage, denn hier muß ja im Hirn des Befragten sowohl die Identifizierung des Eiffelturms erfolgen, als auch noch die assoziative Zusatzfrage nach dem Standort beantwortet werden. Zeigen wir aber das Bild und fragen einfach: „Wer hat den Eiffelturm erbaut?", so würde diese Frage auch ohne Bild möglich sein, ein Umstand, der als wichtigstes und charakteristisches Kriterium für ein Bild-Spiel immer beachtet werden sollte.

Die Antworten verlangen häufig — hoffentlich immer — eine Erklärung, die der Bildzusammensteller entweder parat hat oder die er sich beschaffen muß. Viele Mitspieler sind bald bereit, selbst solche Bildfolgen beizusteuern: von ihren Reisen, aus ihrem Familienleben und ähnliches. Hier darf der Mittler auch als Helfer eingreifen, ja sogar Variationen vorschlagen. Er kann z. B. anregen, daß ein eifriger Photograph seiner Runde sechs Photos mitbringt unter dem Sammeltitel „Gebäude mit Säulen", wobei die Fragen lauten würden: „Wo stehen diese Gebäude?" oder „wie alt sind diese Gebäude?". Eine solche, durch einen einzigen Faden (hier die Säulen) zusammengehaltene Bildfolge nennen wir „Bild-Serie". Einem pensionierten Mittelschulprofessor, der Botaniker ist, ließe sich der Vorschlag machen, er möge doch eine Serie von einkeimblättrigen Pflanzen in Bildform darstellen und nach ihrem Nutzen, ihrem Standort, ihrer Blütezeit fragen. Ein Handwerker wiederum, der eine Reise gemacht hat, könnte eine Souvenirbild-Serie zeigen, wobei dies freilich nicht dahin ausarten darf, „Oma vor der Peterskirche", „Ich und die Pyramiden", also allzu persönliche Erinnerungen zu präsentieren. Ein Sportler schließlich könnte Zeichnungen oder Photographien von Geräten oder bestimmten Situationen seines Sportzweiges, etwa des Fußballspieles, mitbringen.

8-Millimeter-Filme, deren Vorführung unter keine gesetzliche Sicherheitsmaßnahme fällt, könnten hier ebenfalls herangezogen werden. Gut zusammengestellte Serien (bekannte Gegenden, Gebirge, Bauwerke usw.) eignen sich vielleicht zum Verfilmen, Vervielfältigen und Weiterverleihen. Auf diese Weise könnte ein ganzes Archiv von Bildervorräten geschaffen werden, und Klubs könnten untereinander ihre Vorräte austauschen.

Umwandlung in andere Spiele

Gerade das Bild-Spiel läßt sich in mannigfacher Weise als Umwandlung in andere Spiele verwenden. So ist es z. B. leicht, aus den Bildfragen selbst Wissensfragen zu formulieren und damit den Komplex „Wissensfragen" zu bereichern. Auch lassen sich durch das andersartige Zusammenfügen von Bildern neue Spiele bilden. Nehmen wir z. B. die Bilder „Packeis" und „Stromboli-Ausbruch" (S. 276 und 277) aus unserer Serie, projizieren sie nacheinander und fragen nun: „Welchem Begriff könnte man diese beiden Bilder unterordnen?" – Die *Antwort* hieße: „Naturerscheinung."

Parallelogramm

Wie wir bereits anhand der Schwarzweißbilder gesehen haben, läßt sich das aus dem „Parallelogramm" bekannte Zuordnen von je zwei oder drei Begriffen (S. 238) ebenfalls leicht in Bildform durchführen. Wir projizieren die beiden Farbbilder „Bauernhochzeit" und „Sagrada familia" (S. 278 und 279) und geben dazu die Namen der beiden Länder an, aus denen sie stammen, also die Niederlande und Spanien. Nun sollen die Spieler die Ländernamen den beiden Bildern „zuordnen".

Wollen wir selbst so ein Spiel zusammenstellen, so sammeln wir einige Tierbilder (fünf bis zehn) und beschaffen uns gleichzeitig die dazugehörigen Augen oder Ohren. Die Bilder werden dann als Serie vorgeführt, und die Gruppe muß nun zu jedem Tierbild eines der Ohren oder Augen zuordnen. Der Deutlichkeit halber müssen wir hier allerdings meistens aufteilen und jeweils ein Tierbild und die Auswahl der dazu zu assoziierenden Teile projizieren, z. B. das Bild eines Luchses und gleichzeitig drei oder vier numerierte Ohr- oder Augenbilder, dann einen Esel und die gleichen Ohr- oder Augenbilder, die dann richtig zugeordnet werden sollen.

Folgende Spiele haben sich in dieser Form bereits bewährt:

Baumsilhouetten und ihre Blätter (S. 256/257)

Künstler und ihre Bilder

Frisuren und Kleider der gleichen Modezeit

Dächer von bekannten Häusern und Häuser ohne Dächer

Blüten zu Früchten

Schiffe zu bestimmten Völkern.

Dreierauswahl

Hier zeigen wir z. B. das Bild eines Feuersalamanders, und die dazugehörige Dreierfrage lautet:

Wie nennt man eine solche Farbe?

1 Warnfarbe 2 Schreckfarbe 3 Mimikry

Antwort: Tip 1 Warnfarbe. Sie bedeutet für den Feind: Ich bin nicht freßbar, weil ich giftig zu sein scheine. Schreckfarbe soll durch Aussehen und Grellfärbung Wehrhaftigkeit vortäuschen. Mimikry ist Schutztracht, Anpassung im übertragenen Sinn.

Oder wir projizieren das Bild eines Bauwerkes: Den Dom zu Speyer (1) oder das Löwentor zu Mykene (2).

Die Frage lautet: Wie nennt man diesen Stil?

1 gotisch 2 romanisch 3 zyklopisch

Antwort zu Frage 1: romanisch.

Zu Frage 2: zyklopisch, weil nur große Steine als Baumaterial verwendet wurden.

Zur Prüfung der Merkfähigkeit können wir auch aus unserer Farbbild-Serie das Bild (S. 274) herausnehmen, projizieren es und fragen: Welches Vitamin schützt vor Skorbut?

1 Vitamin A 2 Vitamin B 3 Vitamin C

Antwort: Vitamin C, das sich besonders reich in Zitrusfrüchten findet.

Stecker

Auch die „Stecker" lassen sich visuell darstellen. Am besten geschieht dies anhand von Märchen oder Geschichten aus bekannten Kinderbüchern.

Beispiel 1:

Man zeichne selbst oder lasse sich vier Kurzszenen zeichnen, alles nur ganz einfach konturiert:

1 Spinnende alte Frau im Stübchen, ein Mädchen steht vor ihr
2 Koch ohrfeigt Küchenjungen
3 Schloß, ganz von Rosen umwuchert
4 Prinz weckt schlafende Prinzessin.

Frage: Welches Märchen ist hier stenographisch skizziert?
Antwort: Dornröschen.

Beispiel 2:

Aus dem Buch „Der Struwwelpeter" projizieren wir:

1 Suppenkaspar, den Suppenlöffel unwillig in der Hand haltend
2 Der Knabe ganz dünn geworden
3 Das flammende Paulinchen

Frage: Wer hat diese Bilder gezeichnet?
Antwort: Der Autor Dr. Hoffmann (ein Frankfurter Arzt) für sein Kind.

Kurzfilm

Mit geringen Mitteln können wir ein weiteres Spiel inszenieren. Ein Kurzfilm mit Handlung oder mit signifikanten Gegenständen wird vorgeführt. Nun fordern wir die Gruppe auf, den Inhalt zu erzählen, eine bestimmte Situation des Films zu beschreiben, die Gegenstände zu benennen – kurz die Eindrücke, die ihr Augengedächtnis ihnen übermittelte, zu reproduzieren. Es ist immer wieder erstaunlich, wie etwas, dessen Augenzeuge wir doch eben waren, im Inhalt von mehreren Personen ganz anders aufgenommen wurde.

Irisblende (Bilderstufenspiel)

Ein besonders wichtiges Assoziations-Merkfähigkeits-Reproduktions- und Konzentrationsspiel ist das sogenannte Bilderstufenspiel, auch Irisblende genannt. Nehmen wir noch einmal unser Bild „Bauernhochzeit" von Breughel (S. 279). Das Bild wird beim Projizieren anfangs fast zur Gänze von einer Papier- oder Kartonauflage verdeckt, nur ein oberer oder seitlicher Bildstreifen ist sichtbar. Bildausschnitte können Kreise sein (daher der Spielname), die allmählich durch Einlegen größerer Lochschablonen mehr vom Bild sehen lassen, was zwar technisch schwieriger durchzuführen ist, für das Auge aber sinnesrichtiger, da der Blickwinkel wächst. Allmählich, etwa nach fünf bis sechs Sekunden Expositionszeit, lassen wir wieder einen Streifen mehr vom Bild sehen, indem wir die Auflage verschieben. Bei charakteristischen Bildern – es müssen nicht immer Gemälde, es können auch Gegenstände oder Tierbilder sein – wird das Bild nach mehrfachen Stufen von dem einen oder anderen der Gruppe erkannt.

Dieses lehrreiche Spiel läßt also aus charakteristischen Kennzeichen assoziativ die Ganzheit erraten.

Als Teilprojektionen haben sich bewährt:

Berühmte Dächer – bekannte Tierköpfe – Silhouetten von Künstlern.

Das Hören

Melodien und Geräusche erkennen

Interessanterweise ist das Gedächtnis des Menschen für Melodien ebenso unerschöpflich wie das für Wörter. Man kann sich Melodien nicht nur merken, sondern sie auch wiedererkennen, selbst wenn

man sie für ein Reproduzieren nicht parat hätte. Das muß nicht immer mit Musikalität in Zusammenhang stehen; selbst völlig unmusikalische Menschen erkennen Melodien ohne Text wieder.
Ebenso wichtig für das Hören ist weiter das Rhythmusgedächtnis und schließlich noch das „Gedächtnis für Harmonien". Das Reproduzieren von Melodien, Rhythmen oder Harmonien üben wir hier nicht, weil nicht alle Spieler Musik wiedergeben können.
Hörempfindung und Hörwahrnehmung liegen in einem fest umschriebenen Hirnteil, dem Schläfenhirn, der mit dem Sprechzentrum nicht identisch ist. Mit den musikalischen bzw. „Geräusche"spielen wird daher ein bei den übrigen Spielen wenig beschäftigter Hirnanteil trainiert. Bei Kombination mit dem Wort, also mit Texten, üben wir dann beides.
Das auditive Gedächtnis kennt Altersphasen in dem Sinn, daß in der Kindheit gehörte, also weit zurückliegende Melodieeindrücke, fast immer dauerhaft eingeprägt bleiben, selbst wenn die dazugehörigen Texte längst nicht mehr im Gedächtnis haften. Daraus ergibt sich praktisch die Regel, dieses Altgedächtnis bei allen Hörübungen heranzuziehen, also gewohnte Tonabfolgen und Geräusche zu verwenden. Bandaufnahmen sind hier beliebt, auch wenn sie das lebendige Wort eines Sprechenden nicht ersetzen können. Denn Persönlichkeit, Mimik und Gestik des Vortragenden helfen ja wesentlich, die Zuhörer am Thema zu beteiligen. Ein Vortrag ist durch einen gelesenen Text nicht zu ersetzen.
Beim Üben des Hörgedächtnisses geht es fast ausschließlich um Wiedererkennungsspiele. Die Zusammenstellung eines Tonbandes für Hörtraining ist dem Ermessen und Können des Mittlers überlassen. Heute gibt es schon didaktisch richtig aufgebaute Bänder, und in Zukunft werden solche Tonkulissen vermutlich in den Archiven der Massenmedien und Filmhersteller zu finden und eventuell auch zu mieten sein.

DIE SPIELE

Man beginnt am besten mit bekannten Liedern, meist Kinder- oder Volksliedern. Die Mitspieler hören Liedanfänge und sollen nun die Melodien erkennen und sie in irgendeiner Weise auch benennen; sei es mit den ersten Worten des Textes oder mit dem Titel („O Tan-

nenbaum", „Wenn ich ein Vöglein wär" etc.). Es ist nicht notwendig, mehr als die ersten Takte vorzuspielen; meist genügen bereits diese für das Wiedererkennen einer Melodie – sonst ist der Zeitaufwand für das Spiel zu groß. Als Anfangsübung genügen im allgemeinen drei oder vier Liedanfänge. Anschließend bringt man allenfalls etwas nicht Liedhaftes, z. B. den „Zapfenstreich" als ein Signal, oder in einfachen Gruppen auch die „Feuerwehrquart" oder das Autosignal der Sanitätsgesellschaften.
Nicht nur Melodien eignen sich als Übung für das Gehörzentrum, sondern auch Geräusche aller Art, deren Erkennen selbstverständlich ohne Zuhilfenahme der Augen erfolgen muß. Die Geräusche müssen entweder unter einem Tisch oder hinter einem Paravent erzeugt oder vom Tonband abgespielt werden, wie zum Beispiel: Das Knallen eines Sektpropfens, das Plätschern eines Wasserfalles, das Erklingen einer Glocke oder von Instrumenten, die aus dem Timbre zu identifizieren sind. Man geht hier am besten von einfachen Instrumenten aus, die man als allbekannt voraussetzen darf wie: Klavier, Orgel, Trompete.
Sehr instruktiv sind auch Klangbilder von Tierlauten, die ebenfalls erkannt werden sollen. Auch hier ist das Ausgehen von bekannten Lauten (Hahn, Kuh, Kuckuck, Pferd etc.) der sicherste Weg, damit die Gruppe Freude an diesem Spiel bekommt.
Flicht der Mittler hier einen Scherz ein, belohnt ihn meist befreiendes Gelächter. So läßt er beispielsweise zehn Sekunden lang nichts abspielen und fragt dann nach dem Tier, das man eben gehört habe, worauf die Gruppe natürlich keine Antwort weiß. Dann verkündet der Mittler lakonisch: „Das war der Karpfen."

Die Lautstärke soll bei der Wiedergabe nicht zu groß sein, auch wenn die Gruppen im Alter gemischt sind. Die meisten älteren Menschen meinen zwar, daß sie schlecht hören, nur ein Bruchteil von ihnen hat aber wirklich Gehörschädigungen; die anderen hören bei deutlicher Aussprache oder bei deutlicher mittelstarker Wiedergabe die Geräusche recht gut. Bei der Aufnahme von Geräuschbildern kommt es also nicht auf die Lautstärke, sondern auf die Deutlichkeit an. Auch verlangt das Abspielen eines Hörbildes eine gewisse Dauer, nicht unter rund zehn Sekunden. Bisweilen sind Wiederholungen notwendig, besonders wenn Geräusch, Ton oder Melodie kompliziert sind, z. B. mehrere Stimmen zugleich, Harmonieabfolgen,

Akkorde oder Taktänderungen, Tonartübergänge (modulieren) den gleichmäßigen Fluß des Geräusches verändern.

Beispiel:

Als Geräuschkulisse, auf Band aufgenommen, wären etwa leicht erkennbar: Händeklatschen, eilige tappende Schritte, stoßweises Atmen eines rasch Laufenden.
Manchmal werden ganze Szenenabfolgen möglich sein als eine Art Hörfilm ohne Worte, z. B. die kurzfristige Wiedergabe eines Fußballspiels, bei dem gerade ein Tor geschossen wird. Die Szene soll erkannt, benannt und reproduziert (wiederholt) werden.

233 *Spiel mit Rhythmen*

Eine bekannte, rhythmisch ziemlich eindeutige Melodie wird auf der Tischplatte oder auf einer Trommel getrommelt.
Gut eignet sich hierzu der Radetzkymarsch, weil er eine typische Taktrhythmik besitzt, über die reine Marschrhythmik hinaus. Es handelt sich hier nicht um den musikalisch vorgeschriebenen Taktrhythmus, sondern um den Melodierhythmus. Man muß das selbst versuchen, mit Worten läßt es sich nur schwer schildern. Hier kann der Mittler auch Vorschläge zur Aktivierung der Gruppe in dem Sinn machen, daß er etwa die Mitspieler auffordert, gemeinsam mit ihm ein bekanntes Lied zu „klopfen". Das wesentliche bei diesem Spiel ist wiederum nicht die Abfolge der gemessenen Taktteile, sondern das Auf- und Abschwellen der Tonqualitäten und des Flusses der Melodie, die rein aus der Stärke des Trommelschlagens erkenntlich wird.

234 *Spiel mit Rhythmen*

Ein weiteres Beispiel, bei dem die Stärke der Trommelschläge für das Wiederkennen den Ausschlag gibt, wäre z. B. das Kinderlied „Kuckuck, Kuckuck, ruft's aus dem Wald".
Man kann bei diesem Spiel auch mit Neuigkeiten aufwarten. Sie verlocken dann oft die Mitspieler zum Mittun und Mitbringen von solchen Geräuschbeispielen auf eigenen Bändern. Für viele Zuhörer ist das Abspielen eines Bandes mit höherer Geschwindigkeit, als die Aufnahme erfolgte, ein ungewohntes Erlebnis. Das zwitschernde Schrillen ist unvergeßbar und wird in der Wiederholung sofort wiedererkannt.

235 *Spiel mit Rhythmen*

Ein weiteres Beispiel dafür wäre etwa die Morsetonabfolge von drei kurzen, drei langen und nochmals drei kurzen Schlägen (. . . — — — . . .), dem internationalen SOS-Signal.

Kombination mit der Sprache

Man kann solche reine Geräuschbilder auch in Verbindung mit dem Sprachzentrum des Hirns bringen.

236

Wieder werden bekannte Melodienanfänge oder bekannte Stellen eines Werkes, etwa einer Oper vorgespielt und die Gruppe muß den Text dazu sagen oder sich an den Titel erinnern.
„Treulich geführt ziehet dahin.“ Entweder setzt die Gruppe den Text nun, wenn sie ihn kennt, fort, oder sie gibt den Titel an: „Das ist der Brautchor aus ‚Lohengrin‘.“

Kombination mit Wissensfragen

Auch mit anderen Spielen läßt sich unsere Hördarbietung gut kombinieren und wird dadurch für das Hirntraining fruchtbar.

237

Vorgeführt wird der Rundgesang „O wie wohl ist mir am Abend“ bis zum Einsetzen der zweiten Stimme. Nun heißt die Frage: „Wie nennt man ein solches Lied?“ Hier ist weder nach dem Titel, noch nach dem Autor gefragt, sondern die Antwort soll lauten: „Kanon.“

238

Vorgeführt wird das Wiegenlied von Brahms „Guten Abend, gut' Nacht“. Der Text wird vorerst nicht dazu gesagt (sicher findet sich der eine oder andere in der Runde, der ihn kennt). Dann zitieren wir ihn „Guten Abend, gut Nacht, mit Rosen bedacht, mit Näglein besteckt“.
Die kombinierte Frage lautet nun: „Was ist hier mit dem Ausdruck ‚Rosen bedacht und Näglein besteckt‘ gemeint?“
Antwort: „Bedacht“ heißt hier „mit einem Rosendach versehen“, und „Näglein“ ist die alte Form für Nelke.

239 Kombination mit Parallelogramm (Zuordnung)

Die Namen von drei Komponisten werden genannt, dann werden drei Melodien gespielt, und diese sollen einem der jeweils genannten Komponisten zugeordnet werden.
Einfacher ist es, man spielt oder singt eine Melodie und die Mitspieler sollen den Autor und das Werk, aus dem es stammt, erraten.

240 Kombination mit Stecker/Hörstecker

Nachdem man vorher erklärt hat, daß man ein Märchen in mehreren Höreinheiten, Klangbildern, illustrieren wolle, werden folgende fünf Lautabfolgen hintereinander dargeboten (jede von ihnen entspricht einem Hinweis eines Steckers):

1 Klirren von Gläsern und Besteck, Rufe (mit einem Wort: das Interieur eines Wirtshauses mit ziemlich wüsten Gästen, etwa zehn bis fünfzehn Sekunden lang ohne Worte). Kleine Pause, dann ein bis zwei Sekunden lang nächster auditiver Hinweis:
2 kurzfristiges Hahnkrähen,
3 Katzenmiauen,
4 Hundegebell,
5 „I-A"-Geschrei.

Die Identifikation dieser kombinierten Hörstory heißt eindeutig „Die Bremer Stadtmusikanten".

241

Wieder wird zur Erleichterung vorher gesagt, daß es sich um die auditive Darstellung eines Märchens handle:

1 Man hört das gemessene Traben eines Pferdes mit lustigem Pfeifen eines Burschen.
2 Das Wiehern eines sich entfernenden Pferdes und das Muhen einer Kuh.
3 Es nähert sich das Quiecken eines Schweines und schließlich hört das Muhen verhallend auf.
4 Lustiges Pfeifen des Burschen und das Schnattern einer Gans. Das Schweinequiecken hört auf.
5 Das Gansschnattern bricht ab; man hört ein Wanderliedchen (singen oder pfeifen) und schließlich Wassergeplätscher.
6 Plumps, das Geräusch eines fallenden Steines und, nach einer

kleinen, von einem gedämpften Schrei begleiteten Pause, prustendes Aus-dem-Wasser-Steigen, ein heller Jauchzer und sich entfernende Schritte.

Die Interpretation ist unverkennbar: „Hans im Glück."

Selbstverständlich könnte man auch andere Geschichten, wie den ersten Marathonlauf oder ein Stück aus einem Schauspiel in dieser Weise kennzeichnend darstellen.

242

Diesmal ist es eine kurze Szene, etwa die Darstellung eines Liedinhaltes: Man hört ein kurzes Rauschen von Bäumen und ein Hornsignal, wie es zu Jagdbeginn ertönt; schließlich munteres Pferdegetrabe. Ein Schuß fällt.

Jetzt heißt es, diese Szene zu benennen. Es hat selbstverständlich mit „Jagd" zu tun, ein Jagdlied, der „Jäger aus der Kurpfalz" – hier sind der Phantasie keine Grenzen gesetzt.

243

Man hört Wagenrollen, trippelnde Pferde, die stehenbleiben, und ein Posthorn, eventuell „Trara, die Post ist da".

Antwort: „Der Postillion" oder „Die Post".

244

Zum Abschluß die Interpretation eines Liedes in Hörfolgen; auch hier ist es günstig, wenn der Mittler vorher den Inhalt nicht verräterisch andeutet:

1 Man hört deutlichen Pferdegalopp.
2 Plumps – Schreie.
3 Rabengekrächze, und schließlich
4 nochmals ein Plumps, der sich von dem ersten Plumpsen, das auf einem harten Boden erfolgte, dadurch abhebt, daß es auf einem klatschenden oder nachgiebigen weichen Boden zu erfolgen scheint (diese Differenzierung ist deutlich darstellbar).

Das wäre eine Hörillustration zu 1 „Hoppa, hoppa, Reiter" 2 „wenn er fällt, so schreit er, fällt er in den Graben" 3 „fressen ihn die Raben" 4 „fällt er in den Sumpf, macht der Reiter – plumps".

SPIELE · V

Spiel Nr.

Spiel 232, Bild 1: Hier suchen wir ähnlich einem Bilderrätsel ein Wort, das auf ulkige Weise illustriert werden soll. Was könnte dieses Bild im Sinne von „Allzuwörtlich“ bedeuten? *Antwort Seite 264*

*

Spiel 232, Bild 2: – und hier ein anderes Wort. Ein bißchen übertrieben könnte man vielleicht an „Anstandswauwau“ denken. Richtig aber wäre –? *Antwort Seite 264*

Aufträge

Heitere Spiele mit Wörtern

Jetzt werden manche aufatmen jetzt wird einmal nichts gefragt, woran wir uns erinnern müßten, keine berühmten Leute mit S, keine Proportionen. Jetzt brauchen wir nur einmal unser Deutsch unvoreingenommen betrachten. In unzähligen deutschen Wörtern, viel öfter als wir glauben, liegt versteckt ein Imperativ, ein Befehl. Einen solchen sollen wir jetzt finden und leichter, schwieriger oder lustig formulieren.

Nehmen wir einmal das Wort für den Beginn eines Flusses – Oberlauf. Ach ja, das wäre – in zwei Worte getrennt – ein Auftrag, einem Kellner Beine zu machen: Ober – lauf!

Es geht hier vorerst nicht darum, daß es in der Runde erraten wird – man müßte schon sehr geübt sein, um es auf Anhieb zu können, – sondern um das überraschte Schmunzeln nach der Lösung, was doch in einem Wort, das man aus einem ganz anderen Zusammenhang her kennt, alles verborgen sein kann, wenn man nur Abteilung und Betonung verändert!

Der Mittler stellt die Aufgaben, die ganze Gruppe sucht, durch Zurufe aktiviert, die Lösung. Stockt die Einfallskraft, dürfen auch Entscheidungsfragen („Ja" – „Nein") gestellt werden.

Beispiel:

Was hat schon ein Bergzug, tief in Rußland – Kaukasus – zu tun mit einem Auftrag an einen Fall, die Zähne zu gebrauchen: Kau – Kasus! (casus lat. = Fall).

Bei diesem Spiel, das man wirkungsvoller in kleinen Portionen verabreicht, werden die Teilnehmer erfahrungsgemäß sofort aktiviert. Die Beispiele sprudeln nur so hervor, vorerst noch unbeholfen in der Formulierung, aber belebt durch die Freude, einmals selbst etwas darbieten zu dürfen. Hier muß der Mittler bisweilen sanft korrigierend formulieren helfen, damit das gesuchte Wort nicht ganz oder in Teilen bereits in der Aufgabe enthalten ist.

Beispiel:

„Ein Haustier soll rennen", wäre die richtige Formulierung; falsch wäre: „Auftrag an eine Katze, zu rennen." Lösung: Lauf, Katze! – Laufkatze.

Will man anfangs die Aufgabe erleichtern, kann der Mittler nach einzelnen Begriffen in der Aufgabe fragen lassen, wobei nur Ja- und Nein-Antworten erlaubt sind (Entscheidungsfragen).

Beispiel:

Aufforderung an einen Arzt, Bagage zu heilen. Frage: „Ist unter Bagage hier Lumpenpack gemeint?" Mittler: „Nein!" Zweite Frage: „Ist unter Bagage Gepäck gemeint?" Mittler: „Ja!" Der Frager darf nicht beide Fragen mit „oder" verknüpfen. Die Lösung hieße: Kuriergepäck, Kurier' Gepäck!
Zur weiteren Erleichterung kann der Mittler zuerst das Lösungswort, z. B. „Hängematte", nennen und die Spieler das Wort so zerlegen lassen, daß ein „Auftrag" erkennbar wird.

SPIELE

245-278

245 Biererzeuger werden aufgefordert, ihren Beruf langsam auszuüben.
246 Ein Baum soll im Kampf seinen Gegner überwinden.
247 Aufforderung, man möge für alles unbrauchbar sein.
248 Du wirst beauftragt, ein Mongolenvolk zu reinigen.
249 Ein Behälter wird aufgefordert, sein Volumen zu vergrößern.
250 Eine holzige Pflanze soll aus Zentifolien Girlanden bereiten.
251 Eine Kopfbedeckung soll sich auf grünen Matten ernähren.
252 Oh, männliche Küchenperson, gib Deinen Tränen freien Lauf!
253 Auftrag, der vierte Buchstabe des Alphabets zu sein.
254 Der Nachfolger einer Lokomotive möge starken Laut von sich geben.

255 Eine übliche systematische Anordnung soll nicht sterben.
256 Aufforderung an einen Arzt, Bagage zu heilen.
257 Du sollst Deinem Vogel das Gefieder kürzen!
258 Auftrag an einen Herrscher, zu rangeln.
259 Auftrag an eine Verwandte, sich künstlerisch zu betätigen.
260 Auftrag an einen Vokal, anzufahren.
261 Seltenes Element, erhebe dich entgegen der Schwerkraft flugs!
262 Auftrag an das Schicksal, einen Erlös zu erzielen.
263 Du sollst mit einem Vehikel eben dahingleiten!
264 Ruf laut den Namen eines holländischen Malers!
265 Schmiere lästige, stechende Insekten mit Fett ein!
266 Ein Selbstlaut soll sich nähern.
267 Mach ein faltiges Bündel aus einer asiatischen Stadt!
268 Aufforderung, die Visage zu entfärben.
269 Von einem berühmten Komponisten wird verlangt, daß er steifbeinig einherwandeln möge.
270 Auftrag an einen Zug, sich in schnelle Bewegung zu setzen.
271 Einmal keine Aufforderung, sondern ein Wehgeschrei, daß es schon wieder rotes Gemüse gibt.
272 Aufforderung, ein menschliches Organ zu kochen.
273 Aufforderung an einen Blutsverwandten ersten Grades, sich gymnastisch zu betätigen.
274 Aszendent soll seine Pflichterbin durchbläuen.
275 Ein feierliches Gedicht soll sich nähern.
276 Aufforderung, müde Leute aufzuknüpfen.
277 Klassische Aufforderung, den Stoff ausfransen zu lassen.
278 Eine Tageszeit wird aufgefordert, das mütterliche Geschäft zu übernehmen.

Lösungen zu den Spielen 245 bis 278

245 braut gemach! – Brautgemach. 246 sieg Linde! – Sieglinde 247 tauge nichts! – Taugenichts. 248 wasch Lappen! – Waschlappen. 249 wachs Tube! – Wachstube. 250 Busch, wind Röschen! – Buschwindröschen. 251 Hut, weide! – Hutweide. 252 wein Koch! – Weinkoch. 253 sei D! – Seide. 254 schrei Tender! – Schreitender. 255 lebe Regel! – Leberegel. 256 kurier

Gepäck! – Kuriergepäck. 257 stutz Flügel! – Stutzflügel. 258 Regent, raufe! – Regentraufe. 259 Mutter, mal! – Muttermal. 260 A, starte! – Astarte. 261 Zer, spring! – zerspring. 262 los, gewinn! – Losgewinn. 263 fahr plan! – Fahrplan. 264 schrei Hals! – Schreihals. 265 öl Bremsen! – Ölbremsen. 266 komm A! – Komma. 267 bausch Aden! – Bauschaden. 268 bleich Gesicht! – Bleichgesicht. 269 Bach, stelze! – Bachstelze. 270 lauf Bahn! – Laufbahn. 271 Au, Tomaten! – Automaten. 272 sied Lungen! – Siedlungen. 273 turn Vater! – Turnvater. 274 hau's Töchterchen! – Haustöchterchen. 275 komm Ode! – Kommode. 276 hänge Matte! – Hängematte. 277 O säume länger nicht! 278 Nacht, stille! – Nachtstille.

Noch leichter wird das Spiel, wenn man bei der Aufgabenstellung zusätzlich angibt, was die Lösung schließlich bedeuten soll. Hier darf man allerdings nicht verräterisch formulieren.

Beispiel (zu den Spielen Seite 306)

245	Biererzeuger werden . . .	ergibt	Doppelzimmer
246	Ein Baum soll . . .	ergibt	Wagneropernfigur
247	Aufforderung man . . .	ergibt	Nichtsnutz

Solche Zusätze für die Spiele 248 – 278 wären:

248 verweichlichter Mann. 249 Polizeiraum. 250 Frühlingsblume. 251 Futterplatz. 252 Dessert. 253 Raupenprodukt. 254 feierlich Gehender. 255 Eingeweidewurm. 256 privilegierte Diplomatenkoffer. 257 Klavier. 258 Niederschlagsablauf. 257 Treffer. 259 Hautfleck. 260 Morgenlandgöttin. 261 Auftrag, sich zu teilen. 262 Treffer. 263 Vehikelzeitangabe. 264 Stimmerheber. 265 Fahrzeuggeschwindigkeitsdämpfer. 266 Interpunktionszeichen. 267 Havarie beim Hauserrichten. 268 Kaukasier. 269 Vogel. 270 Piste. 271 Apparate. 272 Wohnanlagen. 273 Sportförderer. 274 Mädchen daheim. 275 Möbelstück. 276 Liegestatt. 277 Mozartopernarie.

Wesentlich ist die verblüffende Formulierung der Aufträge, eine der Fähigkeiten, die beim Gehirntraining geübt werden sollte. Das Spiel verlangt Konzentration, Formulierungsgabe, Wortfindung und Humor.

Mach's richtig!

Sich lösen von fixen Assoziationen

Man wird es nicht glauben: ein Wort, das man ganz sicher kennt und das man, wenn man direkt danach gefragt wird, ohne weiteres artikulieren könnte, verschlüpft sich quasi in einem Fangnetz, aus dem man es erst wieder mit einiger Mühe herauslösen muß, wenn – ja wenn einem statt dessen ein Wort präsentiert wird, das in irgendeiner Weise an das richtige Wort anklingt. Es ist dies ein Gruppenspiel. Der Mittler liest die Beispiele und die Gruppe animiert sich selbst durch Zurufe, Versuchseinfälle. Hier soll „flink" gespielt werden, nicht schwerfällig.

Beispiel:

Bei gekränktem Ehrgefühl begehen die Japaner Mata Hari.
Gemeint ist: Harakiri (Mata Hari war eine berühmte Spionin).

SPIELE

279

1 Die Soldaten in Napoleons Kriegen wurden angefeuert durch das Absingen der Mitrailleuse.

2 Zur besseren Sichtbarmachung der Schauspieler trugen diese beim Spielen Kotaue.

3 Eine schwülstige Rede oder Lobhudelei oder Klage nennt man Retirade.

4 Ehe man die Sonne als Zentralgestirn erkannte, hielt man die Erde für den Drehmittelpunkt; dieses egozentrische System wurde also vom heliozentrischen abgelöst.

5 Der Zugzwang nach der Berührung einer Figur im Schach heißt Pièce de résistance.

280

1 Ein Aufbahrungsgestell, gewöhnlich mit Tüchern bedeckt, heißt Kalfaktor.

2 Der Ehrenzug eines siegreichen römischen Feldherrn hieß Triumvirat.
3 Die Bewohner von Neuguinea bringen den Schädel der erschlagenen Feinde als Siegestriumphe nach Hause.
4 Achilles war der Fürst und Herrscher der Mormonen.
5 Die Südwestküste von Vorderindien heißt Karwendelküste.

281

1 Mehrarmige Leuchter heißen Gondoliere.
2 Der ältere Cato hielt seine Rede gegen Karthago als Cosinus maximus.
3 Während der Diebstahl von Musikmaterial Notenwechsel heißt, nennt man den Diebstahl von Bargeld Kapitalverbrechen.
4 Bathsebas Gatte brachte den Hiobsbrief zum Generalbaß.
5 Die letzte Vorstellung im griechischen Theater nach der Tragödie hieß Satyriasis.

Lösung zu Spiel 279:

1 Marseillaise – Mitrailleuse ist ein Geschütz. 2 Kothurn – Kotau ist die Ehrerbietungsgeste im Fernen Osten. 3 Tirade – Retirade, Rückzugsmanöver. 4 geozentrisch – egozentrisch: das Ich als Mittelpunkt des Seins sehen. 5 Pièce touchée oder pièce de touche – pièce de resistance: Hauptgericht.

Lösung zu Spiel 280:

1 Katafalk – Kalfaktor ein Gefängnishelfer, Schmeichler. 2 Triumph – Triumvirat, Dreimännerbündnis. 3 Siegestrophäe. 4 Myrmidonen – Mormonen, eine religiöse Sekte. 5 Koromandelküste – Karwendel, der Name eines deutsch-tirolerischen Gebirges.

Lösung zu Spiel 281:

1 Girandole – Gondoliere, der venezianische Ferge (Fährmann). 2 Censor – Cosinus maximus ist ein Phantasiewort. 3 Das Delikt hat beide Male keinen anderen Namen als Diebstahl – Notenwechsel ist ein Austausch diplomatischer Akte – und Kapitalverbrechen ein Verbrechen gegen Leib und Leben. 4 Richtig: Den Uriasbrief zum General – Generalbaß, musikalischer Ausdruck für basso continuo in der Musik. 5 Satire — Satyriasis, dauerndes erotisches Verlangen des Mannes, Pendant zu Nymphomanie der Frau.

Dramen- und Operntitel

Wir können das gleiche auch mit bekannten Dramen- und Operntiteln machen. Folgende Titel wären richtigzustellen:

282

1 Das Mädchen mit der goldenen Weste.
2 Die Unterzeichneten sind an allem schuld.
3 Die Glocken von Calville.
4 Irrelohe von Chaillot.
5 Cocacola di Rienzo.

283

1 Mais non, let's go.
2 Robert, der Waldteufel.
3 Das Telephonmedium.
4 Rosalinde.

Lösung zu Spiel 282:

1 „Das Mädchen aus dem goldenen Westen", Puccini. 2 „Hütchen ist an allem schuld", Siegfried Wagner. 3 „Das Glöckchen des Eremiten", Maillard; Apfelsorte aus Calville. 4 „Die Irre von Chaillot", Giraudoux. 5 „Rienzi", Richard Wagner; der Volkstribun heißt Cola di Rienzo (1313 – 1354).

Lösung zu Spiel 283:

6 „Manon Lescaut", Puccini; Let's go = Ausruf. 7 „Robert der Teufel", Meyerbeer; Emil Waldteufel, franz. Komponist. 8 „Das Telephon", Menotti; Das Medium, Menotti. 11 „Rosamunde", Opernfragment von Schubert; Rosalinde, beliebter Bühnenname.

Sprichwörter und Redensarten:

Sprichwörter sind besonders ergiebig und, wenn Sie es gut machen, so heiter, daß es sogar einmal zu einem Faschingsabend reicht.

284

1 Scheue Recht und tue nie was.
2 Was du morgen kannst besorgen, das verschiebe nie auf heute.
3 Was ein O-Bein werden will, krümmt sich beizeiten.
4 Ohne Willen Gottes läßt kein Sperling etwas vom Dach fallen.
5 Schweigen ist Silber, Reden ist Blech.

285

1 Besser den Spatz in der Hand als Eine aufs Dach.
2 Ein Griff ein Bett ist aller Laster Anfang.
3 Wer zuerst kommt, nachtmahlt zuerst.
4 Spare mit der Not, dann hast du's mit der Zeit.
5 Wer andern in der Nase bohrt, ist selbst ein Schwein.

286

1 Lerne kleiden ohne Zulagen.
2 Der Apfel fällt nicht weit vom Roß.
3 Was man in der Jugend ersehnt, hat man im Alter: die Fülle.
4 Ein gebranntes Kind ist besser als eingebrannte Kartoffel.
5 Wer aa sagt, muß eine Bebe haben.

Lösung zu Spiel 284:

1 Tue Recht und scheue niemand. 2 Was du heute kannst besorgen, das verschiebe nie auf morgen. 3 Was ein Häkchen werden will, krümmt sich beizeiten. 4 Ohne Willen Gottes fällt kein Sperling vom Dach. 5 Reden ist Silber, Schweigen ist Gold.

Lösung zu Spiel 285:

1 Besser ein Spatz in der Hand als die Taube auf dem Dach. 2 Ein Griff ein Bett, eine Reklamephrase für ein Fauteuilbett; Müßiggang ist aller Laster Anfang. 3 Wer zuerst kommt, mahlt zuerst. 4 Spare in der Zeit, dann hast du in der Not (mehr als ein Stückchen Brot). 5 Wer andern eine Grube gräbt, fällt selbst hinein.

Lösung zu Spiel 286:

1 Lerne leiden ohne zu klagen. 2 Der Apfel fällt nicht weit vom Stamm. 3 Was man in der Jugend ersehnt, hat man im Alter in Fülle. 4 Ein gebranntes Kind scheut das Feuer. 5 Wer A sagt, muß auch B sagen.

Sprichwörter- und Phrasensalat:

Das war eine Verfremdung innerhalb eines Sprichwortes. Nun können wir auch mehrere Sprichwörter durcheinandermischen und einen richtigen Salat daraus machen.

287

1 Wer einmal lügt – besudelt sich.
2 Wie man sich bettet – so schallt es heraus.
3 Wie du in den Wald rufst – glaubt man nicht.
4 In der Not muß man alle fünfe grad nach der Decke strecken.

288

1 Lieber läßt eine Taube was vom Dache fallen, als daß man den Spatzen mit Kanonen schießt.
2 Die schlechtesten Wespen sind es nicht, an denen das Hungertuch naget.
3 Der Meister fällt solange vom Himmel, bis er gekrümmt ist.
4 Wer das Krüglein nicht ehrt, ist die Witwe nicht wert.

289

1 Neapel seh'n und nicht sterben ist ärger als das Kind ohne Bad ausschütten.
2 Es ist nicht alles Honig worein man sich bettet.
3 Keine Nornen ohne Hosen und Schweiß im Angesicht der Gebärmutter.
4 Auch der Wurm krümmt sich, wenn er beizeiten ein Häkchen rupfen will.

Lösung zu Spiel 287:

1 Wer einmal lügt, dem glaubt man nicht. – Wer Pech berührt, besudelt sich. 2+3 Wie man sich bettet, so liegt man. –Wie man in den Wald ruft, so schallt es heraus. — Wer einmal lügt, dem glaubt man nicht. 4 In der Not frißt der Teufel Fliegen. – Alle Fünfe grad sein lassen. – Sich nach der Decke strecken.

Lösung zu Spiel 288:

1 Ohne Gottes Willen fällt kein Sperling vom Dach. – Besser ein Sperling in der Hand als die Taube auf dem Dach. – Man soll nicht mit Kanonen auf Spatzen schießen. 2 Die schlechtesten Früchte sind es nicht, woran die Wespen nagen. – Redensart: Man nagt am Hungertuch. 3 Es ist noch kein Meister vom Himmel gefallen. – Was ein Häkchen werden will, krümmt sich beizeiten. 8 Der Krug geht so lange zum Brunnen, bis er bricht. – Wer den Kreuzer

nicht ehrt, ist den Gulden nicht wert. – Das Tränenkrüglein (Märchen). – Das Scherflein der Witwe (Bibel).

Lösung zu Spiel 289:

1 Neapel sehen und sterben. – Das Kind mit dem Bade ausgießen. 2 Es ist nicht alles Gold was glänzt. – Auf Rosen gebettet sein. – Honig um den Mund schmieren. 3 Norne, nordische Schicksalsgöttin. – Keine Rose ohne Dornen. – Im Schweiß des Angesichtes dein Brot verdienen (Bibel). – Mit Schmerzen Kinder gebären (Bibel). 4 Auch der Wurm krümmt sich, wenn er getreten wird. – Was ein Häkchen werden will, krümmt sich beizeiten. – Mit jemandem ein Hühnchen rupfen.

290 *Eine Sprichwortgeschichte*

Ein Splitter im blauen Auge ist noch immer besser, als eine Axt im eigenen Zimmerherrn. Hauptsache man hat einen roten Hahn überm Dach und Fach. Denn wer in Stein sitzt, darf nicht mit einem Glas ins Haus fallen. Im Gegenteil, wer seinen Kopf nicht zwischen den Beinen hat, muß den Hahn in den Korb machen lassen. Wenn einer nur mit allen Salben gewaschen ist, dann kann er auch mit trüben Fischen den Durst stillen. Schließlich macht ein Schwalbenschwanz noch keine Perle vor die fünfhundert Säue, und Mariechen saß auch in Stein, weil sie das Kind mit dem Kegel ausgeschüttet hatte. Ein Nachbar hat da offenbar der Polenta einen nassen Floh in den Lausepelz gesetzt, sonst hätte doch nicht solch blindes Huhn am Sonntag sein Töpfchen an ihr gekühlt.

Lösung zu Spiel 290:

Den Balken im eigenen Auge nicht sehen, aber den Splitter im Auge des anderen (Bibel). – Mit einem blauen Auge davonkommen. – Die Axt im Haus erspart den Zimmermann. — Hauptsache glücklich (Zitat aus der Filmwelt). – Jemandem den „Roten Hahn“ aufs Dach setzen – das Haus in Brand stecken. – Das Seine unter Dach und Fach bringen. – Wer im Glashaus sitzt, soll nicht mit Steinen werfen. – Mit der Tür ins Haus fallen. – In Stein sitzen (für Österreicher ein Begriff: Stein ist eine große Strafanstalt). – Was man nicht im Kopf hat, muß man in den Beinen haben. – Sich auf den Kopf machen lassen. – Hahn im Korb. – Mit allen Salben geschmiert. — Mit allen Wassern gewaschen. – Im Trüben fischen. –

Eine Schwalbe macht noch keinen Sommer. – Es ist ihm noch kein Stein aus der Krone gefallen. – „Mir ist so kannibalisch wohl als wie fünfhundert Säuen.“ (Goethezitat). – Die Perlen vor die Säue werfen (Bibel). – Mariechen saß auf einem Stein (Volkslied). – Kind und Kegel. – Kind, Mariechen mit Gretchen verwechselt, die das Kind als Kegel (uneheliches Kind) getötet hatte. – Das Kind mit dem Bade ausgießen. – Einen Floh ins Ohr setzen. – Polenta statt Polente, volkstümliches Wort für Polizei. – Die Laus im Pelz. – Ein blindes Huhn findet auch einmal ein Korn. – „Ich wünsche, daß sonntags jeder Bauer sein Huhn im Topfe hat.“ (Ausspruch Heinrich IV. von Frankreich). – Sein Mütchen an jemandem kühlen.

Bei diesem Spiel ist wieder die Loslösung von festgefahrenen Assoziationen das wesentliche. Nur sind hier nicht *eine* Assoziation, sondern mehrere zu lösen. Die Wortfindung – falsch angewendete Wörter auf das Richtige zurückführen – wird ebenfalls beansprucht. Kurzkonzentration ist nötig, praktisch muß man sich immer auf den einen Satz oder die eine Aufgabe konzentrieren. Die Dauer hängt nur von der Menge der vorgegebenen Spiele ab, nicht vom Spiel selbst.

Spiel 232, Bild 3: Was bedeutet „allzuwörtlich“ dargestellt dieses Bild? Nicht vielleicht Teewagen oder fliegende Untertasse raten – sondern? *Antwort Seite 264*

Allzuwörtlich

Denkgymnastik

Bei diesem Spiel ist das Wesentliche, sich von induzierten fixen Assoziationen lösen zu können. Das Spiel hat mehrere Variationen und besteht darin, sehr sonderbar definierte Wörter, Sprichwörter oder Phrasen, also absonderlich umschriebene Begriffe zu entwirren und sie auf übliche sinnvolle Wörter zurückzuführen.

Beispiel:

Gesucht wird eine Werkzeugfeier.

Darunter kann sich anfangs sicherlich niemand etwas vorstellen. Die Verblüffung über eine solche Wortklitterung erzeugt eine gewisse Spannung, die psychologisch wichtig ist, denn jetzt erfolgt die entlarvende Analyse dieses Wortgebildes, in dem jeder Teil der Aufgabe erfragt werden muß. Die Antworten auf die Fragen dürfen, wie bei den meisten Spielen, nur „Ja" und „Nein", also Entscheidungsantworten sein. In der Regel gehen solche Fragen, wie bei dem Beispielswort Werkzeugfeier, so vor sich:

Ist das gesuchte Werkzeug ein berufsspezifisches Gerät? – Nein.
Ist es ein Werkzeug, das aus mehreren Materialien besteht? – Ja.
Ist es ein metallhältiges Werkzeug? – Ja, oder Passe! – Weil es auch nichtmetallische derartige Geräte gibt. Diese Antwort „passe" ist eine Verlegenheits- aber auch Hilfsantwort. Sie soll den Fragenden nicht in die Irre leiten, wenn ein starres „ja" oder „nein" nicht am Platz ist, sondern ein „ja" und „nein" möglich wäre.
Der nächste Spieler fragt nach der zweiten Hälfte des Wortes. Er darf dies auch dann tun, wenn das erste Wort noch keineswegs erklärt ist.
Meinen wir unter Feier so etwas wie eine Geburtstagsfeier? Ja.
Ist das Wort, das gesucht wird, das hier allzuwörtlich angegeben wurde, vielleicht „fest"? – Ja.

Wir wissen also nunmehr bereits, daß der zweite Teil des Wortes, des allzu wörtlichen Begriffes „fest" heißt. Das dazugehörige, vorherstehende Werkzeug kennen wir noch nicht. Der Fragende möchte auf das Resultat, also auf das Endergebnis der Wortanalyse hin fragen:
Ist das, was herauskommt, das Resultat, ein realer, ein konkreter Begriff? – Ja.
Hier flechten wir ein, daß eine solche Frage sich dann erübrigt, wenn der Mittler bei der Aufgabenstellung angegeben hat: „Werkzeugfeier – und das Resultat soll ein geographischer Begriff sein". Dann ist die Frage nach dem Konkreten überflüssig, weil die geographischen Begriffe erfahrungsgemäß Konkreta sind, etwa Städte, Flüsse, Berge. Die Frage lautet jetzt also:
Ist das Resultatwort ein Berg? – Nein.
Ein Fluß? – Nein.
Wir wissen, daß es mit „fest" aufhört.
Ist es vielleicht eine Ansiedlung? – Ja.
Nun fängt der erste Frager wieder an:
Ist das Werkzeug eines, das man auch im Haushalt haben kann? – Ja.
Ist es ein schlagendes Instrument? – Ja.
Und jetzt fällt praktisch schon die Antwort: Ein geographischer Begriff, der mit „fest" endigt und vorher ein schlagendes Gerät hat, das man auch im Haushalt benützt – das kann nur „Hammerfest" sein, die Stadt im hohen Norden.

Wir haben absichtlich, aus spieltechnischen Gründen, diese Fragestellung, die Art der Entwirrung zusammengeknäuelter Wörter, so ausführlich dargestellt, weil sich erfahrungsgemäß gerade bei der Formulierung solcher Fragen grammatikalische Unschönheiten einschleichen. So ist etwa die Frage: „Ist das, was herauskommt –?" ein grammatikalisch durchaus unbefriedigendes Satzgebilde; aus Gründen der Zeitersparnis aber müssen wir gewöhnlich hingehen lassen, daß bei lebendigem Teilnehmen am Spiel solche sprachliche Ungereimtheiten auftreten. Wir wollen hier nicht allzu beckmesserisch vorgehen, weil dieses Spiel auf Heiterkeit abgestellt ist, und nicht durch Hinschleppen langweilig werden sollte.

Wir geben ein zweites Beispiel: Der Mittler stellt folgende Aufgabe: Gesucht wird (hier handelt es sich keineswegs so wie bei dem

Spiel „Stecker" um eine echte Suche, sondern um eine Wortauflösung) ein Eisenbahnteil und das Gesuchte ist ein publikumswirksames Werk. Die Antwort heißt dann, nach ungezählten oder auch sehr gezielten Fragen, je nach der Übungsphase der Spieler: Zug-stück, Zugstück.

Sollte man nach einiger Zeit Mut fassen, selber solche sehr beliebten Wortungetüme zusammenzustellen, dann sei nur darauf hingewiesen, daß jeder Teil eines solchen zusammengesetzten Hauptwortes oder zusammengesetzten Begriffes für sich sinnvoll sein soll, also nicht Wortfetzen oder sinnlose Silben angeführt werden sollten.

SPIELE

291-309

291 Einer, der die Lichtpause plissiert, wird ein Rüsseltier.
292 Nachtschattengewächse, wenn man sie in feuchten Gegenden anbaut, werden selbsttätige Apparate.
293 Kinderspielzeug, lebe wohl! – wird Konfitüre.
294 Mönchs-Hast wird zu Abschnitten.
295 Ausgelernter Forsteleve wird eine Pflanze.
296 Der über eine Farbe nichts redet, wird Einwohner einer deutschen Stadt.
297 Altägyptische Funkstelle überirdischer Herkunft wird zu einem Tobenden.
298 Wickel für einen Totospieler wird ein Witterungswechsel.
299 Feudaler Vokal wird weiblicher Vorname.
300 Vogelwink wird zu einem Berg.
301 Kurzkleidchen eines Kellners, der nie alt wird, wird zu berühmtem Feldherrn.
302 Bretterhirt wird zu einer schlecht verkaufbaren Ware.
303 Behauptung meinerseits, mein Gegenüber sei ein Schlaginstrument, wird eine Seekuh.
304 Frommer Kredenzinhalt wird zu verbundenen Behältern.
305 Shakespearepaar wird zur himmlischen Firma.

Allzuwörtlich kann auch in Form von *Fragen* gestellt werden:

306 Sagte ein Druckwerk die Unwahrheit? wird zu Schiffahrtsnotizen.

307 Betätigte sich eine Verletzung als Dieb? wird ein graphisches Werk.

308 Ging ein Flieger in Stücke? wird ein Federvieh.

309 Sollte meine Wenigkeit wirklich einen Dentallaut besitzen? wird zu einem Vogel.

Lösungen zu den Spielen 291 – 309

291 Nacht-Falter, Nachtfalter. 292 Au-Tomaten, Automaten. 293 Marmel-Ade!, Marmelade. 294 Abt-Eile, Abteile. 295 Wald-Meister, Waldmeister. 296 braun-Schweiger, Braunschweiger. 297 Ra-Sender, Rasender. 298 Wetter-Umschlag, Wetterumschlag. 299 Adel-E, Adele. 300 Ara-Rat, Ararat. 301 Piccolo-Mini, Piccolomini. 302 Laden-Hüter, Ladenhüter. 303 Du-Gong, Dugong. 304 kommunizierende Gefäße. 305 Rosenkranz und Güldenstern. 306 log Buch?, Logbuch. 307 stahl Stich?, Stahlstich. 308 brach Vogel?, Brachvogel. 309 hab ich T?, Habicht.

Auch *Sprichwörter oder Redensarten* lassen sich mit Allzuwörtlich umschreiben:

310 Ein Malheur ist kein Einzelgänger.

311 Milchspeisenzerstörerbrigade.

312 Prioritäten in der Mühle.

313 Vorschlag einer Währungsdeckung mittels Eigentumsküche.

314 Behauptung, daß der Fallschirm für ausgediente Gesellen taugt, sofern sie die weitere Berufsprüfung abgelegt haben.

315 Keine Wärmesteigerung (Molekularbewegungserhöhung) für den Ignoranten.

316 Schonung von Bindehaut und Retina bei artgleichen Singvogelarten.

317 Nichtstun als Beginn jedes Großtransportwagens.

318 Behauptung, daß ein deutscher Fluß im Oberlauf schweres Wasser hat.

319 Keramik schöpft Wasser bis sie speit.

320 Fehlgeleiteter Schützengeist.

321 Günstiger sei der gefangene Sänger als eine Taube auf dem First, die nicht hört.

322 Ankündigung, daß die meisten Wegweiser an den Straßen falsch sind, weil sie nicht nach einer bestimmten Hauptstadt weisen.

323 Wettervorhersage vom Umschwung nach Niederschlägen.

Lösungen zu den Spielen 310 – 323

310 Ein Unglück kommt selten allein. 311 Viele Köche verderben den Brei. 312 Wer zuerst kommt, mahlt zuerst. 313 Eigener Herd ist Goldes wert. 314 Kein Meister fällt vom Himmel. 315 Was ich nicht weiß, macht mich nicht heiß. 316 Eine Krähe hackt der anderen kein Auge aus. 317 Müßiggang ist aller Laster Anfang. 318 Aller Anfang ist schwer. 319 Der Krug geht so lange zum Brunnen bis er bricht. 320 Mit Kanonen auf Spatzen schießen. 321 Besser ein Spatz in der Hand als die Taube auf dem Dach. 322 Alle Wege führen nach Rom. 323 Auf Regen folgt Sonnenschein.

Einige Reim-Beispiele:

324 Ganz Gescheite wollen wissen, daß unter gewissen
prekären Verhältnissen gewisse Dipteren
ein diabolisches Menü wären.

325 Sollte sich denen, die frühzeitig aus dem Bett steigen,
Eos mit künstlichem Gebiß zeigen?

326 Wer pluralistisch Kohlehydrate mixt,
verpatzt Cerealienspeise, ei verflixt!

327 Federvieh ohne Dioptrie
erwischt dennoch manche Kalorie.

328 Ist kategorischer Imperativ oder ethische Kritik angewandt, wenn einer meint, auf den Primärvokal folge stets ein erster Konsonant?

329 Den Geist, der stets verneint als Freskostoff zu nützen –
laß bleiben lieber Freund!

330 Ist des ewigen Ja-Sagers Allgemeinbefinden nur allzu gut,
dann faßt er Mut – wird eines gefälligen Wintersports
sich unterwinden.

Lösungen zu den Reim-Beispielen

324 In der Not frißt der Teufel Fliegen. 325 Morgenstund' hat Gold im Mund. 326 Viele Köche verderben den Brei. 327 Auch ein blindes Huhn findet manchmal ein Korn. 328 Wer A sagt, muß auch B sagen! 329 Den Teufel nicht an die Wand malen. 330 Wenn es dem Esel zu gut geht, geht er aufs Eis tanzen.

Bei diesem Spiel werden neben dem Auflösen fixierter Assoziationen sowohl das Unterordnung-Suchen, also das Ordnen des Denkens geübt, wie auch Merkfähigkeit und Wortfindung.

SPIELE · VI

30 · Gut formuliert ist halb gewonnen

31 · Das Kurzreferat

32 · Mnemotechnik Spiel Nr. 331 – 333

33 · Die Einwort-Definition

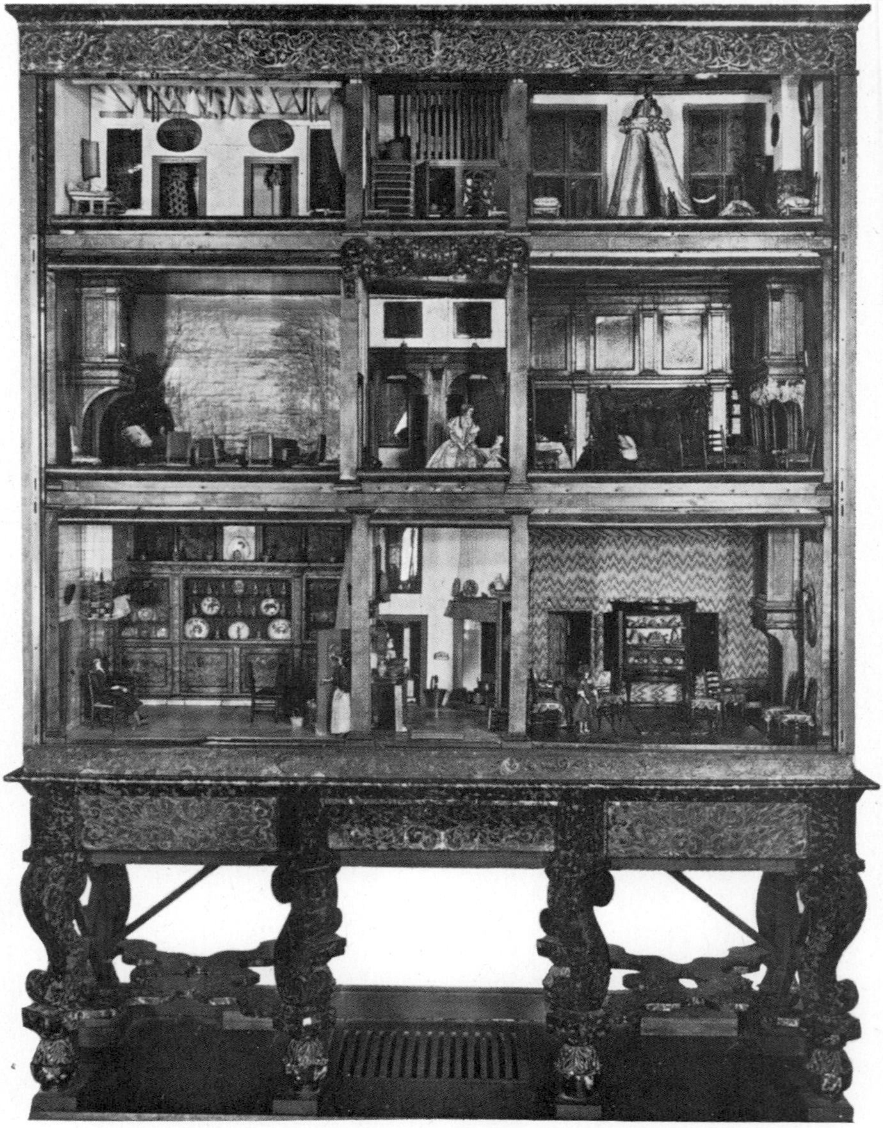

Spiel 229: Der Untertitel eines Dramas der Weltliteratur aus dem Norden lautet wie unser Bildtitel. Wie heißt dieses Drama? *Antwort Seite 264*

Gut formuliert ist halb gewonnen

Ein Spiel mit Phantasie

Eines Tages, wenn wir flügge geworden sind, etwa nach dem zwanzigsten Treffen, wenn wir schon alles ein wenig durchgearbeitet und geübt haben – die Wortfindung, die Assoziation, die Konzentration, die Reproduktion, die Formulierungsaufgaben –, und wenn wir jetzt noch etwas Phantasie dazufügen, können wir uns an dieses Spiel wagen. Voraussetzung ist allerdings, daß auch der Mittler gut beschlagen ist.
Der Gruppe wird ein Stichwort zugerufen und einer nach dem andern soll eine nicht allgemein bekannte Aussage dazu machen, keine Definition, sondern eine Aussage in einem möglichst schönen Satz, nicht in einer Anekdote.
Wir fragen also: Wer kann gut formuliert etwas aussagen zu dem Begriff: spanische Provinz? – „Die Gegend um Madrid, Kastilien genannt, ist die Mutter der spanischen Hoch- und Schriftsprache." – (Fünf oder zehn Punkte, je nachdem, sind zu vergeben, wenn auf Sieg, also im Wettkampf gespielt wird.) Sachliche Fehler ergeben einen Minuspunkt. Sagt hier jemand etwas über Argentinien aus, so ist das falsch. Argentinien ist keine spanische Provinz!
Oder das Stichwort hieße: Salz. „Der Mann im Salz ist eine sehr phantasievolle Novelle aus Schweden" – „Der Salzgehalt des Toten Meeres ist so hoch, daß man dort nicht untergehen kann."
Die Wertung, welcher Aussage der Preis gebührt (oder gestaffelte Punkte) geht von der Gruppe aus. Die Formulierung muß jeweils ein ganzer Satz sein. Hinausrufen ist ungültig. Bei dem Spiel „Dreieck" (Verbindungen – Formulieren) sind die einzelnen Elemente vorgegeben, es kann kaum etwas Neues gebracht werden. Hier handelt es sich nicht nur um die Formulierung, sondern auch um die Aussagekraft. Wir möchten etwas hören, was die Gruppe bereichert im Erleben, im Erfahren, in der Neuigkeit, in der Kombination oder der Witzigkeit, in der Phantasie. Es kann durchaus auch einmal phantastisch sein. Wird das Wort „Seelenwanderung"

gegeben, ist gar nicht gesagt, daß jetzt etwas über Buddha kommen müßte. Wir könnten auch sagen: „Auf Grund der heutigen okkulten Welle würde ich einen neuen Roman so benennen." Und jetzt müßte eine Aussage über die Seelenwanderung selbst kommen: z. B. „Der Glaube an die Wanderung der Seelen über Tierleiber hat weltweite Verbreitung". Jeder kann nach seinen Fähigkeiten antworten und gewinnt damit Freude am eigenen Sicher-Sein, niemand ist ausgeschlossen.
Wir können die Gruppe auch teilen: eine Seite stellt die Aufgabe, die andere beantwortet sie. Oder wir sagen: Wer meldet sich dazu? Einige gehen aufs Podium, die anderen rufen das Stichwort zu und beurteilen: Was war am schönsten? In den Kabaretts wird es oft so gemacht, daß der Conférencier auf ein Wort, das aus dem Publikum zugerufen wurde, einen Reim macht. Wir spielen es nicht auf Reim, sondern auf Reproduktion und Formulieren.

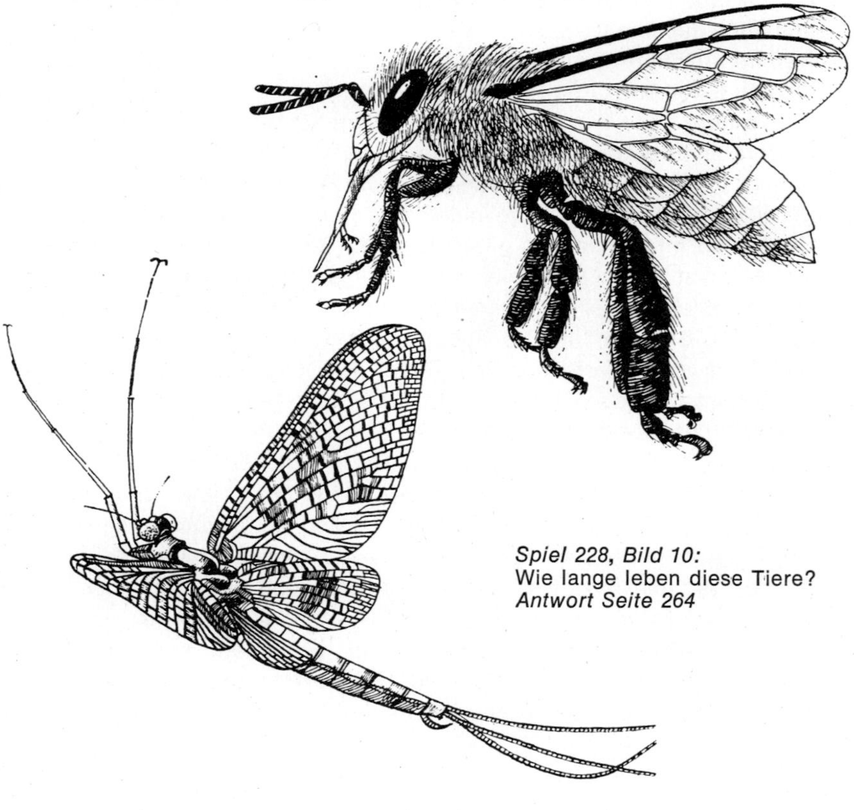

Spiel 228, Bild 10:
Wie lange leben diese Tiere?
Antwort Seite 264

Das Kurzreferat

Hauptsache: interessant und wesentlich

Das hier angeregte Kurzreferat ist zwar kein Spiel, betrifft aber das Gedächtnistraining sowohl was die Reproduktion wie die Formulierung anbelangt.
Ein Kurzreferat sollte nicht länger als maximal eineinhalb Minuten dauern. Nach dieser Zeit tritt manchmal Langeweile ein. Dreißig bis vierzig Sekunden ist bei jedem Thema die Aufmerksamkeit zu halten, man ist noch gespannt. Interessiert sich jemand besonders für das Gebrachte, kann er später weiterfragen.
Wir nehmen am besten Themen aus unserem Beruf, wo wir uns besser auskennen, als in einer fremden Materie, und zwar ganz einfache Themen. Ein Friseur spricht über „Perückenmaterialien", ein Hauswart erzählt uns von „Fensterputzmitteln", die nicht kratzen dürfen, eine Schneiderin berichtet über „Knöpfe an Trachten", eine Hausfrau über „Farbenauswahl bei Textilien", ein Postbeamter über „Alarm in Postämtern", und schließlich bringt ein Literaturprofessor Beispiele über das Thema: „Der Apfel in der Literatur." Er wird neun bis zehn Beispiele bringen können, bei denen der Apfel eine Rolle spielt; damit ist sein Thema umrissen. Wichtig ist, daß die Begriffsumfänge jeweils nicht zu groß sind. Meint der Friseur, er könne „über Frisuren" sprechen, so ist das Thema zu breit gestellt. Wo fängt er da an? Nach einer Minute steckt er noch im Mittelalter.
Wir müssen innerhalb eines Themas eine Anordnung treffen und diese Ordnung überhaupt erst erkennen. (Hier muß eine ganze Gruppe von Hirnabschnitten ineinandergreifend arbeiten: Assoziation, Dialektik, logische Gruppierung). Ist der Umfang kleiner, können wir leichter ordnen. Es ist dies sowohl eine logische wie eine Formulierungsaufgabe, wobei die Formulierung leichter fällt, wenn wir das Ganze vorher in eine Ordnung gebracht haben, als wenn wir das Thema aus einem Wust von Gedanken herausschälen müssen.

Das Erzählte muß in einer bestimmten Abfolge kommen, damit die Zuhörer folgen können.
Der erste Satz eines Referates analysiert das Thema und definiert allfällige Fachausdrücke. Nun folgen – in 90 Sekunden langt es nicht für mehr – ein bis drei Sätze, die womöglich Unbekanntes, Merkenswertes aussagen. Unter Umständen darf noch am Schluß ein programmatischer Hinweis erfolgen. Auch hier soll Wesentliches vom Gesamtthema herausgefiltert sein.
Dieses Ordnung-Schaffen ist für einen Journalisten das Wichtigste bei einem Thema. Wir können dies auch zu Hause als Übung für uns selbst aufbauen. Eine der besten Selbsttrainingsmethoden ist, sich zu sagen: Das kann ich weglassen und das auch noch. Zuerst schreiben wir drei Seiten, dann lassen wir langsam alle Floskeln weg und stellen unter Umständen einen Satz, den wir zu spät gesagt haben, nach vorne, damit das Verständnis erhöht wird.
Ordnung in den „Kosmos" zu bringen – eine Zusammenhang-Ordnung, die durch nichts ersetzt werden kann – ist einer reiferen Gruppe durchaus geläufig. Sie fördert Hirntätigkeit und Wachheit und ist für Menschen, die dabeibleiben und so ein Training weiter betreiben wollen, eine der grundlegenden Hilfen.

Beispiele

Erfindungen im Tierreich

Analysierung des Themas

Der österreichische Nobelpreisträger Prof. Doktor Frisch, der Erforscher der Bienensprache, schreibt ein Buch über tierische Bauwerke.

Fachausdrücke werden definiert

Das Biotop, also der Ort, in dem sich das Leben eines Tieres abspielt, verlangt verschiedene spezielle Sicherungs- und Lebensbedingungen. So haben viele Bauelemente, die der Mensch erfunden zu haben glaubt, ihre millionenjahrealten Vorläufer in den Bauformen des Tierreiches.

Unbekanntes

Eine Biene, genauer die Seidenbiene, die im feuchten Erdreich lebt, baut sich zum Schutz für Brut und eigenes Dasein eine wasserdichte Tapete. Auch eine Wespenart, die ebenfalls dichte und daher dunkle Bauten anlegt, benötigt Licht- bzw. Strahlenzufuhr und „verglast" mit ihrem Speichel kleine Löcher in der Bautenwand, so daß diese durchscheinend wird.

Merkenswertes

Die sogenannte Falltürspinne – man sieht, daß Prof. Frisch bei seinem Spezialgebiet, den Gliederfüßern, bleibt – hat gewissermaßen die Scharniere der Türe vorauserfunden. Die Klappe im Bau fällt automatisch hinter der Beute zu.

Programmatischer Hinweis

Vielleicht könnte ein genaues Studium dieser kleinen Welten auch für die Zukunft der Menschheit „Erfindungs"anstöße geben.

Der liebe Sauerstoff

Analysierung des Themas

Haben wir schon einmal nachgedacht, warum der geschälte Apfel oder die offene Selleriescheibe oder auch die geschälte Kartoffel an der Luft braun werden? Natürlich bekommen wir fast immer eine sehr elegante Antwort:

Fachausdrücke werden definiert

„Das ist die Oxydation", also eine Sauerstoffeinwirkung, wie der Rost etwa das Eisen oxydiert oder das Aluminium grau färbt.

Unbekanntes

In den genannten organischen Stoffen gibt es eine Aminosäure namens Tyrosin, eine auch für den Menschen lebensnotwendige organische Säure. Diese ruft mittels eines Fermentes, vom Sauerstoff der Luft aktiviert, der sogenannten Tyrosinase, eine Braunfärbung der ursprünglich farblosen Pflanzenteile, hervor.

Programmatischer Hinweis

Der Zusatz oxydationshemmender oder selbst Sauerstoff übernehmender Stoffe, wie z. B. Zitronensaft, aber auch das Konservieren oder Aufbewahren unter Stickstoff würde diesen wenig appetitlichen, wenn auch unschädlichen Vorgang unterbinden.

Mnemotechnik

Erinnerungsstützen

Um sowohl das Erinnern, das Wiederfinden von Wörtern, wie auch die Merkfähigkeit zu unterstützen, gibt es eine kleine Hilfe: Merksätze oder kleine Verse. Oft sind es die Anfangsbuchstaben der einzelnen Wörter eines solchen Satzes, die eine Gruppe von Begriffen, Dingen, Geschehnissen oder Personen zusammenfassen.
Fragen wir „Wie viele Apostel gibt es?“ so lautet die Antwort „Vierzehn.“ Schwierig, sie zu merken! Acht hat die Spielergruppe gefunden, den Rest geben wir dazu und schreiben die Namen womöglich an eine Tafel.
Oder: Wir fragen nach den zwölf Zeichen des Tierkreises oder nach den neun Planeten und schreiben die Namen ebenfalls auf. Die Gedächtnisstütze für die letztgenannte Gruppe wäre der Merksatz:

Mensch, **V**erspotte **E**inen **M**enschen **I**n **S**einem **U**nglück **N**ie, **P**fui!
Merkur, **V**enus, **E**rde, **M**ars, **J**upiter, **S**aturn, **U**ranus, **N**eptun, **P**luto.

Ein solcher zusammenhängender Satz ist wesentlich leichter zu merken als die verbindungslose Elementenaufzählung.
Obwohl dieses Mnemotechnische nur eine untergeordnete Rolle innerhalb unseres Trainings spielt, ist es doch im Anfang ein wertvoller Behelf, um die Merkfähigkeit zu unterstützen, Freude an Handgriffen zu bekommen und uns allen Mut zu machen, daß wir uns auch etwas Schwierigeres, Vielteiliges doch noch merken können. Solche Sätze werden erfahrungsgemäß bis zum nächsten Treffen leicht behalten.

SPIELE

331 Wir machen einen Merkvers für den Tierkreis.

332 Wir machen einen Merkvers für die Apostel.

333 Wir machen einen Merkvers für die sieben freien Künste.

Vorgeschlagene Lösung:

331 Für den Tierkreis könnte die Auflösung lauten:

Der **W**idder **st**iert den **Z**willing an und **k**riecht zur **L**öwen**j**ungfrau dann; die **wa**gt es den **Sk**orpion zu **sc**hützen; den **St**ein im **Wa**sser **F**ische nützen.

Widder, **St**ier, **Z**willing, **K**rebs, **L**öwe, **J**ungfrau, **W**aage, **Sk**orpion, **Sc**hütze, **St**einbock, **W**assermann, **F**ische.

332 Für die Apostel wäre folgender Merksatz möglich:

Am **B**esten **J**agen **J**unge **J**äger **J**aguare.
Mit **M**ilder **S**timme **S**echsmal **P**ro **P**erson **T**alaus **T**alein.

Andreas **B**artolomäus **J**akobus d. Ä. **J**akobus d. J. **J**ohannes **J**udas **M**atthäus **M**atthias **S**imon **S**imon-Petrus **P**aulus **P**hilippus **T**homas **T**haddäus.

333 Der Merkvers für die sieben freien Künste, artes liberae, könnte lauten:

Die **A**cht **G**ramm **M**us **G**eben **A**rges **R**heuma.

Die Anfangsbuchstaben zeigen die Kunstarten an:

Dialektik **A**stronomie **G**rammatik **M**usik **G**eometrie
Arithmetik **R**hetorik.

Dieser Satz könnte auch heißen:

Meide **A**m **A**bend **G**ern **D**ie **G**roßen **R**eden.
Musik **A**rithmetik **A**stronomie **G**rammatik **D**ialektik
Geometrie **R**ethorik.

Als Aufgabe suchen wir alle einen Merksatz, um uns die „Zehn goldenen Regeln für den Mittler" einprägen zu können. Die Anfangsbuchstaben dafür sind: M – E – S – F – G – P – N – A – W.*

Es handelt sich hier nicht um geistvolle Formulierungen, sondern gerade wegen der Absurdität merkt man sich manche dieser Verse leichter.

* Wenn Sie uns selbstgefundene Merksätze einsenden, prämiieren wir die schönsten mit einem Buch und drucken sie im Zusatzbuch ab.

Die Einwortdefinition

Treffsichere Wortfindung

Dieses Spiel läßt sich mit Gruppen versuchen, die schon geübter sind und die verstanden haben, daß es möglich ist, aus einem Satz ein Wort zu kondensieren.

Beispiel:

Was bedeutet, mit einem einzigen Wort ausgedrückt, die blaue Mauritiusmarke?

Antwort: Briefmarkenrarität.

Wenn es gelingt, ist es als Konzentration von Worten eine wichtige Wortfindung. Prinzipiell ist es eine Über-Ordnung.

Im Deutschen gibt es das fast nicht, ohne daß Wortungetüme entstünden. Deutsch ist eine syntaktische Sprache mit Vorrang und Nachrang, aber es kennt an sich keine Kondensation, keine Verdichtung von Wörtern, wie wir es bei vielen außereuropäischen Sprachen finden. Manchmal gelingt einem Dichter so eine schöpferische Verdichtung, die es vorher nicht gab – „morgenschön", „Liebelei", „Lockreiz", „Weltschmerz" wären einige Beispiele dafür.

Andere Sprachen, wie etwa manche indianische, haben umfassendere Begriffe für etwas, was wir nur mit einem ganzen Satz aussagen können. „Huizilipochtli" ist für einen Indio der Gott, der von der linken glücklichen Seite (d. i. vom Süden) uns zu Hilfe kommt. Alles das steckt in dem einen Wort!
Wollte ein Indio die Sonne benennen, würde er etwa sagen: Dauerumkreisungsleuchter (er glaubt ja, daß die Sonne sich um die Erde dreht). Wir brauchen einen ganzen Satz dafür: Ein Himmelskörper, der uns dauernd leuchtend umkreist. Darum sind die trächtigen Hieroglyphenworte so schwer zu übersetzen, weil sie unserer Sprachideologie nicht konform sind. Es wäre aber durchaus im Menschen vorgegeben – eine normale Funktion des menschlichen

Gehirns – daß auch wir mit einem Begriff das Ganze umfassen könnten, obwohl es nur *ein* Wort ist. Das wären dann Vollbegriffe, die bedeutsamer wären als einzelne Wörter. Die sprachliche Möglichkeit zum Verdichten ist im Hirn des Menschen da.

Wenn wir diese Übung anregen, tun wir es in der leisen Hoffnung, daß hier eine der Entwicklungsmöglichkeiten der nicht benützten Teile des Europäerhirnes liegen könnte, vielleicht ausbaufähig in der nächsten Generation.

Eine Zukunftsmöglichkeit? Eine Erweckung von Fähigkeiten, die vielleicht sehr ertragreich wären? Wir wissen es nicht, wir üben es zu selten. Im Gegenteil – wenn wir formulieren, zerlegen wir im allgemeinen sogar noch den trächtigeren Begriff. Die germanische Sprache hat eine besondere Eignung zur Analyse. Das Lateinische ist da lapidarer. Anderthalbmal so lang ist im Durchschnitt eine Übersetzung davon. „Inter arma tacent musae!" Wie füllig ist das! „Zwischen den Waffen schweigen die Musen", ergibt keinen trächtigen deutschen Satz.

Die Engländer sind noch viel sparsamer, sie haben nicht einmal eine komplizierte Syntax. Das Griechische wiederum ersetzt es durch eine Fülle von Wörtern, durch einen besonders gefeilten Vokabelreichtum. Beim Ungarischen und Finnischen, agglutinierenden Sprachen, wird eine Silbe oder ein Zeichen angehängt; dann heißt das schon etwas ganz anderes, z. B. die Hütte – mitsamt der Familie.

Aber was ist das gegen „Huizilipochtli" oder „Quetzalcoatl", das ist jene Schlange, die ein Gott ist und gleichzeitig den Schwanz ringelt, weil sie eine Schlange ist. Versuchen wir das mit einem Wort!

Im Chinesischen wiederum ergibt die Betonung: hoch, tief, lautstark, geschwungen, mit Nasalierung, ohne solche – für das gleiche Wortbild zehn bis zwölf Bedeutungen. Unvorstellbar für uns! Beim Schreiben entsteht durch die Fügung des Schriftbildes die Unverwechselbarkeit. Ein japanisches Gedicht besteht aus stimmungsträchtigen Bildern, fast nie aus Schilderungen, also Abläufen. Ebenso der chinesische Roman. Will man ihn übersetzen, muß man transponieren. Das gleiche gilt auch für die Lyrik. Wenn Rilke Verlaine übersetzt, so ist das ein neues Gedicht, weil Rilke selbst ein Dichter ist.

Neue Welten

Das sind wunderbare Dinge – neue Welten, die man nur erfährt, wenn man sie sucht. Eingeengt meint vielleicht einer, die einzige Art und Weise sich zu verständigen wäre die germanisch-romanische, bestenfalls die indo-arische. Keineswegs! Das heißt nicht, daß die deutsche Sprache in ihrer Art nicht genauso umfassend wäre; es geht um anderes: um das Wahrnehmen der Fülle, auch der Fremdartigkeit – die *vielen Blumen* sehen, die in Beeten blühen, fühlen können wie ein Indianer fühlt! Daß der Mond, wenn er zunimmt, ein anderes Wesen hat als der abnehmende, spüren heute viele nicht mehr. „Mond" ist für uns belastet mit zuviel Physik – die Natursichtigkeit, die ein Naturvolk noch innehat, ist uns abhanden gekommen. Für diese Menschen ist ein Halbmond eben ein neues Wesen. Für die Germanen fraß der Fänriswolf den Mond und spie ihn nach der Mondfinsternis wieder aus. Die Griechen waren zur gleichen Zeit ein paar tausend Jahre weiter; sie kannten den Mechanismus der Verschattung.

Warum haben wir den ganzen Weg entlang so großes Gewicht auf Emotion, Erleben, Zusammenhangschau gelegt? Weil im seelischen Bereich Verschüttetes und Verhemmtes jederzeit wiedergeweckt werden kann. Wir setzen die Vernunft ein, aber bloß als Instrument, um damit zu neuen Erlebnissen zu ermutigen. Verknüpft mit diesem gemüthaften Erfassen weitet sich auch der verstandesgemäße Anteil des Gedächtnisses. Selbst wenn man wenig Einzelheiten speichern konnte, bleibt die Erlebensfülle: „Das gibt es also alles!" Mit solchem Staunen fängt jede Wissenschaft, jedes Erkennenwollen an, wenn wir alles, was uns begegnet und was uns umgibt, nicht mehr ganz so selbstverständlich finden. Und *Mensch* kann nur werden, wem das große Staunen die Augen öffnet für die Wunder dieser Welt!

Inhalt

Alphabetischer Stecker-Index

zu den Steckern Seite 80 bis 131